U0960085

权威·前沿·原创

皮书系列为
“十二五”“十三五”国家重点图书出版规划项目

BLUE BOOK

智库成果出版与传播平台

广州市新型智库广州大学广州发展研究院、广东省高校人文社科重点研究基地、
广东省国家文化安全研究中心研究成果

广州蓝皮书
BLUE BOOK OF GUANGZHOU

丛书主持／涂成林

中国广州文化发展报告（2020）

ANNUAL REPORT ON CULTURE DEVELOPMENT OF GUANGZHOU IN CHINA (2020)

主　编／张其学　陆志强　涂成林
副主编／谭苑芳　贺　忠　丁旭光

社会科学文献出版社
SOCIAL SCIENCES ACADEMIC PRESS (CHINA)

图书在版编目(CIP)数据

中国广州文化发展报告. 2020 / 张其学，陆志强，涂成林主编. -- 北京：社会科学文献出版社，2020. 10
（广州蓝皮书）
ISBN 978 - 7 - 5201 - 7177 - 9

Ⅰ. ①中… Ⅱ. ①张… ②陆… ③涂… Ⅲ. ①文化发展 - 研究报告 - 广州 - 2020 Ⅳ. ①G127. 651

中国版本图书馆 CIP 数据核字（2020）第 157936 号

广州蓝皮书

中国广州文化发展报告（2020）

主　　编 / 张其学　陆志强　涂成林
副 主 编 / 谭苑芳　贺　忠　丁旭光

出 版 人 / 谢寿光
组稿编辑 / 任文武
责任编辑 / 杨　雪

出　　版 / 社会科学文献出版社 · 城市和绿色发展分社（010）59367143
地址：北京市北三环中路甲 29 号院华龙大厦　邮编：100029
网址：www. ssap. com. cn
发　　行 / 市场营销中心（010）59367081　59367083
印　　装 / 天津千鹤文化传播有限公司

规　　格 / 开　本：787mm × 1092mm　1/16
印　张：19. 25　字　数：284 千字
版　　次 / 2020 年 10 月第 1 版　2020 年 10 月第 1 次印刷
书　　号 / ISBN 978 - 7 - 5201 - 7177 - 9
定　　价 / 128. 00 元

《中国广州文化发展报告（2020）》
编　辑　部

主要编撰者简介

张其学 现任广州大学副校长，教授。1991年毕业于中国人民大学哲学系，获哲学硕士学位；2004年毕业于中国人民大学哲学系，获哲学博士学位；2004年9月至2006年10月在中山大学哲学博士后流动站从事博士后研究工作。主要从事马克思主义哲学的教学与研究工作，研究方向为社会发展理论、文化哲学、后殖民主义等。在《哲学研究》《马克思主义研究》等杂志上发表论文30余篇；主持和参与省级以上课题4项；先后获得广东省“五个一”工程奖和广东省哲学社会科学优秀成果奖，并获得“南粤优秀教师”称号。

陆志强 现任中共广州市委宣传部副部长、广州市委网信办主任。大学学历。1983年8月参加工作，1991年7月，任共青团广州市东山区委副书记；1993年2月任共青团广州市东山区委副书记、华南实业总公司副总经理、云南省瑞丽市星火总公司副总经理兼星火木地板厂厂长；1995年7月，在广州市东山区芳草工商联合公司任经理；1997年6月任广州市东山区芳草街党委副书记、办事处主任；1998年6月任广州市东山区大塘街党委书记（1997年9月至2000年7月在中共广东省委党校函授学院97级经济管理专业学习）；2000年11月，任广州市东山区大塘街党工委书记（2000年9月至2002年12月在中共广东省党校函授学院2000级政法专业学习）；2003年2月任广州市天河区委常委、宣传部部长；2008年12月任中共广州市委宣传部副部长；2009年10月任广州市文化广电新闻出版局（广州市版权局）局长、党委副书记；2014年4月任广州市文化广电新闻出版局（广州市版权局）局长、党委副书记；2019年1月起任中共广州市委宣传部副部长、广州市委网信办主任。

涂成林　现任广州大学二级研究员，博士生导师，广州市政协委员；广州大学智库建设专家指导委员会常务副主任，广州市新型智库广州大学广州发展研究院首席专家，广州市政府第三、四届决策咨询专家；广东省区域发展蓝皮书研究会会长，广东省体制改革研究会副会长，广东省经济学家企业家联谊会常务副会长。享受国务院政府特殊津贴，获国家“万人计划”领军人才、中宣部“文化名家暨四个一批”领军人才、广东省“特支计划”领军人才、广州市杰出专家等称号。1985 年起，先后在湖南省委理论研究室、广州市社会科学院、广州大学工作。目前主要从事城市综合发展、文化科技政策、国家文化安全及马克思主义哲学等方面研究。在《中国社会科学》《哲学研究》《中国社会科学内部文稿》《教育研究》等刊物发表论文100 余篇；出版专著 10 余部；主持和承担国家社科基金重大项目、一般项目，以及省、市社科规划项目，省、市政府委托项目 60 余项。获得教育部及省、市哲学社会科学奖项和人才奖项 20 余项，获得多项“皮书奖”和“皮书报告奖”，2017 年获评“皮书专业化 20 年致敬人物”，2019 年获评“皮书年会 20 年致敬人物”。

谭苑芳　现任广州大学广州发展研究院副院长、教授，博士，硕士生导师，广州市番禺区政协常委，兼任广东省区域发展蓝皮书研究会副会长、广州市粤港澳大湾区（南沙）改革创新研究院理事长、广州市政府重大行政决策论证专家等。主要从事宗教学、社会学、经济学和城市学等的理论与应用研究。主持国家社科基金项目、教育部人文社科规划项目、省市重大和一般社科规划项目 10 余项；在《宗教学研究》《中国社会科学内部文稿》《光明日报》等报刊发表学术论文 30 多篇；获广东省哲学社会科学优秀成果奖二等奖及“全国优秀皮书报告成果奖”一等奖等多个奖项。

贺　忠　现任中共广州市委网信办副主任。1984 年 9 月至 1991 年 7 月，在中山大学历史系学习获历史学硕士学位。1991 年 7 月起在广州市社会科学院、广州市广播电视局、广州市新闻出版和广播电视局、广州市委宣传部工作，历任主任科员、办公室副主任、市委宣传部理论处副处长、广州市委讲师团团长、市委宣传部理论处处长、市委宣传部副巡视员。长期负责理论学习、理论宣传和理论研究工作。

丁旭光　中共广州市委党校（广州行政学院）校委委员、副校长（副院长），研究员，博士。曾在广东省社会科学院、广东南澳县县委、广东省委党校、广州市委政策研究室工作。2001年8月至2002年8月由广东省委组织部选派赴美国加州州立大学培训。兼任广州市社科联副主席。出版有《近代中国地方自治研究》《孙中山与近代广东社会》《变革与激荡》等著作，发表论文60多篇。

摘　要

《中国广州文化发展报告（2020）》由广州大学、广东省区域发展蓝皮书研究会与广州市委宣传部、广州市文化广电旅游局联合主编，为“广州蓝皮书”系列之一，面向全国公开发行。本报告由总报告、文化产业篇、文化事业篇、文化发展篇、文旅融合篇、专题研究篇六大部分组成，汇集了广州市科研机构、高等院校和政府部门诸多文化问题研究专家、学者和实际部门工作者的最新研究成果，是关于广州文化运行情况和相关专题分析与预测的重要参考资料。

2019 年，广州市委市政府继续实施文化强市战略，推动文化领域的“出新出彩”，努力打造社会主义文化强国的城市范例，在公共文化服务、文艺创作生产、城市文化遗产保护与传承、文旅融合、文化产业高质量发展、人文湾区共建共享、城市文明建设等方面取得了积极成效，展现出良好的发展态势。但是，广州城市文化辐射力、影响力与城市发展需求仍有较大差距，文化产业发展的瓶颈问题亟待政策上的突破与完善，区域间、城乡间文化发展不平衡，公共文化设施服务效能偏低，文化产业总体规模与整体竞争力亟待提升等突出问题仍然存在。

2020 年，广州文化发展态势无疑将受到新冠肺炎疫情的影响，公共文化服务和线下文化消费一时难以恢复正常状态，国际文化消费需求大幅下滑造成大量中小微文化企业倒闭和文化出口贸易受阻。但是，疫情带来的无接触服务、假期延长、宅家生活等，也意外催生了在线游戏、直播文旅、网上会展、远程文教、云综艺等数字化文化新业态的发展，社交距离和用工紧张还倒逼了文化制造业加速实现智能化生产，传统文化产业数字化、智能化加速转型升级以及线上文化消费将会是 2020 年广州文化发展的一个新的趋势。

展望2020年，广州文化发展新态势继续着眼于城市文化综合实力“出新出彩”，培育提升广州在粤港澳大湾区中的文化中心城市功能和对外文化交流门户功能，全面实施文化体制改革创新工程和文化产业壮大工程。同时，广州将开展文物基础档案数字化建设，完成“广州市公共文化云”建设。持久深入开展公共文明引导志愿服务，打造“志愿之城”“诚信之城”“美丽花城”“书香羊城”“大爱广州”等一批精神文明品牌，推动2020年广州城市文明迈上新台阶。

关键词： 文化产业　文旅融合　文明建设　广州

目 录

Ⅰ 总报告

Ⅱ 文化产业篇

Ⅲ 文化事业篇

Ⅳ 文化发展篇

Ⅴ 文旅融合篇

Ⅵ 专题研究篇

皮书数据库阅读**使用指南**

总　报　告

General Report

B.1
2019年广州文化发展现状分析与2020年展望*

广州大学广州发展研究院课题组**

摘　要： 2019 年，广州积极推进文化领域的“出新出彩”，在公共文化服务增量提质、文商旅融合、历史文化资源保护利用、人文湾区共建共享、城市文明建设等方面取得了积极进展，但广州文化经济与文化消费区域发展不均衡等问题依然明显。2020 年，广州文化发展态势将受到新冠肺炎疫情的深度影

* 本报告系中共中央宣传部文化名家暨“四个一批”领军人才重点资助项目“国家文化安全视野下提升区域文化软实力研究”、广州市新型智库广州大学广州发展研究院的研究成果。

** 课题组组长：涂成林，国家“万人计划”哲学社会科学领军人才，中宣部文化名家暨“四个一批”领军人才，广州大学二级研究员、博士生导师，广州市新型智库广州大学广州发展研究院首席专家；课题组成员：谭苑芳，广州大学广州发展研究院副院长、教授、硕士生导师，博士；曾恒皋，广州大学广州发展研究院软科学研究所所长、副研究员；彭晓刚，广州大学广州发展研究院特聘研究员；周雨，广州大学广州发展研究院助理研究员，博士。执笔人：涂成林。

响，公共文化服务数字化应用进程将全面提速，文化消费领域将出现快速新旧交替和市场分化。但社会舆情高发和信息化广泛应用也增加了城市的安全风险，应高度重视“谣言病毒”治理和网络信息安全防护。

关键词： 共建共享　文化消费　数字化　广州

一　2019年广州文化发展的总体形势分析

2019年，广州市委市政府继续实施文化强市战略，推进文化领域的“出新出彩”，努力打造社会主义文化强国的城市范例，在公共文化服务、文艺创作生产、城市文化遗产保护与传承、文商旅融合、文化产业高质量发展、人文湾区共建共享、城市文明建设等方面取得了积极成效，展现出良好的发展态势。

（一）持续推进“图书馆之城”和“博物馆之城”建设，城市公共文化服务实现增量提质

在公共文化设施建设方面，2019年广州进一步完善城市“10分钟文化圈”和农村“10里文化圈”。截至2019年底，全市共建成国家一级文化馆12个，街（镇）文化站170个，行政村（社区）综合性文化中心2702个，每万人室内公共文化设施建筑面积达到1280平方米，基本建成市、区、街（镇）、社区（村）四级公共文化服务网络，人均室内公共文化设施面积位居全国前列。

在公共文化服务管理方面，2019年2月广州市文化广电旅游局出台了《广州市公共文化设施管理办法》，从制度层面规范提升广州公共文化设施建设管理水平和服务效能。该办法明确要求“将公共文化设施建设管理纳入本级国民经济和社会发展规划，公共文化设施建设资金、运行经费及公共

文化活动经费应当列入本级人民政府基本建设投资计划和财政预算予以保障”；“鼓励公共文化设施管理实行社会化、专业化运作”；“公共文化设施管理单位应根据其功能定位建立健全法人治理结构，吸收有关方面代表、专业人士和公众参与管理”。同时，积极创新公共文化设施的服务形式与内容，大力发展“夜间文化”。从2019年8月1日起，包括广州博物馆、南粤先贤馆、广州粤剧艺术博物馆、南越王宫博物馆在内的61家各类博物馆（纪念馆）已实现夜间开放，推出了红色传承之旅、千年古迹之旅、西关风情之旅等6条“夜游广州”精品旅游线路。

（二）积极实施“文艺高峰攀登工程”，推进广州文艺原创持续迸发强劲活力

2019年是《广州市文艺精品创作三年行动计划（2018～2020年）》实施的关键一年。广州按照“规划一批、储备一批、实施一批、推出一批”的文艺创作生产推广模式，大力推进“文艺高峰攀登工程”，广州文艺原创能力与产品影响力大幅提升。广州市歌舞团推出的首部以国家非遗项目“广东醒狮”为主题的原创舞剧《醒·狮》，继2018年获得中国舞蹈最高奖后，2019年再次荣获“文华奖提名奖”和广东省“五个一工程”奖；同时广州获省“五个一工程”奖的文艺作品还有《榫卯》（电影）、《山海经·候人兮猗》（图书）、《广州故事》（纪录片）、《守护英雄》（广播剧）、《一起幸福》（歌曲）等八部。国内首部4K全景声粤剧电影《白蛇传·情》，在第三届平遥国际电影展中从1300部影片中脱颖而出，跻身56部展映影片之列，并获得观众票选荣誉·类型之窗·最受欢迎影片奖。广东省木偶艺术剧院原创剧目《垃圾大战》参加“广陵杯”全国木偶皮影优秀剧目展演，斩获最佳剧目奖、导演奖、偶型设计制作奖、灯光设计奖、优秀操纵表演奖五大奖项。广州市文化馆创作演出的西河大鼓书《大营救》用北方曲艺表演形式生动演绎岭南故事，荣获第十八届中国文化艺术政府奖“群星奖”，是广东省唯一的获奖作品。

另外，2019年，广州还有《浩然铁军》（芭蕾舞剧）、《清水河畔》（现

代粤剧）、《林则徐》（原创话剧）等一批文艺精品成功首演，粤剧《初心》《十三行》修改重演后也获得观众的广泛好评；广州还成功举办了第十三届全国美术作品展览“港澳台、海外华人邀请作品展”和“综合画种·动漫作品展”，广州画院有48幅作品入选，其中在职画家作品入选数量（11幅）在全国画院中排名第二。

（三）加快完善文化产业政策体系的顶层设计，文化产业高质量发展格局基本形成

为实现到2035年将广州文化产业打造成为全市重要的战略性支柱产业、基本建成国际性文化产业枢纽城市的发展目标，2017～2019年广州陆续出台了《广州市关于加快文化产业创新发展的实施意见》《关于加快动漫游戏产业发展的意见》《广州市推进文化金融融合发展的实施意见》《广州市扶持电影产业发展暂行规定》《广州市关于支持实体书店发展的实施意见》《广州市促进电竞产业发展三年行动方案（2019～2021年）》等一系列扶持文化产业的政策文件，初步形成“1+N”的文化产业政策体系。广州明确提出在未来一段时间里将重点放在巩固和壮大数字内容产业、打造动漫游戏产业之都、推进传媒影视融合发展、建设全国艺术产业中心、培育全球文化创意设计之城、打造全球文化装备制造中心、超前布局文化产业前沿领域等七大领域发力，抢占文化产业新高地；引进、壮大、培育一批枢纽型、核心型总部文化企业、百亿级骨干文化企业和高成长型文化企业；重点构筑一批高水平的文化会展交易平台、文化科技创新平台、文化产业智库平台和文化产业服务平台；重点推进建设一批辐射带动能力强的重大文化产业项目。政策目标和任务明确，既有纲领性的综合产业政策，也有根据重点发展领域和目标任务出台的产业专项扶持政策、人才保障政策、平台建设管理政策，支撑广州文化产业高质量发展的政策体系框架已基本搭建起来。

在良好的文化产业政策促进下，广州落实了一批文化创意产业项目。2019年，花都融创文旅城、南沙国际邮轮母港、华侨城—白水寨创意山水文旅小镇等一批重大文化产业项目陆续在广州落地。在2019广州文化产业

交易会上，广州还成功签约北站粤港澳文化旅游综合枢纽等 17 项重大文化类产业项目，直接成交额 25.18 亿元，签约总额 301 亿元；此外，以北京路核心文化区创建国家级文化产业示范园区和国家级文化金融融合发展示范区为契机，率先成立了广州文化金融服务中心和文化金融促进会，承办了全国文化金融培训班，在文化与金融融合发展方面取得突破性进展。据统计，当前广州规模以上文化企业已达 2369 家，其中，上市文化企业 33 家，高新技术文化企业 1305 家，文化产业园区 220 多家，国家级文化产业示范基地（园区）19 个，形成了文化产业高质量发展的基本格局。产业规模持续稳定增长，2018 年广州实现文化产业增加值约 1261.43 亿元，同比增长 8.64%，占全市 GDP 的 5.5%，文化产业支柱性产业地位日趋稳固。

（四）以粤港澳大湾区建设为契机打造世界级文化旅游目的地，文化旅游成为拉动广州文化消费市场的新亮点

2019 年，广州以共同培育打造粤港澳大湾区文化旅游高质量发展示范区、文化休闲与康养健身的国际旅游目的地、共建宜居宜业宜游的优质生活圈为导向，启动了粤港澳大湾区北部生态文化旅游合作区建设，全面实施过境免签政策，由 72 小时升级至 144 小时，推出了 16 条粤港澳大湾区历史文化遗产游径系列精品旅游线路，开发出粤港澳大湾区“一小时生活圈”和高铁“一程多站”等一系列高品质旅游产品。广州发起成立了推进粤港澳大湾区建设文化旅游一体化发展专项小组，并当选为首届“粤港澳大湾区城市旅游联合会”轮值主席城市，举办了粤港澳大湾区文化艺术节开幕式珠江巡游、国际旅游知名人士·花城广州幸福之旅、第 27 届广州国际旅游展览会等一系列文化旅游交流活动，广州文化旅游吸引力与知名度不断提升。

同时，广州在 2019 年还制订实施了文化旅游服务质量提升“1+9”计划，全面提升旅游景区服务、旅游住宿服务、旅行社综合服务、文化旅游公共服务、文化演艺服务和文物保护单位管理服务水平。2019 年国庆假期的抽样调查结果显示，市民游客对广州文化旅游市场整体满意率达 99.9%。

全年旅游接待总数约 2.45 亿人次，同比增长 10.06%，其中，不过夜旅游者约 1.78 亿人次，同比增长 12.71%。旅游业总收入为 4454.59 亿元，同比增长 11.14%（见表 1）。

表 1　2019 年广州文化旅游市场统计数据汇总

类别	规模	增速(%)
旅游接待总人数(万人次)	24549.18	10.06
境外过夜旅游者人数(万人次)	899.43	-0.13
国内过夜旅游者人数(万人次)	5873.72	4.29
境外过夜旅游者人天数(万人次)	2116.22	0.74
国内过夜旅游者人天数(万人次)	13782.63	5.20
不过夜旅游者人数(万人次)	17776.03	12.71
旅游业总收入(亿元)	4454.59	11.14

资料来源：广州市文化广电旅游局旅游统计报表。

（五）积极创建国家红色文化传承示范区，城乡文化资源保护利用迈上新台阶

2019 年广州开始编制新一轮历史文化名城保护规划，至年底已完成 11 片历史街区和 817 处历史建筑保护利用规划。恩宁路永庆坊二期示范段和骑楼段、海珠广场、沙面、西堤片区顺利完成改造并对外开放，新河浦历史文化街区获“2019 亚洲都市景观奖”。广南船坞、海珠桥、广州太古仓码头（白蚬壳）、粤汉铁路（黄沙站、流溪河大桥等）、广九铁路（广九铁路纪念园等）、南洋兄弟烟草公司（简园）、商务印书馆（广州分馆）7 处广州工业遗产入选“中国工业遗产保护名录（第二批）”。将红色革命遗址建设和保护纳入全市国土空间规划、历史文化名城保护规划，成功修复南粤古驿道本体 5.6 公里，实现 45 公里古驿道文化遗产的串联贯通。正式提出以越秀区为主体创建国家级红色文化传承弘扬示范区，以中共三大会址纪念馆为核心，整合农讲所、广州起义纪念馆、广州起义烈士陵园、杨匏安旧居陈列馆、全国总工会旧址等

红色革命文化资源，连片打造革命史迹主题区域。《广州市红色文化传承弘扬示范区（越秀片区）发展规划（2019～2025年）》要求，“到2021年中国共产党建党一百周年之际，广州基本建成国家级红色文化传承弘扬示范区；到2025年，广州全面建成国家级红色文化传承弘扬示范区”。

同时，广州在非物质文化遗产保护利用方面也取得了新的进展，制定出台了《广州市非物质文化遗产保护办法》和《广州市发展振兴非物质文化遗产三年行动方案（2020～2022年）》，积极推进非遗进景区、进博物馆、进校园、进商场、进社区。新建了2个非遗工作站，并设立了一批非遗传承人工作室，进一步强化非遗项目生产性保护与发展。到2019年底，全市共有非遗代表性名录项目107项，非遗代表性传承人272名，基本建立起国家、省、市、区四级非遗项目和非遗传承人保护体系。

（六）穗港澳文化共建共享全面提速，进一步凸显广州在粤港澳大湾区建设中的文化中心地位

共建人文湾区是《粤港澳大湾区发展规划纲要》明确提出的发展目标与战略任务。广州作为粤港澳大湾区文化中心城市和对外文化交流门户城市，在人文湾区建设中负有重大历史使命。2019年10月广东省委全面深化改革委员会出台的《广州市推动综合城市功能出新出彩行动方案》《广州市推动城市文化综合实力出新出彩行动方案》明确提出了广州要实施“人文湾区共建工程”，全面加强穗港澳文化交流合作和粤港澳大湾区公共文化服务共建共享，全力提升广州在粤港澳大湾区中的文化引领功能。

在这些强有力的政策引导下，2019年广州成功举办了“穗港澳青少年文化交流季”活动，包括启动仪式暨青少年广府市集、粤港澳中小学生故事大会、粤港澳青少年六一艺术汇、人文湾区少年行等，吸引粤港澳大湾区内2000余名青少年参与活动。广州全面加强粤港澳大湾区公共图书馆和动漫影视产业交流，发起成立了粤港澳大湾区公共图书馆联盟、动漫游戏产业联盟和文化旅游融媒体传播联盟，推出了“公共图书馆广佛通”等公共文化服务共建共享项目。广州市从化区的无规定马属动物疫病区与香港在马匹

进出境检验检疫和通关等领域合作不断深化，广州与香港在跨境马匹检验和运输方面开拓性实现了“一次审批、多次往返”“进口直通、出口直放”通关模式。香港马会从化马场自2018年8月投入使用以来，累计已有1600多匹马次往返穗港，并在2019年3月成功举办了内地首场世界级速度马术比赛。由广州大学与香港科技大学合作筹备设立的香港科技大学广州校区也于2019年9月在南沙破土动工。

（七）高标准“实施新时代精神文明建设提质工程”，城市文明水平位居全国前列

《广州市推动城市文化综合实力出新出彩行动方案》明确要求广州“实施新时代精神文明建设提质工程”，深化全域性文明城市创建工作。为此，2019年广州正式成立了文明城市创建领导小组，开始构建文明城市“大创建”格局。

一是加快推进《广州市文明行为促进条例》立法。明确“在禁止吸烟场所或者区域吸烟”“未按照规定分类投放生活垃圾”等八项不文明“负面清单”，并列出了“在安静的室内公共场所收看、收听视听资料，应当佩戴耳机”“观看体育比赛时，公道、友好，不得起哄、鼓倒掌、喝倒彩、向场内抛掷物品”等文明行为基本规范。2019年11月，广州市第十五届人大常委会第二十九次会议已完成对《广州市文明行为促进条例（草案）》第一次审议。

二是高标准建设文明实践中心。至2019年底，广州已建成新时代文明实践中心（所、站）1269个，实施文明实践9个重点项目，开展各类活动2.3万场次，编印了《新时代文明实践中心三十讲》《学习金句》《看图学习》等40多种56万册文明实践系列口袋书。

三是常态化推进全域文明内涵创建。深入实施“厕所革命”“生活垃圾分类”等文明创建“里子工程”，全年开展“全民阅读”“文明广州”“我们的节日”等群众性精神文明创建活动10万场次，在2018年文明城市年度测评中全国排名第9，获得中央文明办通报表扬。

四是持续推进“志愿之城”建设。成立志愿服务发展中心，分门别类

组建公共文明引导志愿服务队伍，2019 年广州注册志愿者已超 276 万人，5 个志愿先进典型获得全国志愿服务“四个 100”。

五是大力选树典型弘扬新风正气。2019 年全市共有 5 人获评全国道德模范，174 人获评“中国好人”称号，“广州榜样”发布广州榜样集体和个人 386 个。

六是加强未成年人思想道德建设。广泛开展“扣好人生第一粒扣子”“新时代好少年”主题活动和学校思政课建设，2019 年广州 49 所中小学校参评全国文明校园先进学校，9 人入选广东省“新时代好少年”。

二 2019年广州文化发展存在的主要问题

（一）广州城市文化辐射力影响力与城市发展需求仍有较大差距

国家赋予广州在粤港澳大湾区中的城市定位是科技教育文化中心和对外文化交流门户枢纽，要求广州在建设文化繁荣的国际一流湾区中发挥主导作用，要求广州具备与国家中心城市、国际大都市功能相匹配的城市文化影响力、辐射力。近年来，广州高度重视城市文化软实力建设，积极培育壮大红色文化、岭南文化、海丝文化、创新文化四大文化品牌。但现实的悖论是：广州一方面通过展开博物馆之城、图书馆之城、志愿之城建设，积极拓展国际友城和文化交流互访，通过举办《财富》全球论坛等方式努力补齐城市文化发展短板，培育提升城市文化软实力新的增长点；另一方面，又忽视了一些原有的优势文化资源，放任一些知名的文化品牌不断衰减和流失，形成了城市文化辐射力、影响力相互抵消的尴尬局面。

这一点在广州音乐、新闻传媒领域表现得较为明显。艺术、音乐、传媒、文化会展、文化贸易、文化旅游等温和资源是提升一个城市文化辐射力、影响力的关键性因素。广州历来是我国音乐文化重镇，在传统文化底蕴方面有第一批国家级非物质文化遗产的“广东音乐”，在人才、场馆、产业方面拥有星海音乐学院、酷狗音乐、粤港澳大湾区音乐博物馆、广州大剧院、珠江钢琴、中国音乐金钟奖、国家音乐产业基地广州园区等众多优质音乐资源。2019 年广州成功引进世界顶级音乐节之一的国际肖邦音乐节，但 2003 年起落户广州的全国唯一常设的音乐类综合性大奖——中国音乐金钟奖却出走到了成都；此外，酷狗音乐也加速在成都布局集音乐训练、直播、创意孵化等服务于一体的产业基地，助力成都打造“音乐之都”。广州发生的这种一边引进资源，一边流失优质资源的现象，既说明广州在稳定城市文化发展方面需要做大量细致的工作，也说明广州作为国家中心城市的文化吸引力还有待加强。

此外，新闻出版传媒一直是广州城市文化软实力的一个重要符号，也是广州引以为傲的一个文化标杆。改革开放以来，广州新闻出版传媒曾经在全国拥有强大的话语权和影响力，但在风起云涌的新媒体冲击下，当前广州传统媒体的优势已然大幅下降。在 2019 年第十一届“全国文化企业 30 强”榜单中，全国共有 20 家出版传媒企业集团入围 30 强，30 强提名名单中也有 6 家为出版传媒公司，而广州无一新闻传播类企业上榜。

（二）文化经济与文化消费的区域发展不均衡问题依然存在

从文化企业产值、规模以上文化企业数量、文化产业地位等指标来看，当前广州文化产业发展水平较高的区域主要集中在天河、越秀、黄埔、番禺、海珠等中心城区，而从化、增城、花都等城市边远区域的文化产业发展则明显滞后，存在着明显的区域发展不均衡现象（见表 2、表 3）。这种发展不均衡说明，广州地方特色文化资源并未得到充分挖掘和利用，城市文化资源区域配置亟待优化。

表 2　广州文化及相关产业区域空间分布情况

区域	企业法人单位(个)	从业人员(万人)	企业资产(亿元)	营业收入(亿元)
荔湾区	3770	2.53	105.52	228.64
越秀区	8424	8.70	1362.54	854.46
海珠区	7974	5.77	664.59	459.40
天河区	18887	16.33	1750.09	1441.74

续表

区域	企业法人单位(个)	从业人员(万人)	企业资产(亿元)	营业收入(亿元)
白云区	9788	6. 55	207. 15	215. 37
黄埔区	3125	6. 35	1115. 61	632. 51
番禺区	11267	11. 59	819. 48	582. 50
花都区	3137	3. 66	147. 88	175. 05
南沙区	5129	3. 29	196. 57	146. 94
从化区	754	0. 99	46. 56	17. 95
增城区	2159	1. 56	75. 65	65. 50
全市	74414	67. 32	6491. 64	4820. 06

资料来源：《广州市第四次全国经济普查公报》。

表3　广州文体娱乐服务业区域空间分布情况

区域	企业法人单位(个)	从业人员(万人)	营业收入(亿元)
荔湾区	617	0. 30	5. 00
越秀区	2106	1. 91	138. 76
海珠区	2222	1. 05	24. 30
天河区	5326	2. 11	69. 95
白云区	2296	1. 07	16. 46
黄埔区	801	0. 29	5. 11
番禺区	2076	1. 77	63. 57
花都区	853	0. 34	8. 09
南沙区	1461	0. 38	4. 02
从化区	184	0. 12	3. 44
增城区	580	0. 28	3. 58
全市	18522	9. 62	342. 28

资料来源：《广州市第四次全国经济普查公报》。

广州文化消费市场也存在明显的区域和结构发展的不均衡现象。从2014～2019年的统计数据来看，虽然近年来广州农村居民文化娱乐消费支出保持了较快增长，但城乡文化消费差距并没有得到显著缩小（见表4）。2019年，广州农村常住居民家庭人均教育文化娱乐服务消费支出依然不足城市常住居民家庭的四成。同时，虽然当前广州市民的教育文化娱乐消费支出水平位居全国前列，但大部分文化消费支出集中在教育消费、耐用机电消费品、珠宝首饰等领域，在核心文化产品与服务消费方面发展相对滞后，文化消费的结构不尽合理。例如，在2019年中国城市电影票房收入排行榜中，广州票房收入为26.51亿元，已被深圳（26.73亿元）反超，远落后于上海（41.85亿元）和北京（39.82亿元）。

表4　2014～2019年广州城市和农村常住居民家庭人均教育文化消费水平

类别		2014年	2015年	2016年	2017年	2018年	2019年
城市	教育文化娱乐服务消费支出（元）	4272	4640	5044	5404	5652	6126
	教育文化娱乐服务消费支出所占比重(%)	12.8	13.0	13.1	13.3	13.4	13.6
农村	教育文化娱乐服务消费支出（元）	1397	1482	1667	1817	2022	2252
	教育文化娱乐服务消费支出所占比重(%)	10.9	9.3	9.5	9.6	9.8	10.0

资料来源：2014～2019年《广州市国民经济和社会发展统计公报》。

（三）文化产业发展的瓶颈问题亟待政策上的突破与完善

文化产业不强一直是制约广州城市文化综合实力快速提升的一块短板。自2017年以来，广州从产业平台建设、文化产业融合、扶持电影产业发展、促进文化人才引进培育等方面出台了一系列激励文化产业发展的扶持政策。《中共广东省委全面深化改革委员会关于印发广州市推动“四个出新出彩”行动方案的通知》，也已明确提出要进一步增强广州文化产业竞争力，将实施“文化产业壮大工程”作为推动广州城市文化综合实力“出新出彩”的重要手段和任务之一。在这些强有力的政策推动下，近年来广州文化产业确实获得了较快发展。但比较国内外先进城市，当前广州文化产业发展中的一些瓶颈性问题依然没有得到有效解决。最明显地表现为以下三个方面。

一是广州文化产业的发展缺乏龙头引领，多数文化企业竞争力、盈利能力和抗风险能力较弱，产业发展不够稳健。这种状况也导致广州文化产业对周边城市及关联产业的辐射带动效应不强，对广州经济发展和城市文化综合实力提升的拉动效应不足。

二是在动能转换、新旧业态交替的升级换代过程中，广州传统优势文化产业发展失速，而新兴文化产业业态的发展还比较稚嫩，严重拖累了广州文化产业高质量发展和结构优化的进程。近年来，广州市委市政府出台的文化政策大幅向新兴文化产业领域倾斜，而忽视了对文化装备制造、音像制品、印刷出版等广州传统优势文化产业的政策扶持。这种政策供给上顾此失彼的现象造成了传统优势产业转型升级步伐缓慢，发展逐步滞后，传统文化产业慢慢地丧失优势地位，而数字类、创意类等文化新业态虽然近年来发展迅猛，但由于发展时间尚短，市场规模还比较小，也不能形成产业优势。在《文化及相关产业分类（2018）》标准中划定的九大行业中，当前广州的数字内容产业、文化创意设计产业、互联网文化产业等新兴业态在企业数量、产值规模、从业人数等方面全面超越了文化装备制造等广州传统优势文化产业（见表5）。

表5　广州文化产业九大行业主要经济指标

产业类别	企业法人单位(个)	从业人员(万人)	企业资产(亿元)	营业收入(亿元)
新闻信息服务	3644	557.96	557.96	370.53
内容创作生产	15920	1698.93	1698.93	965.29
创意设计服务	21872	1061.26	1061.26	928.76
文化传播渠道	6350	573.56	573.56	588.62
文化投资运营	325	589.65	589.65	23.13
文化娱乐休闲服务	2535	332.28	332.28	64.06
文化辅助生产和中介服务	12987	750.64	750.64	427.56
文化装备生产	2193	355.07	355.07	420.22
文化消费终端生产	8588	572.28	572.28	1031.87

资料来源：《广州市第四次全国经济普查公报》。

三是文化产业管理中的多头交叉管理、模糊管理等问题仍显突出，严重影响了文化产业政策措施的实施效能和文化企业的获得感。当前广州国有文化制造业归广州市国资委主管，国有新闻传媒出版企业归广州市委宣传部主管，文化事业、文化产业的基础设施建设和文化市场的管理归广州市文化旅游局主管。再加上由于文化产业财政扶持资金有很大一部分来源于广州市发改委和市科技局，广州文化产业的发展直接或间接地受到这些管理部门的影响。此外，文化产品和服务业态多、范围广，涉及的企业众多，产业统计与信息收集比较困难，各类主管部门都难以及时准确掌握产业发展的信息数据，对文化产业基本还是一种盲人摸象、后知后觉式的模糊管理。这种状况不仅造成了文化产业政策引导效能上的分散弱化，也让文化企业无所适从。

（四）广州文化市场重大案件时有发生，安全形势依然严峻

2019 年，广州警方和文化执法部门在印刷出版市场、文化演出市场、广播电视传播市场、网络文化市场、文化旅游市场查处了一系列重大违法案件，这说明广州高度重视文化市场监管，对有害出版物、淫秽色情、低俗信息和信息泄露保持高压打击态势，同时也说明当前广州文化市场的安全形势不容乐观。其中，涉外案件较多，尤其需要引起有关方面的高度警觉。

据初步统计，2019 年，广州印刷出版市场查处的重大案件就有“8·22”仓储非法音像制品案、“9·27”印制仓储销售盗版图书案、白云区仓储非法音像制品系列案、“7·23”仓储音乐类教辅出版物案、某印刷厂非法印刷境外出版物案等。其中，在“8·22”仓储非法音像制品案中，查获的境外英文电影和电视剧等非法音像制品就达到 287 万余张，是广州近 5 年来单一案件中收缴非法音像制品数量最多的。在白云区仓储非法音像制品系列案中，查获存储非法音像制品仓库 4 个和非法制作包装盗版音像制品的包装点 3 个，共收缴盗版音像制品 238 万余张、淫秽音像制品 1.5 万余张，抓获犯罪嫌疑人 26 人。“7·23”仓储音乐类教辅出版物案是一起通过网络销售盗版教辅出版物的典型案件，此案共查获音乐类教辅出版物 18 万余册，码洋约 500 万元。

同时，2019 年的广州文化演出市场也存在擅自举办涉外营业性演出、

个别小型演出内容存在“三俗”现象、网络销售票务乱象较多等诸多问题。例如，2019 年 3 月，番禺区文化部门在对广州某娱乐公司进行检查时就发现，该公司存在未获批准擅自举办涉外营业性演出、擅自变更演出演员等严重问题，对当事人做出了罚款 20 万元的行政处罚。在广州广播电视传播市场，当前需要高度重视宾馆酒店非法接入传输境外广播电视等方面的问题。2019 年 9 月，广州市针对酒店、服务公寓、沐足会所等商业场所的电视系统进行大规模排查，发现有部分酒店存在违规接入境外电视节目、未经批准擅自建设电视前端、违规播放 IPTV 电视节目等违规违法行为，不仅干扰了广州广播电视传播的正常秩序，也给广州城市文化安全和意识形态安全带来了重大的隐患。

近年来，广州网络文化市场的重大案件也呈现高发态势。2019 年广州查处的相关案件主要集中在两个方面。一是利用网络平台进行网络色情、线上赌博等非法行为，严重影响网络健康生态和文化安全。例如，2019 年查处的“九库文学网”传播淫秽色情网络出版物案、3 家网络文学网站出版传播含有危害社会公德内容网络文学作品系列案、社交软件“X 伴”未依法审核网络发布信息案，都是网络平台非法传播低俗色情信息内容的典型案件。在地下“六合彩”网络赌博案中，2019 年 7 月广州警方在现场抓获涉赌违法犯罪嫌疑人达 37 名，8 月警方循线追击再次抓获了该团伙的 11 名犯罪嫌疑人。二是通过网络窃取信息并以此牟利或制造不良影响，严重影响城市网络信息安全。在 2019 年上半年，广州警方就查处了假冒“10086”的伪基站短信诈骗案、邹某等人的“网络水军”案、某公司未采取国际联网安全技术保护措施案等重大案件。在伪基站短信诈骗案中，警方抓获的这个冒充中国移动“10086”短信非法截取他人银行信息并实施诈骗行为的犯罪团伙成员达 25 名。在“网络水军”案中，抓获的这个利用技术手段提供有偿删帖、沉帖、发布虚假信息等网络水军犯罪团伙成员达 12 名，累计非法获利约合 95.5 万元。在未采取国际联网安全技术保护措施案中，该公司不履行网络安全保护义务，造成会员积分测试系统遭到黑客非法入侵，网站首页被篡改张贴违法有害信息而造成恶劣社会影响。2019 年下半年，广州警方又查处了两家新闻媒体网站被黑客攻击植入万余个链接涉赌 App 下载界面的“暗链”，造成大量违法信息传播的恶性事件。另外，广州警方在下半年还破获了全国最大规模制售微信外挂软件网络黑产案，打掉一个从事微信账号买卖、养号业务的特大新型黑客犯罪团伙，抓获涉案人员 40 多人，涉案金额过 1000 万元。同期还打掉一个生产“猫池”设备帮助网络黑产从业人员信息网络犯罪活动的犯罪团伙，此案共查处犯罪窝点 100 多个，抓获涉嫌侵犯公民个人信息、帮助信息网络犯罪活动犯罪人员 100 余名。

三　2020年广州文化发展态势分析与发展建议

（一）2020年广州文化发展态势分析

2020 年，广州文化发展态势受到突发的新冠肺炎疫情的影响。春节期间，所有的文博馆、影院、休闲娱乐场所、会展活动、文化旅游等全部按下了“暂停键”，线下的文化消费活动基本停滞。此外，新冠肺炎疫情对广州文化发展可能带来另一负面影响是企业倒闭和文化贸易受阻。广州文化企业多为中小微企业，抗风险能力较弱，一些企业很可能因资金链断裂和市场萎缩而破产倒闭。欧美发达国家深受疫情影响，国际文化消费需求大幅下滑，将对 2020 年广州文化出口贸易产生极为不利的影响。

不过，我们应该看到，有“危”就有“机”。疫情带来的无接触服务、假期延长、宅家生活等，也意外催生了在线游戏、直播文旅、网上会展、远程文教、云综艺等数字化文化新业态的发展。社交距离和用工紧张还倒逼了文化制造业加速实现智能化生产。传统文化产业数字化、智能化加速转型升级以及线上文化消费将会是 2020 年广州文化发展的一个新的趋势。

同时，2020 年广州文化发展新态势还与重大文化项目布局、文化政策的推进以及广州相关政府部门既定的工作安排息息相关。2020 年是广州市推动“四个出新出彩”行动方案全面实施的关键之年。根据行动方案的要求，2020 年广州文化发展的重点工作任务主要表现在以下几个方面。一是着眼于城市文化综合实力“出新出彩”，加快推进广州（越秀）红色文化传承弘扬示范区、广州市（荔湾）岭南文化中心区建设和广佛共建中华优秀传统文化传承创新示范区等重大文化示范项目建设，全力打响红色文化、岭南文化、海丝文化和创新文化四大城市文化品牌。二是着眼于培育提升广州在粤港澳大湾区中的文化中心城市功能和对外文化交流门户功能，全面实施人文湾区、休闲湾区共建工程，加快推进粤港澳大湾区文化交流创新中心和艺术创研中心、粤港澳大湾区北部生态文化旅游合作区、粤港澳大湾区文化遗产游径等重大项目的建设。以粤港澳大湾区公共图书馆联盟建设和广州香港互办文化周活动为重要支撑平台，进一步深化广州与香港、澳门、深圳、佛山在公共文化服务共建共享、文化旅游交流合作等方面的区域一体化发展。三是全面实施文化体制改革创新工程和文化产业壮大工程，全面落实“1 + N”文化产业政策体系，创新文化发展投融资机制，推动成立广州文化发展集团和融媒集团，构建多元化的文化产业投融资平台、项目平台、服务平台。加快推进与新西兰维塔工作室、凤凰卫视、博纳影业、上海湘芒果等文化产业战略合作项目落地，以及长隆旅游度假区、花都融创文旅城、增城华侨城创意山水文旅小镇等重点文旅项目建设，全面推动北京路文化核心区创建国家级文化产业示范园区和“越秀、天河、海珠、从化、增城”5 区创建“省级全域旅游示范区”，支持鼓励灯光、音响、钢琴等广州文化企业建设国家文化装备重点实验室。四是以文化服务和历史文化遗产保护利用的法制化、数字化、生态化建设为抓手，实施岭南文化中心建设工程，大力推进《广州市促进历史建筑合理利用实施办法》《广州市非物质文化遗产保护办法》等相关法规的贯彻落实，重点推进岭南文化中心区（荔湾片区）和广府文化生态保护实验区（越秀区）建设，积极创建省级粤剧粤曲文化生态保护实验区（荔湾区）。将老旧小区微改造与历史文化保护利用有机结合起来，实施 152 个老旧小区微改造项目，重点打造旧东山、沙河顶、恩宁路等 12 个片区，推动老城区环境品质、文化旅游、商业等综合发展。同时 2020 年广州将开展文物基础档案数字化建设，探索建设红色革命遗址网上博物馆和广州记忆数字平台，完成“广州市公共文化云”建设。广州领衔制定的《广东省历史建筑数字化技术规范》（广东省地方性标准）、《广东省历史建筑数字化成果标准》（广东省地方性标准）和《历史建筑数字化技术规范》（国家行业标准）将公开对外发布。五是以聚焦精神文明建设提质增效、树立新时代文明城市标杆为目标，以《广州市文明行为促进条例》落地实施为抓手，从“生活垃圾分类”“出租车文明服务提升”“铁路沿线周边环境整治”“共享单车管理”“厕所革命”等工作入手进一步深化全域文明创建。持久深入开展公共文明引导志愿服务，打造“志愿之城”“诚信之城”“美丽花城”“书香羊城”“大爱广州”等一批精神文明品牌，推动市民文明素质与城市文明程度有质的提升。

根据广州文化发展既定的工作安排、行动方案、政策措施的推进落实以及内外部发展环境的变化影响，展望2020年，可以预见广州文化发展将出现以下发展态势。

第一，2020年广州将有更多的文化企业和资本加大对数字化文化产品的项目研发和市场供给，广州公共文化服务数字化应用进程将全面提速，将有越来越多的博物馆、文化馆、图书馆、展览馆、档案馆开通或升级数字化远程服务。

第二，2020年广州文化消费领域将出现快速新旧交替和市场分化，在线娱乐、网络直播等新文化消费业态将获得快速的发展，而传统文化消费因突发疫情防控将受到明显的压制。但随着疫情形势逐步好转、防控措施谨慎放松、民众恐慌心理逐渐消失，以及从中央到地方各级政府刺激消费措施的出台，传统文化消费场所将逐步恢复正常经营，文化旅游、线下娱乐消费、文化用品消费等领域将出现快速反弹，广州文化消费全年预计会出现先抑后扬的发展态势。

第三，2020年广州文化产业发展的机遇与挑战并存，文化新业态将加速发展，文化产业结构调整也将迎来重大的契机，但由于国内外文化消费市场萎缩、经营成本上升，广州多数文化步入经营困难期，中小微文化企业甚至可能出现倒闭潮。新冠肺炎疫情的全球大流行使得2020年广州对欧美国家的文化商品出口贸易形势非常严峻。消费、出口两大发动机暂时熄火也必然带来发展失速，2020 年广州文化产业增速大幅度放缓将不可避免。

第四，2020 年广州与粤港澳大湾区共建共享人文湾区，休闲湾区建设工程和新时代文明城市建设进程将稳步推进，粤港澳大湾区文化交流合作、文化旅游市场一体化发展将更加深入，持续性的全域文明创建工作将推动 2020 年广州城市文明迈上新台阶。

第五，2020 年广州公共文化服务、文化产业与消费的网络化、数字化发展，以及文化生产的智能化、文化贸易的电商化，在快速转型和技术跃升时期必然带来较大的网络信息安全风险。同时，重大公共卫生事件暴发时期同时也是各种舆情的高发期，广州作为我国一线开放性门户城市将首当其冲，由此可以预计，2020 年广州面临的城市文化安全形势将更加严峻。

（二）发展建议

1. 加大公共文化服务和文化商业服务数字化、智能化发展的财政支持力度，积极应对疫情常态化管理模式下文化发展形势

实践证明，公共文化服务和文化商业服务数字化、智能化发展，可有效地降低重大公共卫生事件中接触安全风险，是疫情防控常态化管理模式下公共文化服务和文化商业服务保持正常进行的重要手段。在此次席卷全球的新冠肺炎疫情中，国内外科技企业、文化企业都纷纷加大了数字化、智能化产品的开发与应用，并取得了良好的市场效果。但必须看到，公共文博场馆是主要依靠财政拨款的非营利机构，仅靠自身实力是难以完成数字化、智能化改造的。而休闲娱乐、文旅景区等文化消费场所是此次新冠肺炎疫情中受影响最大的一类企业，其中大多数企业已是苦苦支撑，根本没有财力进行数字化、智能化改造。因此，我们建议，广州市财政应在 2020 年安排充裕的专项财政资金，采取直接资助、财政贷款贴息等不同方式，重点支持公共文化服务机构和文化商业服务企业加快完成场馆智能化和服务数字化改造升级，促进广州文化服务产品的稳定供给，以及文化服

务能力、质量和效率的快速提升。

同时，广州城市公共文化服务和文化消费服务要真正实现数字化、智能化发展，还必须要有先进的信息数字化基础设施给予技术支撑。国家已明确提出要加快以5G基站、人工智能、大数据中心、工业互联网等为代表的新型基础设施建设进程，这一举措无疑为广州文化服务领域全面实现数字化和智能化发展创造了条件。因此，2020年广州要优先加强在大型公共文化服务场馆、文商旅重点项目、文化产业园区等关键区域的新基建项目的规划布局与投资建设，利用新科技、新基建的契机引领广州文化服务产品的创新和文化消费的升级。

2. 采取强有力的措施促创新、增投资、稳消费、拓贸易，确保文化产业健康稳定发展

当前，我国文化产业发展动力正在由过去的单一投资驱动向“创新+消费”驱动转变。在当前世界局势复杂多变和全球性经济衰退的特殊环境下，2020年的广州应继续坚持“创新+投资+消费+贸易”多向驱动，从而确保广州文化产业健康、稳定、可持续发展。

首先，在创新层面，广州应继续实施文化产业创新驱动发展战略，积极推进文化与科技的深度融合发展，不断推进大数据、云计算、人工智能等高新技术在文化领域的深度渗透和具体应用。2020年，广州在大力发展科技型文化新兴产业的同时，要采取更加有力的政策措施，积极鼓励支持传统文化企业开展产品技术创新和生产模式创新，提升文化传统产业的数字化、智能化水平，引导广州文化产业结构加速向产业链、价值链高端延伸。

其次，就投资、消费、出口层面而言，作为拉动经济的“三驾马车”，在消费和出口疲软的情况下，目前加大文化领域的投资尤显重要。在投资领域，建议广州2020年将更多文化产业投资项目纳入广州市重点项目“攻城拔寨”行动计划，加快促进重大文化产业项目引进和落地实施。同时，重大文化产业项目布局建设要高度重视区域均衡发展和产业结构调整的问题，建议重大项目空间布局时要着重向城市边远地区倾斜，在选择类型时要向新兴产业领域和科技型传统产业领域倾斜。另外，文化领域的投资仅靠政府投

资是不够的，亟须开辟文化投资多元化的渠道，关键是通过政策激励和营商环境优化等手段，激发企业投资信心，促进更多社会资本向广州文化产业领域集聚。

众所周知，广大民众持续的文化消费是推动文化市场长期繁荣的保证，更是文化产业向着深度和广度发展的决定性因素之一。因2020年初新冠肺炎疫情的暴发，广州文化消费市场和市民文化消费需求按下了暂停键，带来了文化消费市场的停滞。在新冠肺炎疫情逐步得到控制后，广大民众外出恐慌情绪与社会紧张氛围不一定会马上消失，尤其是当疫情已演变成一场全球性的公共卫生危机甚至是经济危机、社会危机时，部分民众的收入锐减、失业担忧等因素也会抑制民众的消费能力和意愿。因此，在2020年，广州市必须采取有力措施，引导社会在常态化疫情防控措施下尽快恢复正常活动和消费意愿。一是出台刺激文化消费的专项政策，包括发放文化消费券、政府购买文化旅游服务、实施错峰休假和弹性作息制度等，引导民众有序出门消费，尽快恢复文化市场的人气；二是加快培育在线娱乐、远程康养、直播展销、个性化定制旅游等新兴文化消费形态，进一步拓展广州文化消费的市场空间；三是要充分利用广州作为首批国家扩大文化消费试点城市的契机，在电影、演艺、会展、图书、网络文化等文化消费领域广泛开展文化惠民活动，培育新的文化消费增长点，加快提升和扩大广州文化市场的消费水平。

在2020年极为严峻的外贸形势下，广州要加强对文化出口企业的专业服务与精准援助，积极帮助企业协调解决出口遇到的困难和问题。抓住广州作为国家跨境电商综合试验区城市的有利条件，全面落实“互联网+外贸”战略，进一步加大对跨境电商产业的扶持力度，拓展文化外贸渠道。同时，在欧美等主流文化贸易市场严重衰退情况下，广州要积极对接“一带一路”建设，加强与共建“一带一路”国家和地区的经贸合作，开拓新的国际市场，稳定广州文化产品出口。

3.高度重视“谣言病毒”治理和网络信息安全防护，进一步优化城市文化安全生态环境

重大突发公共卫生事件的发生，往往会滋生出大量的社会谣言，容易带

来社会公众的情绪恐慌，造成市场的不稳定。尤其是在比较严格的抗疫行动管控中，公众对手机网络的依赖度加大，对外界信息更加敏感与关注，更容易传谣信谣，如果管控不力，极易引发社会舆情危机甚至严重的社会文化安全危机。当前，我国正处于发展转型期、改革攻坚期、矛盾凸显期“三期叠加”时期，对外反渗透、反分裂、反颠覆的斗争十分尖锐复杂，谣言在网络和社会上的肆虐极易被外部敌对势力利用，并引发波及范围更大的国家安全问题。广州作为网络高度发达的国际化大都市，在此次新冠肺炎疫情防控中的政府管治能力和社会经济状态都受到外界的高度关注，极容易出现“谣言病毒”的国际化传播。为此，广州应在疫情防控的特殊时期及其之后的相当一段时间里，高度重视“谣言病毒”治理，加大对社交媒体舆论生态治理力度，采取果断措施严厉打击“谣言病毒”背后的黑色产业链，为国家守好文化安全和意识形态安全的“南大门”。

还要看到，在新冠肺炎疫情倒逼和催生广州公共文化服务和文化商业消费服务数字化应用和发展的同时，仓促性、应急性的服务上“云”、消费上线也会加剧网络黑客攻击、个人信息泄露盗卖等安全风险，建议广州在当前和今后一段时期着重加强对数字化新产品、新服务、新平台的安全监管，加强对新触网企业、场馆加强安全意识教育与安全防护技术指导，进一步规范企业采集、利用、管理个人信息的行为。

此外，广州文化发展需要洞察先机、未雨绸缪，加快建立健全文化产业供应链安全管理体系、供应链安全评价机制和供应链安全预警应急机制，引导和督促文化企业树立供应链安全防范意识，切实提高广州文化产业供应链的柔性、韧性和抗打击性，确保广州文化产业发展的安全性和可持续性。

文化产业篇

Cultural Industry

B.2 广州市文化产业高质量发展的对策研究*

广州大学广州发展研究院课题组**

摘　要： 近年来，广州文化产业虽然发展速度较快，但对标高质量发展还存在诸多问题与短板。文化产业政策框架已基本搭建起来，但也依然存在一些明显的缺陷与问题，尚不足以支撑广州文化产业高质量发展。因此需要进一步强化战略引领、法制保障与政策创新，在稳固文化产业传统优势领

* 本报告系中共中央宣传部文化名家暨“四个一批”领军人才重点资助项目“国家文化安全视野下提升区域文化软实力研究”、广州市新型智库广州大学广州发展研究院的研究成果。

** 执笔人：涂成林，国家“万人计划”哲学社会科学领军人才，中宣部文化名家暨“四个一批”领军人才，广州大学二级研究员、博士生导师，广州市政府第三、第四届决策咨询专家，广州市新型智库广州大学广州发展研究院首席专家。课题组其他成员：谭苑芳，广州大学广州发展研究院副院长、教授，广州市粤港澳大湾区（南沙）改革创新研究院理事长；曾恒皋，广州大学广州发展研究院软科学研究所所长，广州市粤港澳大湾区（南沙）改革创新研究院研究总监、副研究员；彭晓刚，广州大学广州发展研究院特聘研究员；周雨，广州大学广州发展研究院政府绩效评价中心主任，讲师，博士；粟华英，广州市粤港澳大湾区（南沙）改革创新研究院调查总监，经济师。

域的基础上加快培育发展新动能。坚持“创新+消费+投资+贸易”多向驱动，进一步增强广州文化产业的内在发展动力。

关键词： 文化产业 高质量发展 政策创新 广州

一 广州文化产业发展现状分析与评价

文化产业高质量发展体现在创新力度、文化产品和服务质量、产业结构、区域布局、经济地位和社会效益等多个方面。因此，衡量广州文化产业实现高质量发展的标准，至少要满足以下四个条件。第一，建立起现代产业体系，实现创新驱动发展，全要素生产率处于较高水平，产业发展更有效益、更有效率、更可持续，在国内外有较强的市场竞争力和文化影响力，真正实现规模化、集约化、品牌化发展。第二，在产业结构持续优化过程中能够保持较快速度的稳定增长，实现速度与质量的辩证统一。文化产业在城市发展中的核心引擎作用进一步凸显，具有更高的经济地位。第三，建立起稳定高效的区域创新协调发展机制，实现区域协调发展和产业协同发展，产业结构和区域布局更加合理，城乡、区域、产业间相互协调、资源共享、优势互补。第四，建立起统一开放、竞争有序、健康向上的现代市场体系，能够有效满足和积极引导民众多样化文化消费需求，实现经济效益、社会效益和文化安全的有机统一发展。

近年来，广州文化产业规模一直持续稳定增长，2018 年文化产业增加值已达到 1261.43 亿元，占 GDP 的比重为 5.48%，文化产业支柱性产业地位已基本稳固；数字内容产业、文化创意设计产业、互联网文化产业等新兴业态发展较快，2018 年广州动漫游戏产业增加值已达到 400 亿元，在广州文化产业结构中逐渐占据主导地位；文化产业园区（基地）建设成效也比较显著，已建成 60 余个具有较大影响力的文化产业园区（基地）、17 个国家级文化产业园区（基地）、17 个省级文化创意产业园区。但对标高质量发展，广州文化产业发展还存在以下一些问题与不足。

（一）规模偏小且发展不够稳定，文化产业发展的效益与效率亟待提高

与北京、上海、深圳等一线城市比较，广州文化产业的各项经济指标均处于垫底地位（见表 1）。而且近年来广州文化产业增速波动较大，可持续性发展能力较弱。这说明当前广州文化产业在增长稳定性、效益和效率等方面都尚未达到高质量发展的要求。

表 1　北上广深文化产业主要经济指标比较

城市	文化及相关产业法人单位数（万个）	从业人员（万人）	总资产（亿元）	营业总收入（亿元）	企业平均资产（万元）	每万人创造收入（亿元）	文化产业增加值（亿元）	占 GDP 比重（%）
北京	15. 1	121. 2	27166. 1	13451. 1	1799. 1	111. 0	2700. 42	9. 64
上海	4. 5	68. 9	14154. 9	11080. 2	3145. 5	160. 8	2193. 08	6. 09
深圳	10. 23	102. 94	13776. 7	9488. 68	1346. 7	92. 2	1996. 11	7. 90
广州	7. 44	67. 31	6491. 64	4820. 05	872. 5	71. 6	1261. 43	5. 48

注：北京市文化产业增加值和占比为 2017 年数据，其余均为 2018 年数据。

资料来源：各市第四次全国经济普查公报、统计局公开发布数据。

（二）文化产业发展缺乏龙头引领，多数文化企业竞争力、盈利能力和抗风险能力较弱

当前广州文化企业数量虽然比较多，但 90% 以上是中小微文化企业，规模以上文化企业数量只有 2200 余家，而且体量普遍偏小，尤其缺乏枢纽型领军文化企业。多数文化企业盈利能力和抗风险能力较弱，是导致当前广州文化产业发展不够稳健的一个重要原因。在 2019 年第十一届“全国文化企业 30 强”榜单中，广州同样无一企业上榜，仅咏声动漫一家企业获提名，

这说明广州文化企业的规模实力、市场竞争力和盈利能力与北上深等城市有巨大差距。在《2017～2018年度国家文化出口重点企业目录》、《2017～2018年度国家文化出口重点项目目录》以及《2019～2020年度国家文化出口重点企业和项目公示》中，广州入选国家文化出口重点企业和重点项目数量远不及北京和上海，甚至还落后于深圳，广州文化企业国际竞争力与北京、上海等城市相比差距非常明显（见表2）。

表2 国家文化出口重点企业和重点项目名单

单位：个

类别	北京	上海	深圳	广州	全国总计
2017～2018年度国家文化出口重点企业数量	37	25	15	10	298
2017～2018年度国家文化出口重点项目数量	18	10	0	1	109
2019～2020年度国家文化出口重点企业数量(公示名单)	40	29	15	15	335
2019～2020年度国家文化出口重点项目数量(公示名单)	18	16	2	3	129

注：北京、上海企业数量中不含所在地的中央文化企业，重点项目不包括中央文化企业项目。

（三）区域布局与资源配置不尽合理，城市边远地区文化产业发展严重滞后

如表3所示，当前天河、越秀等5个中心城区的文化产业发展水平处于明显领先地位，而从化、增城、花都和南沙4个区域的文化产业发展严重滞后。而且由于绝大多数国家级和省市级重点产业发展平台基本布局在天河、越秀等中心城区，这种区域间差距还有进一步拉大的趋势。这种区域发展失衡造成许多边远地区的地方特色文化资源没有得到充分的挖掘和利用，而中心城区产业用地却极度紧张。

表 3　广州文化及相关产业区域空间分布情况

区域	企业法人单位(个)	在全市占比(%)	从业人员(万人)	在全市占比(%)	企业资产(亿元)	在全市占比(%)	营业收入(亿元)	在全市占比(%)
荔湾区	3770	5.07	2.53	3.76	105.52	1.62	228.64	4.74
越秀区	8424	11.32	8.70	12.93	1362.54	20.99	854.46	17.73
海珠区	7974	10.72	5.77	8.57	664.59	10.24	459.40	9.53
天河区	18887	25.38	16.33	24.26	1750.09	26.96	1441.74	29.91
白云区	9788	13.15	6.55	9.73	207.15	3.19	215.37	4.47
黄埔区	3125	4.20	6.35	9.43	1115.61	17.19	632.51	13.12
番禺区	11267	15.14	11.59	17.22	819.48	12.62	582.50	12.08
花都区	3137	4.22	3.66	5.44	147.88	2.29	175.05	3.63
南沙区	5129	6.89	3.29	4.89	196.57	3.03	146.94	3.05
从化区	754	1.01	0.99	1.47	46.56	0.72	17.95	0.37
增城区	2159	2.90	1.56	2.32	75.65	1.17	65.50	1.36

资料来源：《广州市第四次全国经济普查公报》。

（四）传统优势产业优势逐步丧失，新兴业态发展还比较稚嫩，文化产业结构亟待加速优化

当前广州文化产业正处于动能转换、新旧业态交替的升级换代过程中。数字类、创意类等新业态虽然近年来发展迅猛，但发展时间尚短，市场规模还比较小。而文化装备制造、新闻出版、音像制品等传统优势文化产业多为国企，体制机制不灵活，产业升级推进缓慢，近年来发展滞后，传统优势地位正在慢慢丧失。

（五）文化国际贸易结构依然比较低端，核心文化产品国际竞争力亟待提高，出口对文化产业高质量发展的拉动作用并不明显

广州文化商品进出口总额虽然比较大，但多为光学、照相、医疗等设备和珠宝首饰，核心文化产品出口额只占很少份额，文化产业的贸易结构不尽

合理。例如，最近几年广州在文化产业进出口主要商品行业分类中，排在首位的是光学、照相、医疗等设备及其零附件，第二位是珠宝首饰，这两类文化商品所占比重超过了八成。

（六）文化消费水平亟待进一步提升，消费结构亟待改善，文化消费在促进广州文化产业高质量发展中的作用还没有完全发挥出来

2019年，广州农村常住居民家庭文化消费支出依然不足城市常住居民家庭的四成，城乡文化消费能力相差悬殊。这种状况严重削弱了文化消费对广州文化产业高质量发展的拉动能力，文化消费市场有待进一步激活。同时，虽然当前广州市民的教育文化娱乐消费支出水平位居全国前列，但大部分文化消费支出集中在教育消费、耐用机电消费品、珠宝首饰等领域，在核心文化产品与服务消费方面发展相对滞后，文化消费结构不尽合理。例如，在2019年中国城市电影票房收入排行榜中，广州票房收入为26.51亿元，已被深圳（26.73亿元）反超，远落后于上海（41.85亿元）和北京（39.82亿元）。

（七）城市文化市场安全形势比较严峻，广州文化产业高质量发展所需的市场环境有待进一步改善

近年来广州侵权盗版、网络传播低俗文化产品、网络黑客攻击等重大文化安全案件频发，扰乱了文化产业高质量发展所需的市场环境。据统计，2017~2018年，广州收缴非法出版物就达481万册（张），收缴电脑2962台，行政立案393宗，刑事立案22宗，抓获犯罪嫌疑人136人。据广州市网络与信息安全通报中心统计，仅2018年广州发现并通报的僵尸网络、网页木马、“暗链”等类型的网络安全事件就达到624起。

二　广州现有文化产业政策与工作措施分析评价

根据国内外先进国家、城市的实践经验以及产业生命周期等理论，文化

产业具有公共产品属性，无论是扶持新兴的文化创意产业，还是激发传统文化产业活力、引导传统文化产业升级转型，其发展都离不开强有力的政策扶持。尤其在当今，随着越来越多的国家、区域、城市认识到文化产业的前景和价值，区域间、城市间在优质文化资源、高素质文化创新人才、优质文化产业项目等方面的争夺越来越激烈，产业政策优劣已成为影响文化产业高质量发展的关键性因素。

近年来，广州市委市政府高度重视文化产业的顶层设计，在财政、税收、金融、创新等方面加大对文化产业的政策支持，已初步形成“1＋9”的文化产业政策体系（见表4）。虽然文化产业政策框架已基本搭建起来，在支持网络游戏动漫产业发展、推进产业园区（基地）建设管理、促进文化人才引进培育等方面政策措施也比较到位，但这一政策框架依然存在一些明显的缺陷与问题，尚不足以支撑广州文化产业高质量发展。

表4　广州现行文化产业政策体系

政策类型	政策名称	出台时间
综合性政策	《广州市人民政府办公厅关于加快文化产业创新发展的实施意见》	2018年
	《广州市文化广电新闻出版事业发展第十三个五年规划(2016～2020年)》	2017年
专项产业政策	《广州市人民政府办公厅关于加快动漫游戏产业发展的意见》	2016年
	《广州市扶持电影产业发展暂行规定》	2018年
	《广州市人民政府关于加快发展体育产业促进体育消费的实施意见》	2017年
	《广州市关于支持实体书店发展的实施意见》	2018年
	《广州市时尚创意(含动漫)产业发展专项资金管理办法》	2018年
	《关于繁荣发展社会主义文艺的实施意见》	2017年
	《广州市文艺精品专项扶持资金使用管理办法》	2018年
	《广州市文艺精品创作三年行动计划(2018～2020年)》	2018年
	《广州市促进电竞产业发展三年行动方案(2019～2021年)》	2019年
促进文化融合发展政策	《广州市推进文化金融融合发展的实施意见》	2017年
	《广州市人民政府办公厅关于促进我市文化与科技融合的实施意见》	2017年
	《广州市推进文化创意和设计服务与相关产业融合发展行动方案(2016～2020年)》	2017年
	《关于促进商旅文融合发展的工作方案》	2018年

续表

政策类型	政策名称	出台时间
平台建设管理政策	《广州市市级文化产业示范园区管理办法》	2017 年
	《广州市科技企业孵化器和众创空间管理办法》	2018 年
	《广州市科技企业孵化器和众创空间后补助试行办法》	2018 年
人才政策	《中共广州市委广州市人民政府关于加快集聚产业领军人才的意见》	2016 年
	《广州市优秀文艺人才培养扶持计划(2017~2020 年)》	2017 年
	《广州市"岭南英杰工程"实施意见》	2018 年
	《广州市引进人才入户管理办法》	2018 年

（一）政策突破意识和锐气不足，文化产业扶持激励政策上的后知后觉错失发展先机

观念是制约当前广州文化产业高质量发展的最大瓶颈。课题组在相关部门调研中发现，与北京、上海、深圳其他 3 个一线城市相比，当前广州一些政府部门思想上比较保守，完全没有一线开放城市该有的敢于人先的改革锐气。而正是这种观念上的巨大差异，使得近年来广州文化产业领域政策出台的时效性、前瞻性都要远远落后于其他 3 个一线城市。观念上的"内陆化"必然带来政策上的"二线化"，扶持激励政策上的后知后觉、亦步亦趋、缩手缩脚，导致广州文化产业在竞争中始终难以抢到发展先机，错失发展良机。

（二）政策措施的制定与落实推行缓慢，严重影响了文化产业政策措施的时效性和实施效能

广州大多数文化产业政策措施出台时间要晚于北京、上海、深圳等城市。而且广州在市政府出台了相应纲领性实施意见后，市相关部门、各区政府在后续实施细则、实施方案的出台方面比较拖拉，造成政策措施迟迟无法落地推行，使政策空转。例如广州市人民政府办公厅发布的《关于加快文化产业创新发展的实施意见》已超一年，市区两级文化专项资金整合与设

立、产业用地具体实施细则制定等工作至今没有完成。实施意见确立发展的七个重大领域，一年多来还没有相关产业专项政策出台，这与上海等一线城市形成了鲜明对比。2017 年 12 月，上海市委市政府出台《关于加快本市文化创意产业创新发展的若干意见》，2018 年 5 ~ 6 月，意见中提出重点发展的相关产业专项政策就已全部推出。

（三）广州现行文化产业政策中的财政支持力度依然偏弱，无法满足文化企业的真实需求

与北京、深圳、杭州等城市比较，当前广州设立的扶持文化产业的各项财政资金不仅规模小，而且非常分散，分属于宣传、发改、文广旅、科技等多个部门。这种状况使得广州一些财政专项资金对文化企业的实际支持犹如隔靴搔痒，并不能真正满足文化企业的真实需求，财政资金的激励、引导效能明显不足。例如，2018 年出台的《广州市时尚创意（含动漫）产业发展专项资金管理办法》，对原创内容产业项目的财政支持力度还不如 2011 年深圳出台的《深圳文化创意产业振兴发展政策》。

（四）在一些需要突出解决的瓶颈问题方面至今没有突破，短板效应拉低了整体政策效能

一是在推进区域协调和产业协同发展方面缺乏必要的制度安排。课题组在调研中发现，当前广州各区在文化产业发展中门户意识很强，缺乏合作协同意识，缺乏区域间、市区间、部门间的联动发展协调机制，区域协调发展和产业协同发展水平较低，各区各自为战、同质化竞争、内耗性发展。文化产业优势发展区域用地限制越来越大，缺乏发展空间（例如越秀与天河），而这些区域间又没有相应的产业联动发展机制，导致本地区企业难以做大，新项目又引不进来。欠发展区域产业发展环境（平台、政策、产业链等）欠佳，企业不愿意投资，导致全市文化产业发展整体受限。

二是对文化产业多头交叉低效管理问题缺乏有效的政策解决方案。多头管理造成各个部门对文化产业的整体发展状态缺乏深入掌握，政策引导效能

分散弱化。广州当前虽然成立了文化体制改革与文化产业发展领导小组，但在文化产业协调组织管理方面的职能还亟待加强。

三是公共文化体育场馆设施利用率不高，闲置严重，亟待政策突破。近年来，广州在文化强市战略和兴办亚运会的推动下，投入大量的财政资金新建了一批标志性文化体育场馆，但由于存在重硬件建设轻软件管理、重设施新建轻旧馆改造、产权归属等问题，当前广州公共文化体育设施的整体服务效能不高，公共文化存量资源利用率较低，资源闲置浪费现象突出，设施整体经营效益较差。

（五）在强化文化产业的信息统计方面缺乏必要的政策措施保障，对文化产业基本还是一种模糊管理

文化产品和服务业态多，范围广，涉及的企业众多，产业统计与信息收集比较困难。课题组在调研中发现，部门之间缺乏协调，如各区政府很难获得海关的出口信息，当前广州各区文化产业主管部门对当地文化产业缺乏了解，主管部门提供不出本地区文化产业发展的详细信息资料，大多只掌握了一些粗略的统计信息，对当地文化企业的营业收入、出口额、税收利润等详细情况都不了解。这种不能及时掌握信息的状态显然使得广州政府部门无法对本地区文化产业实现有效管理。

三　推动广州文化产业高质量发展的对策建议

（一）强化战略引领、法制保障与政策创新，加快完善广州文化产业政策体系

1. 抓紧制定出台面向2035年的广州城市文化发展战略，为长期可持续的政策体系整体设计提供科学依据

中长期城市文化发展战略是文化产业政策设计制定的灵魂和重要依据，仅仅靠五年发展规划、三年行动计划、实施期限为 3 ~ 5 年的实施办法等，

容易造成产业政策预期的不稳定性，产生作秀型、短视型、盲人摸象型产业政策。建议广州市政府根据《粤港澳大湾区发展规划纲要》，要求广州以“培育提升科技教育文化中心功能”为目标任务，从将广州打造成为国际性文化产业枢纽城市、全球区域文化中心城市的战略定位高度，对接广州城市发展战略，抓紧制定中长期的综合性城市文化发展战略，明确到2035年广州城市文化发展战略的发展思路、发展重点、目标任务、实施路径，并以此为依据制定面向2035年的《广州文化产业高质量发展远景规划》。

2. 抓紧制定《广州市文化产业发展促进条例》，固定有效的政策措施，提振社会投资信心

文化产业立法将20多年来广州促进文化产业发展的基本经验和有效模式用法律的形式予以确定，有利于将一些好的制度及措施体系化、明确化，进而带动整个文化产业政策体系的规范化、结构化，明确部门权力责任，有利于提升文化产业管理的效率。同时，文化产业立法也是向社会清晰传递广州对发展文化产业的重视和认可程度，可以提振社会资本投资广州文化产业的信心。广州文化部门要借鉴国内外先进城市的文化产业发展经验，抓紧启动文化产业立法工作，为文化产业高质量发展提供强有力的法治保障。

3. 在区域协同、产业用地保障等关键领域尽快进行政策突破，补齐文化产业政策体系短板

一是尽快实现财政投入政策突破。要根据文化产业高质量发展的需要，在今后5年内持续追加对文化产业扶持财政资金的投入，使文化产业发展专项资金规模达到我国同等级城市水平，确保有足够的激励扶持资金支撑至2035年的文化产业发展战略的实现。同时，一定要清楚地看到，财政投入政策上的突破不仅仅是财政投入规模上的突破，还需要加快实现财政投入扶持方式上的突破。不能延续过去利益均沾、撒胡椒粉式的投入方式，要根据中远期发展战略和规划，确定各阶段扶持重点，在一个特定阶段（一般3～5年为一个周期）集中拳头选择2～3个重点产业领域进行专项扶持，待这些产业走上正轨后，扶持方式应该从初始阶段的直接财政投入转向税收减

免、土地供给、市场环境优化、金融服务等间接政策手段，进而抽出资金投向新的产业领域。

二是建立更加高效的联动领导机制和区域协同发展机制。广州当前首先要进一步提升市文化体制改革与文化产业发展领导小组的组织领导职能，切实加强对文化产业的组织协调能力。同时由于文化创意、文化装备、文化服务等各类型文化产业差异性较大，仅仅靠市文化体制改革与文化产业发展领导小组无法实现有效的管理和领导。建议学习成都发展音乐产业的经验，对需要重点扶持发展的文化产业类别设立由市主要领导负责的专门类产业发展组织领导机构。另外，要促进各区间根据广州的产业发展需要建立相应的产业联动领导机制，以促进区域间的协调发展和产业协同。例如，为进一步加强广州动漫游戏产业集聚联动发展，建议成立一个包含越秀区和天河区政府在内的市级动漫游戏产业联合领导小组，促进天河区和越秀区在动漫游戏产业中加强区域协同和产业联动。

三是要优先推进文化产业用地政策措施的出台。保障文化产业用地是《广州市人民政府办公厅关于加快文化产业创新发展的实施意见》的一项极为关键的政策措施安排，对解决当前广州重大文化产业项目引进难落地难、区域产业布局极不均衡等发展瓶颈有重大价值。市政府要责令相关部门尽快出台相应的实施细则，国土部门、文化部门和城市规划部门联合制定具体的保障方案和三年行动计划，使该政策能够真正推进实施。

4. 着力打造几个突破性的政策先行示范区

选择有代表性的区域在小范围内进行突破性政策先行先试，积累经验后再向全市进行示范推广，这样可以降低政策风险，提高政策创新突破成功率。从当前广州各区文化产业发展的现实基础条件来看，建议支持天河、越秀和南沙联合建设广州文化产业高质量发展先行示范区。其中天河区和越秀区在空间上临近，文化产业都比较发达，重点文化产业类别有较高相似度，这两个区完全可以联合起来重点探索产业区域协调和产业联动发展的体制机制。南沙区拥有自贸区政策优势和大湾区几何中心地位优势，可以重点探索边远城区与市区文化产业的产业链融合发展体制机制，以及探索广州如何发挥粤港澳大湾区协调中心作用，构建大湾区城市间产业协同发展的体制机制。

（二）在稳固文化产业传统优势领域的基础上加快培育发展新动能，统筹兼顾推动产业结构和区域布局进一步优化

1. 大力促进文化产业跨门类、跨要素、跨行业、跨区域全面深度融合发展，整合区域资源，着力打造好三条“全产业链”生态系统

在当前文化生产和文化消费愈加创意化、动态化、智能化、数字化的时代语境下，必须进一步强化文化创意设计与装备制造业、消费品业、信息业、旅游业以及体育产业等跨门类、跨行业、跨区域深度融合，促进资源、创意、资本、技术、人才等产业链各要素系统整合，统筹促进区域文化产业实现同链条产业抱团集聚发展、相邻区域产业错位协调发展。同时，文化产业本身所具有的贯穿性、融合性与渗透性特征，决定了其应以“产业生态系统”的思维谋求高质量发展。根据产业基础和产业前景，建议广州近期重点打造以下三条全产业链。

一是整合越秀、南沙等区域资源，重点发展“文化 + 体育 + 旅游”产业，以越秀区国家体育产业示范基地为龙头，整合创意设计、体育装备生产、体育赛事、体育教育培训、体育健身休闲、文化体育博览等上下游各环节文化体育资源，区域协同打造完整的文化体育全产业链。

二是加快推进广州音乐产业全产业链融合发展，打通音乐创作、出版发行、版权交易、演艺市场、音乐衍生产品等纵向产业链，连接音乐与广播影视、动漫游戏、网络科技、乐器音响装备等横向产业链，进一步提升广州在音乐产业领域的竞争力和影响力，使其成为支撑广州建设全国艺术产业中心的关键一环。

三是加快推进电竞产业全产业链高端布局，通过电竞产业发展带动内容制作、授权分发、赛事运营、传播推广、教育培训、专有设备研发等一系列相关产业的全面发展，从而将其打造成为带动广州文化产业高质量发展的新的增长极。

2. 加快推动重大文化产业项目向南沙、花都等区域集聚发展，激活边远城区文化产业发展活力

越秀、天河等文化产业发展水平较高的中心城区受到较大的用地限制，通过“三旧”改造挖潜已非常有限，这些区域内可利用的物业资源多为省属、军属，开发利用障碍较多。而南沙、花都、增城、从化等边远城区当前文化产业发展水平都还比较低，有巨大的上升发展空间，同时产业用地也相对比较宽松，有利于大型文化产业项目的落地布局。因此，今后广州在重大文化产业项目（尤其是对整个产业能够形成强大集聚效应和示范引领的大型产业项目）布局上要积极向南沙、花都、增城等边远城区倾斜，在产业用地指标、政策优惠、公共文化产业设施建设等方面给予更大的扶持力度。这样既解决当前广州重大项目落地难的问题，也有助于推动广州文化产业区域更加均衡发展。

3. 着力扶持推进文化装备产业集聚化、智能化和创意融合发展，加快将广州打造成为全球文化装备制造中心

广州文化制造业属于优势传统产业，是广州实体经济的一个重要板块，是防范产业结构“空心化”风险的重要一环，发展基础和市场潜力都比较大。但由于一直没有相应的专业发展园区，企业分布散乱，而且大多数企业规模较小、用地狭窄，资金和场地不足制约企业购进更大型、更先进的生产设备，致使企业转型升级缓慢，产业竞争优势逐步丧失。建议从打造全球文化装备制造中心的战略高度，按照行业分类加快规划建设一批相应的专业产业发展园区，在专业平台上促进文化制造业与文化创意和设计服务业融合发展，通过相关上下游产业集聚和优势资源的再配置促进文化装备产业实现产业的规模化、生产的智能化、企业的集团化发展，使传统文化制造业焕发出新的发展活力。

（三）实施特色文化资源开发利用行动计划，善用文化优势推动广州文化产业特色化发展，增强城市居民的获得感和幸福感

国内外先进城市的发展经验证明，文化产业高质量发展必须遵循人无我

有、人有我优的思路，通过差异化、特色化的发展策略来获得独特的发展优势。广州是国家历史文化名城和岭南文化中心，城市文化资源非常丰富，这是深圳等新兴城市所不具备的文化优势。因此，广州必须学会善用自身的文化优势，全面系统地实施特色文化资源开发利用行动计划。

一是要坚持需求导向，加快推进文化资源开发与市场需要的有效对接。鼓励企业和机构以满足民众多样化新的文化消费需求为导向进行更具针对性、时效性和创意性的文化资源开发利用，通过市场需求驱动文化产业资源的高效利用，以高质量、多样化的文化供给增强市民的文化获得感和幸福感。

二是要坚持融合发展与业态开发导向，加快培育文化产业发展新动能。鼓励企业和机构利用新技术和新手段进行文化资源创意开发，加快推动文化资源开发利用与创意产业、旅游产业深度融合发展，在对文化资源的创意开发和融合发展利用过程中推动业态创新、产品与服务创新。

三是要坚持以系统开发和科学利用为导向，一方面，要加快促进碎片化文化资源的整体性、系统性与可持续性的开发利用，避免有些文化资源被遗漏和忽视，而有些文化资源被过度开发利用；另一方面，要加快建立起历史建筑、历史街区、非物质文化遗产等各类文化资源开发利用的广州标准体系，严厉禁止破坏性开发利用行为。

（四）坚持“创新 + 消费 + 投资 + 贸易”多向驱动，进一步增强广州文化产业的内在发展动力，确保广州文化产业稳定快速增长

第一，在创新方面，要积极推进文化与科技的深度融合发展，不断推进大数据、云计算、人工智能等高新技术向文化领域深度渗透和应用。在大力发展科技型文化新兴产业的同时，要积极鼓励支持传统文化产业利用现代科技推动文化产业创新发展，提升文化传统产业的数字化、智能化水平，从而提升广州文化产业的经济效益和投资效率，推动广州文化产业结构加速向价值链的高端发展。

第二，在消费方面，要充分利用广州作为首批国家扩大文化消费试点城

市的契机，在电影、演艺、会展、图书、网络文化等文化消费领域广泛开展文化惠民活动，加快扩大提升广州文化消费水平。随着文化行业的细化，各个行业的消费群体在文化消费习惯和倾向上有一定的差异性，因此要针对不同文化行业建立起文化消费分类引导促进机制，提高政策措施的有效性。另外，要加大文化消费重大产业项目布局与产业招商，及时把握文化中高端需求，线上线下融合及分层化、体验型拉动趋势，根据需求结构的新变化进一步丰富和优化广州文化消费产品供给，增强广州文化消费服务质量，进一步释放文化内需。

第三，在投资方面，应该将更多文化产业投资项目纳入市重点项目“攻城拔寨”行动计划，加快促进重大文化产业项目引进和落地实施。不过，今后广州文化产业固定资产的投资主体要从过去单一依靠政府投入向社会化投入主体转变，尽快建立起融合全社会资本的多元化投入体系，通过政策松绑和优化政策引导，吸引更多社会力量投资兴办文化场馆、老旧场馆改造、文化产业园区等文化产业基础设施。

第四，在国际贸易方面，为破解当前严峻的外贸形势，广州要加强对文化出口企业的专业服务与精准援助。充分发挥天河区国家文化出口基地的示范引领作用，以基地建设为契机全面推进文化出口管理与服务体制机制创新。同时，积极对接“一带一路”倡议，加强与共建“一带一路”国家和地区的文化与经贸合作，开拓新的国际市场，稳定广州文化产品出口。

（五）创新文化产业信息统计与数据监测工作方式，强化政府对广州文化产业的动态掌握能力，实现精准管理与服务

在我国现行信息统计制度环境中，要解决当前广州文化产业领域数据收集困难、统计信息发布严重滞后的困境，就必须加快创新广州文化产业信息统计与数据监测工作方式，以切实提高政府部门对文化产业的动态掌握能力和精准管理服务水平。

第一，尽快建立起地方政府与海关、外汇管理局等相关部门间便捷的联系沟通与数据共享机制，建立规模以上文化产业数据库，并委托第三方机构

定期对广州文化产业发展状况进行专业市场调查。

第二，建设基于区块链技术的统计联网直报平台，加快推动区块链技术在文化产业领域的先行应用示范。区块链因去中心化、不可篡改、全程留痕、可以追溯等独特优势，在短短10年的时间里就已在贸易金融、公共服务等领域展现出了巨大的应用前景。广州当前正在建设国际区块链产业标杆城市，搭建起了全国首个电子发票区块链平台和商事服务区块链平台，在区块链技术应用领域走在全国前列。文化产业主管部门应该抓住当前国家大力发展区块链技术突破和产业应用的历史机遇，在文化产业领域加快建设基于区块链技术的统计联网直报平台，既满足政府数据采集需要，又增强企业主动报实数的意愿及利用数据指导企业发展的能力。

第三，定期发布《广州文化产业发展白皮书》，与“广州蓝皮书”一起，共同构建起较为完善的广州文化产业对外政策和数据定期发布框架体系。

（六）全面加强文化产业市场安全、内容安全与供应链安全，为文化产业高质量发展筑好防护堤坝

能为社会民众充分提供健康向上的文化产品和服务，形成规范有序的现代市场体系，是文化产业高质量发展的重要目标指向和发展的基础前提。因此，要推动广州文化产业高质量发展，首先就必须筑好文化产业安全的防护堤坝。文化产业安全主要包括文化产业市场安全、文化产业内容安全和文化产业供应链安全。

第一，要按照习近平总书记在全国政协十三届二次会议文化艺术界、社会科学界联组会上提出的“坚持用明德引领风尚，加强党对文艺工作的领导”“坚持与时代同步伐，创新做好艺术重点工作”“坚持以人民为中心，加大文艺惠民力度”“坚持以精品奉献人民，努力打造艺术高峰”总要求，加大对文艺精品创作生产、演艺演出、出版发行、传播推广的扶持力度，加大优秀健康文化内容产品的市场供给力度，用更多的优秀文化产品吸引人、激励人，占领主流文化市场，净化文化市场生态。

第二，要加大对文化市场、文化企业内容生产的监管力度，加大对侵犯知识产权、非法印刷出版物、销售传播低俗文化产品的企业和个人的惩处力度。尤其要加快推进广州网络文化安全专项治理行动的常态化、专业化建设，加快建立网络失信黑名单制度和联合惩戒机制，加大对在网络上传播政治性有害信息、淫秽色情信息和网络谣言、销售网络侵权盗版的企业和个人综合处罚力度。

第三，文化产业高质量发展需要一个稳健、安全的全球供应链体系，因此必须加快建立健全文化产业供应链安全管理体系、供应链安全评价机制和供应链安全预警应急机制，引导和督促文化企业建立起供应链安全防范意识，切实提高广州文化产业供应链的柔性、韧性和抗打击性。

B.3

关于广州市文化产业发展的调研报告

韩玲玲　龙　瑶*

摘　要： 文化产业作为城市文化综合实力的重要组成部分，是传承城市文脉的重要载体，也是促进产业结构转型升级、推动经济高质量发展的重要突破口。近年来，广州市高度重视文化产业发展，持续加大政策扶持、壮大市场主体、推动产业融合，取得了良好成效。但同国内一些先进城市相比，广州仍存在产业总体规模较小、企业核心竞争力弱、发展资金相对较少的问题和短板。近期，我们就此进行专题调研，并研究提出针对性的政策建议：一是深化体制改革，激活发展动能；二是加大财政投入，加强政策扶持；三是打造龙头企业，推动产业集聚；四是发挥资源优势，擦亮广州品牌。

关键词： 文化产业　产业集聚　广州

文化是一座城市的根和魂。习近平总书记2019年视察广东时，要求广州要实现老城市新活力，在综合城市功能、城市文化综合实力、现代服务业、现代化国际化营商环境方面出新出彩。文化产业作为城市文化综合实力的重要组成部分，是传承城市文脉的重要载体，也是促进产业结构转型升级、激活创新发展动能、推动经济高质量发展的重要突破口。广州有着2200多年的

* 韩玲玲，中共广州市委政策研究室文化研究处处长；龙瑶，中共广州市委政策研究室文化研究处二级主任科员。

建城史，历史文化底蕴深厚，文化资源丰富，文化产业具有良好的基础。近年来，广州市高度重视文化产业发展，持续加大政策扶持、壮大市场主体、推动产业融合，取得了良好成效。但同国内一些先进城市相比，仍存在一些问题和短板。近期，我们就广州市文化产业发展情况进行了专题调研，深入有关部门及企业一线查找存在的问题，并研究提出针对性的政策建议。

一　广州市文化产业发展总体情况

（一）文化产业初具规模

近年来，广州市文化产业增加值占 GDP 的比重稳步上升。2017 年，广州市文化产业增加值达 1161.07 亿元，同比增长 18.9%，对全市国民经济的支撑作用愈加凸显（见表 1）。其中，动漫游戏产业发展势头良好，在中国动漫十大中国品牌榜单中，广州市共有喜羊羊与灰太狼、猪猪侠、巴啦啦小魔仙、快乐酷宝四大品牌入选。传统文化装备制造企业持续升级增效，舞台灯光、音响业产值约占全国一半，珠江钢琴全球市场占有率达 26%，国内市场占有率达 34%，成为全球最大的钢琴制造商。

表 1　2010～2017 年广州市文化及相关产业增加值及其比重

年份	文化及相关产业增加值(亿元)	占全市 GDP 比重(%)	占广东省文化及相关产业增加值比重(%)
2012	631.49	4.66	23.3
2013	720.01	4.67	23.9
2014	849.34	5.08	23.9
2015	913.28	5.05	25.0
2016	976.73	4.93	22.9
2017	1161.07	5.40	24.1

注：2018 年 5 月，国家统计局和中宣部联合发布《关于加强和规范文化产业统计工作的通知》，强调要坚持文化属性定位定向，不宜简单以文化创意产业、数字文化产业、数字产业等新概念代替文化产业概念，并严格执行文化产业定义、范围和编码等国家标准，不得自行扩大统计口径。本文主要以国家统计局明确的“文化及相关产业”口径作为分析标准。

资料来源：广州市统计局。

（二）市场主体日益成长

2017年，广州市规模以上文化产业法人单位共2148家，比上年增加194家，增幅达9.9%，数量居全省第二位，占全省规模以上文化产业法人单位总数的26.7%，全市规模以上文化产业法人单位年末从业人员达32.74万人。

目前，全市共有文化创意产业园区（基地）150多个，包括羊城创意产业园、广州长隆集团有限公司、广州励丰文化科技股份有限公司等16个国家级文化创意产业园区（基地），广州TIT纺织服装创意园等12个省级文化创意产业园区（含部分国家级），以及广州文投创工场、印象黄埔文化创意园等20个市级文化创意产业园区。其中，广州高新区被认定为第二批国家级文化和科技融合示范基地，广州国际媒体港获批国家级广告产业园核心区，北京路文化核心区获得首批国家级文化产业示范区创建资格。

（三）政策体系逐步完善

近年来，广州市不断加强对文化产业的规划和政策扶持，先后就加快动漫游戏产业发展，扶持电影产业，支持实体书店发展，推进文化与金融融合、文化与科技融合、文商旅融合，加强文化产业园区管理等，出台了一系列专项扶持政策。2018年12月，《广州市人民政府办公厅关于加快文化产业创新发展的实施意见》印发实施，作为统领各子政策的指导性文件，在产业发展目标、产业发展资金、重点发展领域、制度保障等方面提供了明确的指引，全市“1+N”文化产业政策体系逐步形成。

（四）文化与科技加速融合

近年来，广州市文化单位逐步加大科技研发投入力度，2017年有科技研发活动（R&D）的规模以上文化产业法人单位共282家，比2016年增加81家。截至目前，全市共有高新技术文化企业1305家，文化创意类企业超过700家，规模以上文化产业法人单位中属于高新技术企业的比例从2016年的16.7%提高到2017年的19.2%。市和黄埔区两级连续3年累计投入

9000万元建设高新区国家级文化和科技融合示范基地，网易游戏、YY（欢聚时代）、酷狗等一批文化科技企业发展良好，形成了新的动力源和增长极。

（五）文化金融发展迅速

广州地区共有文化上市公司32家（不含新三板上市公司），其中沪深A股22家，约占全市A股上市公司总数的26.74%，形成特色鲜明的“文化板块”。为加强文化金融服务效益，广州市在全国率先成立了总市值超2400亿元的文化上市公司联盟和规模达500亿元的文化产业投融资联盟，依托市文化金融服务中心积极开展路演活动，为17家广州“文化银行”“文化金融机构”授牌，以越秀、海珠为核心区创建国家级文化与金融合作示范区。

（六）文化会展彰显成效

从2017年起，广州市整合中国国际漫画节、中国（广州）国际演艺交易会、中国（广州）国际纪录片节、广州国际艺术博览会等文化会展资源，举办广州文化产业交易会。2018年文交会突出文化金融、文化科技等11个板块，开展18场主题活动，吸引100多万人次参与，直接成交22亿元，推进了一批重大项目签约，累计意向签约126亿元。在文交会相关活动中，中国国际纪录片节成为亚洲最大的纪录片节，演交会成为全国规模最大的演艺交易平台，中国国际漫画节成为全国三大动漫节展之一，艺博会成为全国三大艺术博览会之一。

（七）文化消费及出口态势良好

2017年广州城市居民家庭人均文化娱乐消费支出3777.34元，稳居全国前列。文化产品进出口约211.97亿美元，同比增长62.45%，占全国文化进出口总额（971.2亿美元）的21.83%，其中出口额121.08亿美元，居全国前列。2018年，天河区成功申报国家文化出口基地，珠江灯光科技有限公司和广东星煌文化传播有限公司获商务部文化产业发展专项资金“推动对外文化贸易发展”转移支付项目扶持，优视动景的 UC 浏览器覆盖 150 多个国家和地区，海外用户过亿，在印度和印度尼西亚两地市场份额分别达 55.4% 和 47.5%。

二　广州市文化产业发展存在不足及与国内部分城市对比情况

从调研情况及与国内主要城市有关数据对比发现，广州文化产业总体处于国内第一梯队，但也存在一些短板，与北京、上海、深圳等城市在规模、结构、政策扶持力度上都有差距。

一是文化产业总体规模相对较小。2017 年，广州文化及相关产业增加值约 1161 亿元，占全市 GDP 的比重为 5.4%。在此项指标上，北京（2700 亿元）、上海（2081 亿元）和深圳（1783 亿元）的总量规模稳居全国前 3 位，占所在城市 GDP 比重都在 6% 以上（见表 2）。可见，广州文化产业的总体规模与北上深等城市差距较大。2018 年，广州文交会各节展直接成交 22 亿元，累计意向签约 126 亿元，成交额稍低于杭州文化创意产业博览会（2018 年杭州文博会实际成交及意向成交总额约 159.5 亿元，比 2017 年翻一番），同深圳文博会相比则差距巨大（2017 年深圳文博会实际成交额已达 2240 亿元，其中合同成交 2064 亿元，零售及拍卖成交 176 亿元。2018 年起不再发布成交数据）。

表 2　2017 年国内主要城市文化产业主要指标一览

指标 \ 城市	广州	深圳	上海	北京
文化及相关产业增加值（亿元）	1161	1783	2081	2700
文化及相关产业增加值占 GDP 比重（%）	5.4	7.9	6.8	9.6
规模以上文化产业法人单位（个）	2148	2337	2649	3994
规模以上文化产业法人单位年末从业人员（万人）	32.74	51.94	43.78	54.14
城市居民家庭人均文化娱乐消费支出（元）	3777.34	—	3298	2687
农村居民家庭人均文化娱乐消费支出（元）	793.6	—	507	532

资料来源：广州市统计局。

二是企业核心竞争力相对较弱。广州市文化类企业数量不少，但著名品牌不多，龙头企业较少。如2008年起举办的“全国文化企业30强”评选，每年一届，至2019年已评11届。历届名单中，广州市共有8家企业入选（含重复入选），数量上在各城市中排第9位，与西安、济南并列。在2013～2016年和2018年的共5届评选中，广州文化企业无一入选“全国文化企业30强”，广州文化企业总体呈现“星星多、月亮少”的态势。相比其他城市部分上榜企业，广州市上榜文化企业在规模、营业收入、净利润等方面优势不够明显，且企业成长速度不快，竞争力相对不足。

三是文化产业发展资金相对较少。北京、上海、深圳等地均设有文化产业专项扶持资金。如北京自2006年起，市政府每年安排5亿元文化创意产业发展专项资金，采取贷款贴息、项目补贴、政府重点采购、后期赎买和后期奖励等方式，对符合政府重点支持方向的文化创意产品、服务和项目予以扶持。深圳设立了每年总计5亿元的文化创意产业发展专项资金，包括市财政安排2亿元、市高新技术重大项目专项资金安排1亿元、市宣传文化事业发展基金安排0.8亿元、原市文化产业发展专项资金安排1.2亿元。目前，广州市已筹划设立文化产业发展专项资金，有关工作还在推进落实中。

总体来看，广州市文化产业有一定的体量和基础，动漫游戏业、文化装备制造业等表现较好，文化消费市场繁荣，特别是随着粤港澳大湾区建设的启动，为广州市文化产业发展提供了新的机遇。但与北京、上海、深圳等先进城市相比，广州市文化产业发展差距较大，行业领军型企业、文化科技龙头企业不多，企业核心竞争力仍需提升，文化出口产品和服务的档次不高，产业结构调整升级速度慢，扶持政策的效果还未充分显现，形势不容乐观。

三　几点政策建议

一是深化体制改革，激活发展动能。进一步完善管理体制，充分发挥市文化体制改革与文化产业发展领导小组统筹协调作用，定期召开联席会议，及时分析研究文化产业发展中存在的突出问题，拿出针对性对策措施，协调推进文化产业高质量发展。建立市级部门之间、市区两级文化部门之间沟通机制，对产业发展情况及时摸查跟进，实现数据的标准化统计、规范化表述，提高决策的前瞻性和科学性。深化国有经营性文化单位转企改制，推进经营性国有文化企业战略重组，发挥市场在资源配置中的决定性作用，促进改制单位面向市场、面向基层、面向群众，出精品、出效益、出人才，增强自身发展能力。持续推动“放管服”改革，在互联网、文化、文物等专业服务业争取更多的扩大开放措施先行先试，在法律法规允许范围内，探索推进文化领域有序开放，鼓励文化企业开展版权运营和管理，简化行政审批程序，放宽注册资本和相关条件，在核名、商标保护等方面给予支持，不断优化文化产业营商环境。

二是加大财政投入，加强政策扶持。建议参照先进城市做法，市、区两级财政设立专项资金支持文化产业发展，形成财政投入稳定增长机制。注重丰富和优化财政投入方式，通过前期资助、后期补助等方式有针对性地扶持重点文化项目，提高财政资金使用的整体效益。降低文化产业门槛，鼓励民营资本以政府和社会资本合作模式（PPP）参与文化产业发展，大力引进优质社会资本投资文化产业，支持国内外风险投资机构投资广州市文创企业债权和股权，形成各方资本共同推动文化产业发展的良好格局。以文化发展需求和人才双创需求为导向，研究出台文化人才引进、优惠政策，优化文化产业人才评定标准，对重点行业、行业龙头企业、企业核心人才骨干予以倾斜，大力吸引优秀文化人才来穗就业创业，探索事业管理、企业化运作单位在人才招聘、薪酬、晋升、激励等方面人事管理新模式。

三是打造龙头企业，推动产业集聚。支持广州本土行业领军型、综合实力较强的文化企业组建企业集团，打造若干在各自领域具有核心竞争力的龙头企业。大力引进世界500强文化创意企业地区总部和全国100强文化创意企业总部及其研发基地、交易中心入驻广州。支持处于成长期、发展前景广阔的中小文化创意企业在创业板、中小板、新三板上市，鼓励中小型文化企业向“专、精、特、新”方向发展。突出“文化+科技”“文化+旅游”

“文化 + 教育”“文化 + 金融”等融合发展导向，着眼发展数字互动娱乐、数字视听、数字教育、网络文学、网络影视、网络出版等文化新兴产业，优化升级产业结构。推动文化产业园区转型升级、加速发展，积极申报国家级、省级文化产业示范园区（基地），推进市级文化产业园区评定工作，探索优化园区管理服务政策，培育文化装备制造、动漫游戏、数字音乐、传媒影视、创意设计等若干个各具特色、各有侧重的优势文化产业集群。

四是发挥资源优势，擦亮广州品牌。文化产业的原动力在于其文化内核，文化产品的竞争力在于其文化原创力。广州文化底蕴深厚、产业基础较好，应引导文化企业、文化人才，立足本土、深植时代，深入挖掘利用广州红色文化、岭南文化、广府文化资源，开发富有特色的文化产品，大力创作讲好广州故事、展现广州形象的优秀文艺作品，以优质的内容和过硬的品质，打造“广州原创”“广州制作”“广州出品”的品牌矩阵，力争形成规模、形成优势。大力提升广州文交会等交易交流平台辐射水平，办好各类文化会展、文化交流活动，推动广州文化产业发展走在全国前列。

B.4
广州市网络安全产业发展调研报告

中共广州市委网信办课题组*

摘　要：　当前网络空间竞争博弈不断加剧，加快发展网络安全产业，已经成为推进落实新时代网络强国战略的核心要求。近年来，我国几大主要城市网络安全产业发展态势良好，但对比发达国家，广州市乃至我国网络安全产业中的安全服务占比处于偏低的水平，网络安全产业还有很大的上升空间。目前，广州的网络安全产业在行业应用、地理位置以及科研院校资源上有很好的优势，但也存在网络安全产业针对性扶持政策缺乏、产品和服务创新乏力、人才不足、行业凝聚力不够等问题，需从产业政策、企业培育、保障机制、生态环境等方面加以完善。

关键词：　网络安全产业　行业竞争壁垒　广州

当前网络空间竞争博弈不断加剧，攻防态势日趋复杂，网络安全已经成为事关国家安全和社会稳定、事关人民群众切身利益的重大问题。习近平总书记在全国网络安全和信息化工作会议上强调，没有网络安全就没有国家安全，就没有经济社会稳定运行，要树立正确的网络安全观，积极发展网络安全产业，做好关口前移，防患于未然。加快发展网络安全产业，已经成为推

* 课题组组长：陆志强，广州市委宣传部副部长，广州市委网信办主任；副组长：贺忠，广州市委网信办副主任。课题组其他成员：周晓斌，广州市委网络安全和信息化协调处处长；施冰，广州市委网络安全和信息化协调处四级调研员；刘昱婷，广州市信息安全测评中心七级职员。执笔人：刘昱婷。

进落实新时代网络强国战略的核心要求。为落实习近平总书记的重要指示精神，广州市委网信办于2019年7~8月先后深入各区、各行业协会、网络安全企业以及高校、研究机构开展实地调研，系统梳理了广州网络安全的基础现状和差距短板，谋划推动广州网络安全产业发展的对策措施。

一　我国网络安全产业发展概况

（一）市场规模

网络安全，从广义上讲，可以称为网络空间安全，主要是指包括涉及互联网、电信网、广电网、物联网、计算机系统、通信系统、工业控制系统等在内的所有系统相关的设备安全、数据安全、行为安全及内容安全。网络安全产品，总体来说可分为网络安全硬件、网络安全软件和网络安全服务三大类。

中国网络安全产业联盟发布的数据显示，2017年我国网络安全市场规模约为41.6亿美元，仅占全球市场规模（989.9亿美元）的4.2%，而同期，北美地区网络安全产业规模占全球的比例为41.3%；英国、德国等西欧国家占比为27%。

根据赛迪统计，2018年中国网络安全市场结构中安全服务仅占13.8%，安全产品占86.2%（其中，软件占38.1%，硬件占48.1%）。相比全球网络安全市场（安全服务占59.94%，安全产品占40.06%），目前我国网络安全市场以安全产品为主，国内市场普遍更为倾向于本地驻场的安全运维模式，依靠本地的安全网络管理平台等产品和驻场运维人员，实现对本地网络设备、网络安全设备流量和日志等的采集处理、深度分析和事件处置。

我国网络安全占总体IT投入的比例较小，仅有1.84%，远远低于全球的3.74%和美国的4.78%。

（二）行业竞争壁垒

1. 技术壁垒

网络安全行业属于技术密集型产业，其核心是安全攻防技术，随着信息技术的发展，对企业技术的革新提出了较高的要求。

2. 人才壁垒

网络安全行业属于智力密集型行业，需要大量经验丰富、专业扎实的各种人才。由于国内高校相关专业仍处于起步阶段，人才培养速度无法匹配企业发展规模。同时，互联网企业日益加大对自身网络安全建设的投资，使争夺网络安全行业的人才竞争更加激烈。

3. 资质壁垒

网络安全行业企业在开展相关业务前，需要向国家相关部门申请产品资质及厂商资质，此类资质的评定一般需要几年的时间。

（三）产业集聚发展情况

1. 北京市

以网络安全总部经济为主，采取“产业联盟 + 创新基地 + 产业基金”的方式，拟到2020年，北京将依托国家网络安全产业园区拉动GDP增长超过3300亿元，全北京市网络安全产业力争达千亿元规模，把北京建成国内领先、世界一流的网络安全高端、高新、高价值产业集聚中心。

2. 四川省

《信息安全产业发展工作推进方案》提出2020年实现安全产业规模1100亿元目标，而成都作为四川网络安全产业重地，制定出台一系列促进产业发展的重要举措，如投资13亿元建设“成都国家信息安全产业基地”，连续3年给予安全示范应用企业、公共技术平台、产学研用创新机构以及专业技术人员提供补助等，使得成都在安全技术研发和产业发展方面走在全国前列。

3. 武汉市

致力于打造网络安全领域的中国硅谷，启动国家网络安全人才与创建基地建设，发布了《关于支持国家网络安全人才与创新基地发展若干政策的通知》，提出支持体制机制创新、鼓励企业投资、保障土地供应、鼓励科技创新、加大人才引进培养力度等十项重点举措。

4. 上海市

以创建具有全球影响力的科技创新中心为契机，加快网络安全产业发展布局，将互联网信息安全产业纳入“十三五”发展重点，支持互联网安全行业加快突破，国家信息安全成果产业化（东部）基地将集聚人才、技术和资源，促进产业成果转化。

5. 天津市

天津滨海信息安全产业园以3个国家级中心、3个省部级中心、4个行业联盟、13家核心高新技术企业为依托，力争打造国家级信息安全产业基地。

二　广州市网络安全产业发展概况

（一）企业数量

通过整理和统计，截至2019年7月底，广东省提供网络安全产品和服务业务的企业数量为368家，占全国企业总数量的比重为12.5%。其主要集中在广州和深圳两市，分别为145家和179家，其他除珠海市（14家）外企业数量均在10家以下（见表1）。

表1　广东省网络安全企业地市分布

序号	地市	企业数量	序号	地市	企业数量
1	深圳市	179	7	梅州市	3
2	广州市	145	8	揭阳市	2
3	珠海市	14	9	茂名市	2
4	东莞市	7	10	汕头市	1
5	佛山市	7	11	肇庆市	1
6	中山市	7			

（二）龙头企业情况

从龙头企业数量来看，10亿元及以上的企业仅蓝盾一家，2018年其营收为22.82亿元，而广东省内另外两家营收10亿元及以上的企业深信服和任子行均位于深圳，2018年营收分别为32.24亿元和12.03亿元。在以安全为主营业务的企业中，广州营收在1亿元左右及以上的企业数高于深圳，但是在安全技术实力强、安全非主营业务的企业方面，深圳有华为、腾讯、中兴等企业，明显占据优势（见表2）。

表2　广州市和深圳市营收1亿元左右及以上企业数量比较

单位：个

规模类型	广州	深圳
10亿元及以上	1	2
1亿~10亿元	4	4
接近1亿元	3	0

（三）相关扶持政策情况

目前，广州市级、区级层面并没有出台专门针对网络安全扶持的政策，网络安全一般归口于新兴产业、新一代信息技术、公共服务平台等领域中（见表3）。

表3　广州市级层面网络安全相关扶持政策

受理部门	文件	相关内容
市发改委	《广州市新兴产业资金管理办法》	2016年开始每年安排12亿元予以支持，支持范围包括经市委、市政府研究确定支持的重大产业项目、重点项目和推广应用项目，配套国家、省项目，投资基金项目。 网络和信息安全类一般只见于新一代信息技术和公共服务平台中
市工信局	《广州市加快IAB产业发展五年行动计划（2018~2022年）》	新一代信息技术产业为重点发展领域及方向之一，天河软件价值创新园、花都军民融合价值创新园的主导产业有提及网络安全
	《广州市促进大数据发展的实施意见》	加强大数据安全防护、提高安全保障能力
	《2018年广州市"中国制造2025"产业发展资金项目申报指南》	2018年共4个专题11个扶持方向，无网络安全专项，网络安全一般在"软件服务业"扶持方向中

续表

受理部门	文件	相关内容
市科技局	《广州市科技创新发展专项资金项目申报指南》	资金共有四大类50个小类,无网络安全专项,网络与信息安全资金一般安排在“应用基础研究项目”中
市科技局 市人社局	《羊城创新创业领军人才支持计划实施办法》	对创业领军团队、创新领军人才、创新创业服务领军人才依据不同条件予以资助
市科技局 市人社局	《广州市产业领军人才奖励制度》	对杰出产业人才、产业发展和创新人才、引才成绩突出企业依据不同条件进行补贴
市人社局	《广州市人才绿卡制度》	对符合条件的人才,可申领人才绿卡,享受相关待遇

三　广州市发展网络安全产业的必要性和可行性

（一）必要性

一是彰显国家重要中心城市担当，夯实网络强国战略的强力支撑。党的十八大以来，以习近平同志为核心的党中央高度重视互联网、发展互联网、治理互联网，统筹协调政治、经济、文化、社会、军事等领域网络安全和信息化的重大问题，提出了网络强国战略。在全国网络安全和信息化工作会议上，习近平总书记更是强调要积极发展网络安全产业，做好关口前移，防患于未然。国家网络强国战略的推进建设迫切要求创新安全技术、增强综合安全保障能力，而网络安全产业作为网络安全技术、产品和服务的提供者及实施者，承担着国家网络安全防御和保障的历史使命，因此，发展壮大网络安全产业已经成为维护国家网络空间主权、安全和发展利益的战略选择。在国家战略推进之际，广州更应彰显国家重要中心城市的担当，大力发展网络安全产业，推动网络安全核心技术创新和科研成果转化，夯实网络强国基石。

二是集聚网络安全技术和人才，确保信息化发展水平稳居全国前列的基础保障。长期以来，广州的信息化水平一直位于全国前列，在互联网产业、软件和信息服务业、信息基础设施建设以及电子政务方面都取得了可喜的成绩，随着物联网、人工智能、大数据等新一代技术的普及，与传统安全防范边界不同，网络攻击对象扩大化、攻击方式多样化、攻击常态化、源头国际化以及载体移动化已成为数字时代的特征，网络安全已成为数字经济领域各行业不可或缺的一部分。广州要大力发展数字经济、数字政府，各相关行业对网络安全技术和人才的需求也就不断增加。为此，只有大力发展网络安全产业，才能加速聚集网络安全产业所需的人才、资金、技术、市场等创新资源，为信息化企业的培育和落户创造有利的条件，从而确保广州信息化发展水平稳居全国前列。

（二）可行性

一是拥有丰富的行业应用基础。网络安全产业并不能凭空出现，其发展必须基于行业应用的背景。近年来，广州市在数字产业化和产业数字化方面均高速发展，数字经济发展水平处于全国前列，从而为网络安全产业提供了融合与对接的机会，从而也为网络安全产业的孵化、培育提供了良好的基础。数字产业化方面，2018 年广州市信息技术产业规模全国领先，新型显示板、互联网、软件和信息服务千亿级产业已形成。产业数字化方面，先进制造业和高技术制造业产值规模不断增加。拥有工业互联网国家顶级节点（广州是粤港澳大湾区的唯一一个顶级节点），国际互联网 IPV6 域名节点落户南沙，均体现了广州在国家互联网基础设施布局中的战略地位。

二是拥有粤港澳大湾区金融业优势资源。随着粤港澳大湾区的发展，穗港澳三地在金融与科技发展方面持续发力，开放融合趋势逐步显现。一方面，快速推进移动支付，抢占各大线下消费场景；另一方面，鼓励设立虚拟银行，放开非金融机构参与限制，吸引了内地不少科技巨头、金融科技公司提交牌照申请。科技与金融的结合，将创造契机，推动大湾区成为全球金融业发展的引领者。为配合粤港澳大湾区未来的经济多元化和全球化发展，网上金融服务将是大湾区的重要产业，利用大数据、人工智能、云计算、区块链等创新金融技术，提升服务的精准度，降低服务成本，控制金融风险将成为必然。粤港澳大湾区下金融业的率先合作，必将推动穗港澳网络安全协作平台的建设及网络安全信息共享，从而也将大力助推广州网络安全产业发展。

三是拥有良好的高等院校资源和实验室基地。华南理工大学、暨南大学、广州大学、中山大学、广东外语外贸大学等在穗高校都设置了网络安全学科。其中，中山大学、华南理工大学、暨南大学、广州大学具有网络空间安全博士学位授权点，中山大学、华南理工大学、暨南大学、广州大学、广东外语外贸大学具有网络空间安全硕士学位授权点。上述高校也都成立了相关实验室和研究中心（见表4）。

表4　广州主要高校网络与信息安全实训基地及实验室

学校	学院	相关实验室
华南理工大学	计算机科学与工程学院	广东省计算智能与网络空间信息重点实验室（2017）、广东省信息访问与传输安全工程技术研究中心（2015）、广东高校海量大数据的智能信息处理与安全工程技术研究中心（2013）、广东省计算机网络重点实验室（2002）
中山大学	数据科学与计算机学院	网络空间安全研究所 广东省信息安全重点实验室
暨南大学	网络空间安全学院	网络安全检测与防护技术国际地方联合工程研究中心 广东省数据安全与隐私保护重点实验室 广东省隐私保护与数据安全工程技术研究中心 广东省网络安全检测与防护工程技术研究开发中心 广东省公共网络安全风险评价与预警应急技术研究中心 广州市数据安全与隐私保护重点实验室 广东高校网络安全检测与防护工程技术研究中心 广东高校网络信息安全检测产学研结合示范（创新培育）基地 暨南大学—莫纳什大学共建网络空间安全联合实验室
广州大学		人工智能与大数据安全实验室
广东工业大学		信息对抗与信息系统安全省级重点实验室 广东省大数据安全与服务工程技术研究中心 广东省突发事件应急信息技术研究中心 广东突发事件信息技术研究中心大型应急软件分析中心
华南农业大学		华南农业大学网络安全应急响应中心
广东外语外贸大学	网络空间安全学院	网络攻防实验室、网络取证实验室、漏洞挖掘实验室、网络安全应急响应实训平台

四　差距及原因分析

（一）缺乏针对性的扶持政策

长期以来，从国家到地方，网络安全大多被认为是信息化的附属，安全项目大多附属于信息化项目。受这种惯性思维影响，目前广州市及各区都没有专门针对网络安全产业的扶持政策，也没有单独的网络安全产业经费，网络安全技术和项目的推进，也只能夹杂在“互联网＋”、大数据、人工智能等项目中，对促进产业发展的重要措施涉及不够。

（二）网络安全产品和服务创新乏力

由于缺少国际竞争力和影响力的网络安全龙头企业，且缺少培育扶植网络安全中小企业的公共平台，缺少投融资、产业基金、技术成果转换等公共产业扶植平台，中小企业难以壮大，导致广州市整体网络安全产业生态链尚未完善。因此，虽然广州网络安全应用市场巨大，但是大部分本地企业的产品和服务无法匹配。从调研情况来看，就连广州目前最大的网络安全企业蓝盾也仍无竞争力强大的安全产品，仅能提供安全服务和解决方案。

（三）网络安全人才不足

目前广州市缺少充足的人才发展空间，一方面是本土网络安全企业发展有限，而有限的发展空间直接影响高端网络安全人才的选择；另一方面是缺乏实用性人员的职业培训渠道，缺乏相应人员的技能评价机制。因此，虽然广州拥有良好的网络安全高校资源，但是培养出来的人才，大多流向深圳，扎根广州的比例偏小，同时也缺少大量网络安全实用性人才。

（四）行业凝聚力不够

网络安全产业是一个政策性导向较强的行业，但是目前一方面广州市缺乏专门针对网络安全产业发展的行业协会和产业联盟，没能形成以企业为主体，实现企业、大学和科研机构等在战略层面有效结合；另一方面是政府导向性不足，没有注重打通企业、行业协会（产业联盟）以及科研院校之间的联系，网络安全企业仅为个体存在，竞争力不强，导致广州市网络安全行业的活跃度不够，行业凝聚力不足。

五　对策及建议

（一）立足网络强市战略高度谋划布局，加强网络安全产业政策引导

一是发挥政策导向作用。出台相关政策性文件，明确网络安全产业发展定位，充分发挥政策的导向性作用；突出抓重点、强基础、补短板，支撑关键核心安全技术突破；大力支持网络安全服务产业，构建网络安全产品与服务相互配合、相互补充的动态防御体系。二是加大财税扶持力度。强化财政资金引导，设立网络安全产业专项扶持资金，集中力量支持网络安全核心关键技术攻关、产业链构建、重大应用示范建设；发挥税收政策对安全产业的导向作用，适当扩大原有税收优惠政策适用范围，惠及更多服务类、硬件类安全企业。三是加强在数字经济、数字政府领域网络安全的统筹引导，加强信息化项目建设的网络安全测评，确保网络安全防护措施与信息系统同步规划、同步建设和同步运行，通过加强网络安全需求投入来带动网络安全产业发展。

（二）加快引进和培育领军企业和独角兽企业，强化网络安全公共服务平台建设

一是引进国内领军企业。加快推进与中国网安、天融信、绿盟科技、360公司、奇安信公司等国内网络安全知名企业的战略合作，推动中国网安华南网络安全运营中心落地，充分发挥龙头企业的品牌、技术、人才和资源

优势，全面推进广州市网络安全和信息化建设，共同推进广州市网络安全和信息化领域顶层规划与设计、网络安全运营、网信专家智库与人才队伍建设等工作。二是产业布局促进差异化错位协同发展。重点支持天河区、黄埔区、海珠区、南沙区打造网络信息安全产业主体聚集区与核心发展区，重点聚焦5G应用、工业互联网、物联网、车联网、大数据等方面的网络安全。三是创新引领激发中小企业发展活力。鼓励企业打造开放平台，加快网络安全创新实验室、测试认证、分析展示等平台建设，引进整合上下游企业，实施企业培育工程，加强新产品新技术推广应用，构建企业产业共生的完整产业链。四是打造资金和技术公共服务平台。依托本地龙头企业，建立网络安全投融资平台及网络安全产业基金；建设城市网络靶场，提高城市网络安全攻防技术水平和能力；加快推进网信安全研究基地建设，引导建设区域性安全产业基地，促进产业集聚发展。

（三）完善网络安全保障机制，促进产业发展和人才培养良性循环

一是加快建立多层次网络安全人才培养体系。要加强高等院校网络空间安全专业建设，支持建立网络安全高等院校联盟，尽快形成一批网络安全示范学院单位；要加快建设网络安全高等职业教育体系，鼓励高等职业院校与网络安全企业合作，建立人才培养和实训基地，加快网络安全高技能人才培养；要加强网络安全人才职业机构建设，制定网络安全职业培训标准和人员认证规则，实施网络安全职业培训机构认定和支持计划，支持培训机构建设。二是要创新网络安全人才流动、评价、激励等机制。要破除人才流动障碍，采用“直聘”、优先落户等手段，促进网络安全人才合理流动和有效配置；要强化人才激励机制建设，采用股权期权激励、提高薪酬待遇等方式，激发网络安全人员工作积极性；要创新人才评价机制，改革现有人才考核方式，鼓励网络安全人才创新；要完善海外人才引进机制，搭建网络安全海外人才引进公共服务平台，为特殊人才开辟渠道，实现精准引进。

（四）充分发挥行业协会和产业联盟的作用，优化完善产业生态环境

鼓励政府智库、新闻媒介、咨询机构密切跟踪安全技术产品发展趋势，关注中小企业创新，定期发布安全产业、技术、人才等方面研究报告和评论，秉持独立第三方的专业性与公正性，开展年度安全产品、技术评奖活动，提高新兴技术企业品牌影响力，提升领先安全产品知名度。推动成立广州市网络安全产业联盟，充分发挥行业协会、产业联盟等机构平台作用，推动建立政府主导、多方参与的安全产业社会信用体系，推动安全产业持续健康发展。加强对安全企业创新成果的知识产权保护，营造良好的创新氛围。

B.5

广州文化创意产业创新创业政策文本量化分析

——广州与国内主要城市比较研究*

广州大学广州发展研究院课题组**

摘　要： 在中央提出建设社会主义文化强国战略和“大众创业、万众创新”的时代背景下，各级政府也陆续出台了一系列创新创业政策来扶持文化创意产业发展。本文以2005～2019年北京、上海、广州、深圳、杭州、成都六个城市合计103份文化创意产业创新创业政策文本为研究对象，通过定量研究与定性研究相结合的方法，从政策工具维度和政策文本质量维度着手，分别对六个城市的政策进行综合评价分析，针对政策的不足之处结合实际提出客观的、可行的对策建议，以资为我国文化创意产业创新创业政策制定提供借鉴，推动文化创意产业可持续发展。

关键词： 文化创意产业　创新创业　政策文本质量

---

* 本文是国家社科基金青年项目“政策工具和政策链条视阈下政府创新创业政策绩效评价研究”（19CGL008）的研究成果。

** 课题组成员：谭苑芳，广州大学广州发展研究院副院长，教授，广州市粤港澳大湾区（南沙）改革创新研究院理事长；周雨，博士，广州大学广州发展研究院助理研究员，硕士生导师；彭晓刚，广州大学广州发展研究院特聘研究员；粟华英，广州市粤港澳大湾区（南沙）改革创新研究院调查总监、经济师；邓凤怡、谢洋，广州大学经济与统计学院2018级本科生；古瑞鑫、黄琪，广州大学公共管理学院2017级本科生；吴婉晴，广州大学工商管理学院2017级本科生；赖瑞纳、黄月婷，广州大学数学与信息科学学院2018级本科生。执笔人：周雨。

一 广州文化创意产业发展现状

近年来，为转变经济发展方式，优化产业结构，提高城市软实力以及增强国际竞争，广州市高度重视文化创意产业发展，时刻关注产业新动态，并通过财政支持、税收减免、金融助推等措施加大对文化创意产业创新创业发展的政策支持。

综观广州市出台的与文化创意创新相关的政策文件，其文化创意产业发展重点主要侧重于继续助推已经在全国文化创意产业中占优势地位的数字内容产业（如动漫、游戏、数字创意）的发展，以动漫、游戏、创意设计为着重点，巩固其优势地位，力求打造动漫游戏产业之都、建设全国艺术产业中心、培育全球文化创意设计之城以及形成全球文化装备制造中心；同时，还着力推动文化创意产业与其他行业例如金融行业、科技行业、旅游业等相融合，以达到“1 +1 >2”的效果，进一步培育文化创意产业新业态。

从图 1 2017 年六个城市文化创意产业增加值、增加值增速、增加值占 GDP 的比重可以看出，2017 年六大城市的文化创意产业增加值最高的是北京，最低的是成都。广州排在第四名，增加值为 2780. 00 亿元，距离前两名

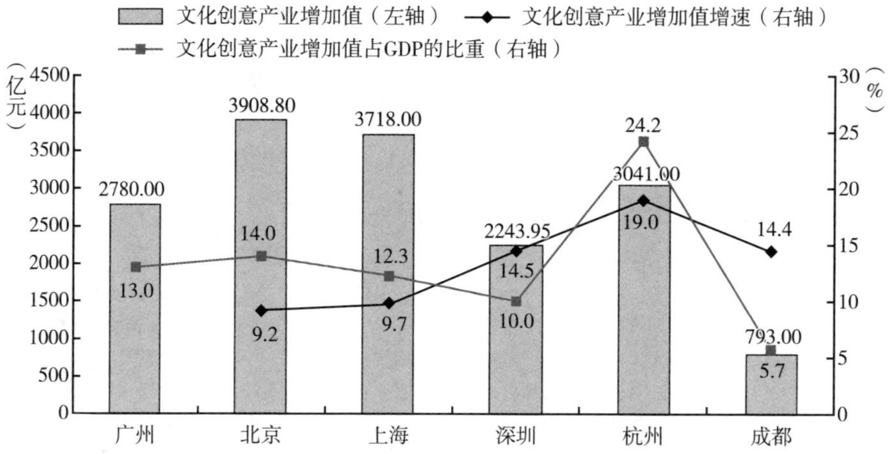

图 1　2017 年六个城市文化创意产业发展对比情况

的北京、上海相差1000亿元左右。广州的文化创意产业增加值占GDP比重为13.0%，排在第三名。

二 政策工具分析

（一）六个城市文化创意产业领域对比

除了了解广州市的文化创意产业自身发展情况，还需立足全国的文化创意发展状况，通过横向比较，进一步了解广州的文化创意产业发展在全国所处的地位。

表1为北京、上海、广州、深圳、杭州、成都六个城市文化创意产业行业领域分类，可以看出，六个城市文化创意产业行业领域所包含的内容存在差异，分类标准各不相同。

表1 六个城市文化创意产业行业领域分类

城市	文化创意产业行业领域分类	补充说明
广州	新闻出版发行服务，广播电视电影服务，文化艺术服务，文化信息传输服务，文化创意和设计服务，文化休闲娱乐服务，工艺美术品的生产，文化产品辅助生产，文化用品的生产，文化专用设备的生产，创意咨询服务	《广州文化创意产业发展报告（2018）》
北京	文化艺术，新闻出版，广播、电视、电影，软件、网络及计算机服务，广告会展，艺术品交易，设计服务，旅游、休闲娱乐，其他辅助服务	《北京市文化创意产业分类标准》（2008）
上海	媒体业，艺术业，工业设计业，建筑设计业，时尚创意业，网络信息业，软件与计算机服务业，咨询服务业，广告及会展服务业，休闲娱乐服务业，文化创意相关产业	《上海市文化创意产业分类目录》第一次明确界定文化创意产业的范围，包括文化创意服务业和文化创意相关产业两大部分，细分为十大类和102个小类
深圳	创意设计，文化软件，动漫游戏，新媒体及文化信息服务，数字出版，影视演艺，文化旅游，非物质文化遗产开发，高端印刷，高端工艺美术	2018年《深圳文化创意产业振兴发展政策》重点发展的文化创意产业领域
杭州	信息服务，动漫游戏，设计服务，现代传媒，艺术品，教育培训，文化休闲旅游，文化会展	《杭州市文化创意产业八大重点行业统计分类》

续表

城市	文化创意产业行业领域分类	补充说明
成都	传媒影视业，创意设计业，现代时尚业，音乐艺术业，文体旅游业，信息服务业，会展广告业，教育咨询业	《成都市文化创意产业发展报告(2018)》；文体旅游业仅指与文化创意相关的旅游行业和体育行业，与旅游产业、体育产业分类标准不一致

（二）政策工具分类

本文选取北京、上海、广州、深圳、杭州、成都六个城市 2005 ~ 2019 年合计 103 份文化创意产业创新创业政策文本作为研究对象，根据在政策研究中应用非常广泛的 Rothwell 和 Zegveld 的政策工具的典型分类方法，并结合本文的实际情况采用如下政策工具：供给型政策工具、需求型政策工具和环境型政策工具进行分析（见表 2）。

表 2　政策工具分类及解释

一级分类	二级分类	分类解释
供给型	人才培养	人才发展规划、教育和培训、海外人才引进、人才住房及引进补贴
	信息技术支持	通过建设信息网络、图书馆、数据库等为科技成果转化提供相关信息服务、专业咨询等
	资金支持	政府直接为科技成果转化活动提供资金支持，如研发费用，各种专项资金等
	基础设施建设	包括国家（重点）实验室、研发中心、研发基地、高技术园区、研发协会等的建设和组建，孵化器、众创空间等
需求型	政府采购	中央及地方政府的各项采购规定，如政府采购、公共事业采购、合约研究
	服务外包	政府将研发计划委托给企业或民间科研机构
	贸易管制	进出口管制措施，如贸易协定、关税、货币调节
	海外交流	政府直接设立或间接协助企业在海外建立各种分支体系，鼓励海外研究合作，如建立海外贸易组织，带领企业参加各类国际展会，组织国际活动，促进海外交流
	消费端补贴	给消费者的补贴，典型的是政府向消费者直接提供的价格补贴。消费者可以用比名义价格更低的物价购买到相关商品。比如节能补贴、汽车家电、下乡补贴等

续表

一级分类	二级分类	分类解释
环境型	目标规划	实施总体目标的行动计划，具体包括策略性措施、技术发展规划、创新鼓励、企业间合作的鼓励、产业的区域性布局等
	金融支持	政府通过融资、补助、风险投资、特许、财物分配安排、设备提供和服务、贷款保证、出口信用贷款等多种政策手段
	税收优惠	企业和个人赋税上的减免，包括投资抵减、技术创新的机器设备和建筑的投资加速折旧、免税和税收抵扣等
	法规管制	设定企业制度、产业政策、行业标准、准入措施、监管制度等相关法律法规
	知识产权保护	授予各类创新创业主体在一定时期内独占市场收益的权利
	消费环境	文化创意比赛、优化文化消费环境、增强居民购买意愿和能力、提高文化消费水平
	公共服务	科普教育、政策辅导、技术咨询、创业培训等相关公共服务类政策举措

1. 各工具类型政策占比

按照以上分类标准，根据政策主要使用的政策工具类型，将六个城市的文化创意产业创新创业相关政策分为供给型政策、需求型政策、环境型政策三大类，具体数量分布见图 2。

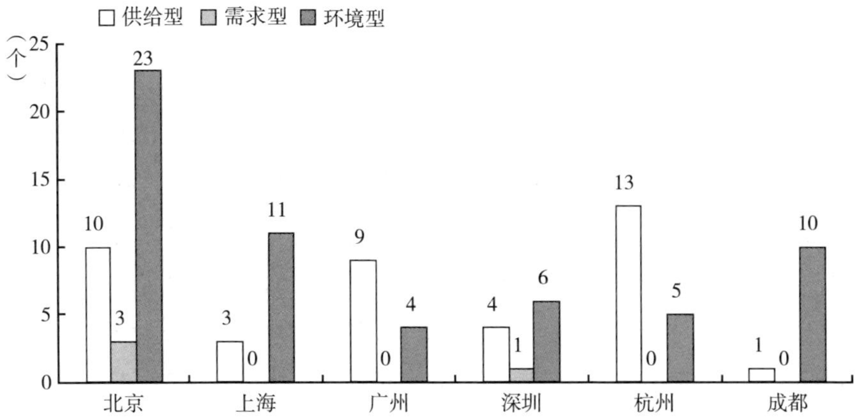

图 2　六个城市三大类政策分布情况

总体上，六个城市三大类政策都表现出供给型政策和环境型政策数量多、占比大的特点，两类政策占比为96%以上。需求型政策占比不到4%，实际数量只有4个（北京3个，深圳1个）。可以看出，广州和其他五个城市相似，给予了供给型政策和环境型政策较高的关注度，而对需求型政策支持较少。

文化产业体现了在一定的文化生产力发展水平上的生产关系，因此，文化产业属于经济基础范畴。在改革开放前，文化生产力的发展受到计划经济的束缚，缺乏资源，环境艰难，发展有限。改革开放后，文化体制改革使得文化产业政策开始重视文化产业资源供给与环境支持，因而在各城市文化产业政策中，供给型政策和环境型政策数量大大增加。

2. 政策工具占比分析

根据政策工具分类标准，对搜集到的六个城市文化创意产业创新创业政策文本运用到的具体政策工具数量进行统计。

（1）基于各城市政策工具一级分类的数量及占比分析

从总体来看，六个城市103个政策共计出现473次政策工具，其中环境型政策工具占比最高（49.68%），供给型政策工具次之（39.75%），需求型政策工具占比最少（10.57%）。横向对比各城市政策中供给型、需求型、环境型三大类政策工具，可以发现，六个城市都比较热衷于供给型和环境型政策工具，而需求型政策工具普遍使用较少，与其他两种类型政策工具在使用数量上相差很大。可以看出，六个城市需求型政策不足，对从需求方面拉动文化创意创新创业的重视不够，仍有很大的改善空间。六个城市的政策在政策工具分布的大方向上表现出一致性，但具体占比仍存在差别：杭州和广州供给型政策工具占比最多，杭州供给型政策工具占比为56.90%，广州供给型政策工具占比为50.00%。而北京、上海、深圳、成都则都是以环境型政策工具占比最多，上海和成都的环境型政策工具占比均超过50%，北京和深圳的环境型政策工具占比也均接近50%。

统计显示，广州共计出现58次政策工具，其中，供给型政策工具占比最大，为50%，其次为环境型政策工具，占比为44.83%，而需求型政策工具仅占5.17%。可以看出，广州和其他几个城市一样，都是以供给型和环境型政策工具为主（见图3）。

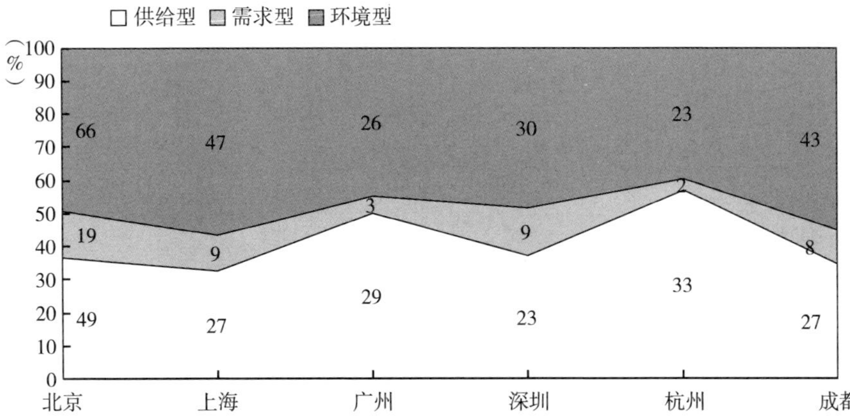

图3　基于各城市政策工具一级分类的数量占比情况

（2）基于各城市政策工具二级分类的数量占比分析

①供给型政策工具二级分类占比分析

根据统计，六个城市的供给型政策工具相关词频一共出现了188次，其中“人才培养”和“资金支持”占比居前两位，分别为31.91%和30.85%，“基础设施建设”占比为22.87%，“信息技术支持”数量最少，只占14.36%。横向对比各个城市中供给型政策工具二级分类的分布情况，可以发现，上海对“人才培养”最为重视，占其供给型政策工具的40.74%，而广州的“人才培养”只占供给型政策工具的24.14%。在“信息技术支持”方面，除了成都占到29.63%，其他五个城市的“信息技术支持”都在其供给型政策工具中占比最低。其中，广州和深圳的“信息技术支持”占比都不到10%。笔者认为，虽然近年来成都科技信息发展水平不断提高，成果显著，但对比东部发达城市仍有短板，出台政策时更加注重发展并运用信息技术来促进文化创意产业创新创业。而广州和深圳都是信息技术比较发达的大城市，政府出台政策时把更多的精力放在了其他方面，“信息技术支持”相关的政策内容相对较少。在“资金支持”方面，北京和广州占比居前两位，分别为42.86%和41.38%，而成都的“资金支持”数量最少，占比为11.11%。可以看出，成都处于内地，相比其他五个东部发达的大城市，“资金支持”不占优势。上海和北京在“基础设施建设”方面占比居后两位，分别为14.81%和18.37%。笔者认为，这可能是由于两个城市的用地紧张或者整体建设已经比较完善无须再耗费大量的财力进行基础设施平台的建设。广州、深圳、杭州、成都四个城市“基础设施建设”的占比为20%～30%。

广州供给型政策工具统计结果显示，“资金支持”政策工具共出现12次，占该类政策工具的41.38%，表明广州文化产业的创新发展注重资金投入，地方政府积极为重点文化产业项目以及创新创业方向项目提供资金支持以推进文化产业蓬勃发展。文化产业能否获得发展的关键点之一在于能否配套完善的基础设施。在广州政策文本中，“基础设施建设”政策工具统计结果为8次，占该类政策工具的27.59%。可以看出，广州政府强调基础设施建设与文化产业发展的同步性。“信息技术支持”在政策中的使用仅有2次，占该类政策工具的6.90%（见图4）。

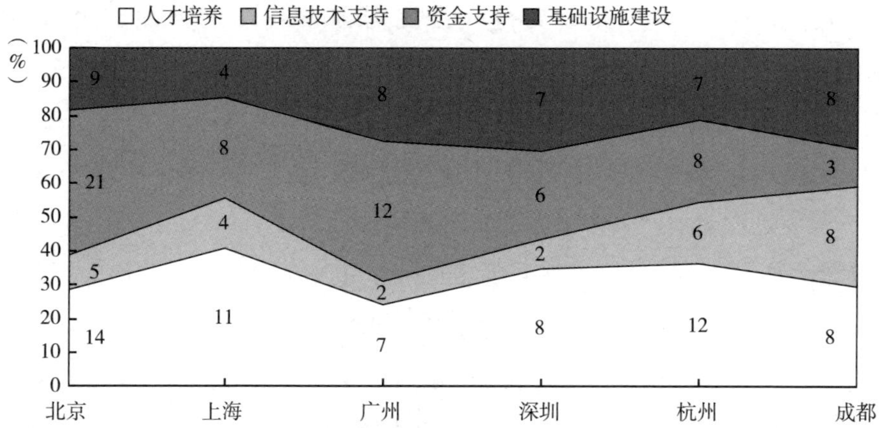

图4　基于各城市供给型政策的二级分类的数量占比情况

②需求型政策工具二级分类占比分析

统计显示，六个城市政策中5种需求型政策工具相关词频共出现50次，数量远少于供给型和环境型政策工具。对六个城市需求型政策工具的二级分类占比进行横向的对比与分析，可以看出，除杭州（数量为0）外，其他五市都涉及了“海外交流”政策工具，并且数量最多，比例达到66%，可见它们对海外的学习和借鉴最为重视。关于“贸易管制”，除了上海有2个相关政策工具外，其他城市均无。贸易管制有保护我国产业发展的作用，对于该政策工具的制定，更多是根据具体需要实施。从图5可以看出，5种需求型政策工具在六个城市中分布并不均匀，这些城市大多只用到2~3种，其中用到最多类型的是北京（3种）。因此，六个城市均需要丰富需求型政策的数量及类型，均衡发展以促进文化创意产业持续健康发展。

广州在运用的需求型政策工具中，“政府采购”“消费端补贴”“贸易管制”三类政策工具均未被使用，政府部门未通过采购文化产品与服务或对文化贸易进行管制来推动文化产业的发展，在这方面政策的制定仍需完善。“海外交流”和“服务外包”政策工具也只分别使用了2次和1次。

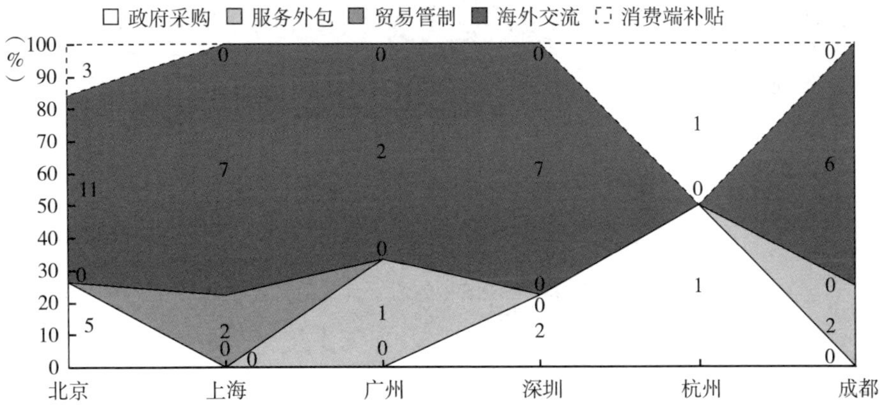

图5 基于各城市需求型政策的二级分类的数量占比情况

③环境型政策工具二级分类占比分析

图6呈现的是六个城市环境型政策工具二级分类的数量占比情况，进行

横向对比可以看出，六个城市在“知识产权保护”上的政策投入最少，占所有环境型政策工具的比例仅为8.51%，在“金融支持”上关注最多，占比为18.30%，其他政策工具占比在13%左右。最高数量出现在北京的“法规管制”，表明北京在法律法规体系上投入了较多精力。也有数量为0的政策工具，分别是上海的“知识产权保护”和杭州的“法规管制”。除了上海和杭州，其他城市在7种环境型政策工具二级分类中面面俱到。总体来说，环境型政策工具在六个城市的分布较平均，但也有例外。

广州环境型政策工具使用比较重视“税收优惠”（7次）、“金融支持”（6次）、“消费环境”（5次），分别占环境型政策工具的26.92%，23.08%，19.23%，而对“知识产权保护”和“公共服务”的关注很少，均只出现了1次。

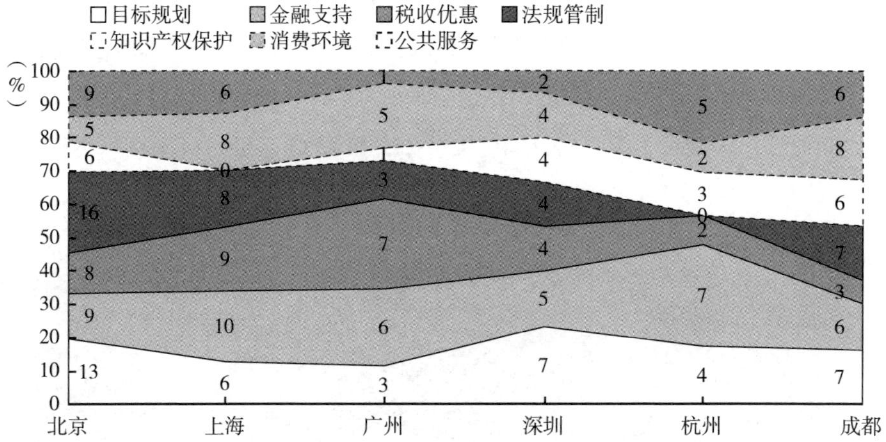

图6　基于各城市环境型政策的二级分类的数量占比情况

三　政策文本质量分析

政策文本属于政策过程中重要的一环，是政策意图的主要表现方式和传播载体，同时也是政策有效执行的前提之一。所以，“文本质量”直接关系到政策意图的精准实现，也是新时代治理体系和治理能力的体现。本文采用

“政策文本质量评价指标体系”，对六个城市 103 份文化创意产业相关政策进行评价打分。指标内容、评分标准、权重如表 3 所示。

表 3　各指标评分标准

指标内容	评分标准	权重(%)
政策承接	①地方政策与上级政策完全相同(30%) ②地方政策在上级政策基础上因异细化(60%) ③在上级文件或精神指导下创新制定(100%)	10
资金支持	①没有在政策中提及资金投入(0%) ②简要提及资金投入、奖励、补贴等相关文字表述(30%) ③提及明确的资金投入、奖励、补贴的金额数量(60%) ④有明确的资金分配方式、分配标准(100%)	15
目标规划	以下评分标准累加计分: ①文本中有简要提及总体目标(10%) ②政策目标内容详细(30%) ③政策目标阶段性分明、步骤明确(30%) ④政策目标有具体量化指标(30%)	15
组织分工	①未提及执行或责任部门(0%) ②仅在文号或落款处有相关部门(50%) ③在文中有明确的责任分工和负责部门(100%)	10
区域协调	以下评分累加计分: ①政策仅涉及本地(20%) ②政策涉及周边城市(40%) ③政策涉及省外城市或地区(40%)	10
执行监督	①政策内容中没有涉及监督的表述(0%) ②政策内容中仅有关于监督的简要表述(30%) ③政策内容中有明确监督方,如社会监督、某部门监督(60%) ④满足上述条件的同时,政策中有提到监督方式,如评价考核机制、监督处理办法等(100%)	10
政策解读	①该政策未配套政策解读、政策解释(0%) ②有配套相关政策解读、政策解释(100%)	10
信息公开	①文本中未提及任何有关信息公开的内容(0%) ②文本中有涉及政府信息公开相关内容,如政策公开方式和渠道、程序公开、实施情况公开、结果公开等(100%)	10
政策有效期	①没有涉及政策有效年限(0%) ②有提及有效年限(100%)	10
总得分率		100

（一）基本得分情况分析

六个城市文化创意产业创新创业政策质量总分由高到低排列依次为：深圳（50.18 分），杭州（47.22 分），成都（43.45 分），北京（41.29 分），广州（38.73 分），上海（37.89 分）。从整体上来看，六个城市平均分仅为 43.13 分。极差为 12.29 分，个体差距较大，整体政策文本质量表现一般。从单个城市来看，深圳、杭州和成都三地得分均高于平均分，体现这三个城市对文化创意产业创新创业较为重视，与它们近年来文化创意产业高速发展的现状较为匹配。从数据可以看出，广州政策的文本质量总分为 38.73 分，在六个城市中排名倒数第二，尚有较大的提升空间（见图 7）。

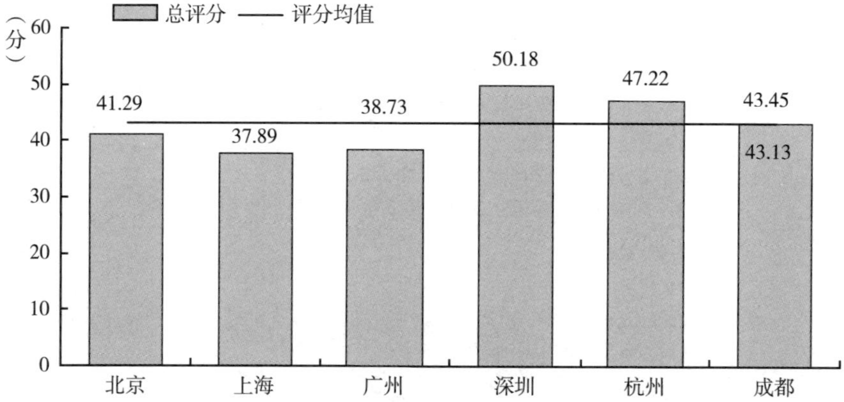

图 7　六个城市政策文本质量总分对比情况

（二）广州与其他城市得分率对比分析

广州市文化创意产业政策各指标整体的得分率均值为 37.69%，在六大城市中排名最后，与排在第一的深圳（51.01%）相差超过 10 个百分点。其中，“政策承接”与“组织分工”这两个指标的得分率分别为 78.46%、50.00%，在九个政策指标中分别排在第一、第二名，但与其余五个城市相对比只排在第四和第三名，均低于每个指标的均值。而“资金支持”这一指标的得分率虽然在该市政策九个指标中排名第四，但与其他五个城市的该指标得分率对比，仅次于杭州市排名第二，可以看出，广州对文化创意产业的资金支持力度较大。另外，“目标规划”“执行监督”“政策有效期”三个指标与其他城市相比并不具有优势。例如，广州的“目标规划”得分率（48.46%）在六个城市中排名第五，与排在第一名的北京（75.00%）得分率差值超过20个百分点。广州“政策有效期”得分率（46.15%）在六个城市中排在第四位，而这一指标排名第一的深圳（90.91%）得分率几乎是广州的2倍。“区域协调”、“政策解读”以及“信息公开”三个指标的得分率分别为11.54%、0.00%、15.38%，远远低于得分率均值，并且“政策解读”在六大城市中与成都并列末位。从表4、图8可以看出，六个城市的“信息公开”和“政策解读”得分率普遍偏低。从总体来看，广州文化产业政策仅有“资金支持”“执行监督”两个指标超过了六大城市的指标均值，而排在前列的指标仅有“资金支持”，其余大多处于中下水平，导致广州整体得分率在六个城市中居于最低水平。因此，广州市政府在未来制定文化产业相关政策时应注意“补齐短板”，如加大政策解读工作的宣传，促进文化产业区域协调与合作，同时挖掘中等水平指标的潜能。

表4　六个城市政策质量指标得分率

单位：%

	政策承接	资金支持	目标规划	组织分工	区域协调	执行监督	政策解读	信息公开	政策有效期	得分率均值
广州	78.46	47.69	48.46	50.00	11.54	41.54	0.00	15.38	46.15	37.69
北京	64.44	44.17	75.00	66.67	6.67	38.06	27.78	25.00	5.56	39.26
上海	98.57	22.14	25.71	46.43	45.71	45.00	7.14	7.14	50.00	38.65
深圳	65.45	30.00	55.45	45.45	74.55	24.55	36.36	36.36	90.91	51.01
杭州	88.89	60.56	50.56	72.22	33.33	42.22	16.67	11.11	44.44	46.67
成都	87.27	24.55	68.18	40.91	52.73	32.70	0.00	18.18	63.64	43.13
广州排名	第四	第二	第五	第三	第五	第三	第六	第四	第四	第六

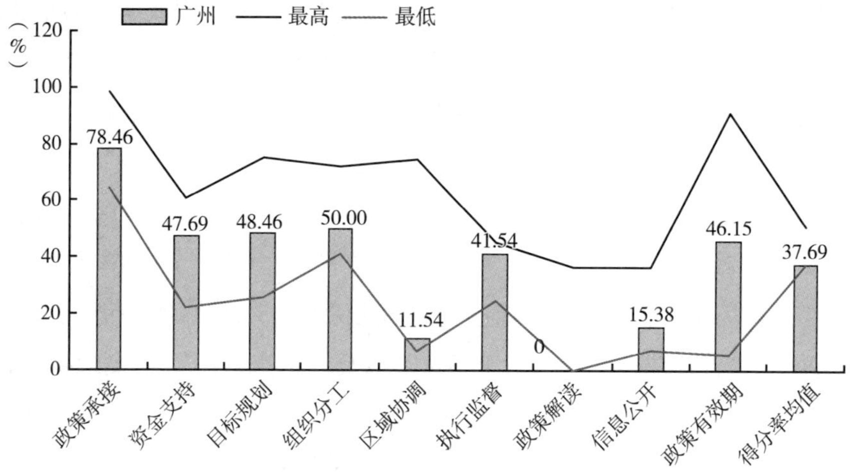

图8　广州政策质量指标得分率情况

四　主要问题

（一）政策工具使用不均衡

首先，广州文化创意产业创新创业政策工具应用存在结构性失调，具体表现在：供给型政策和环境型政策工具应用较多，需求型政策工具严重缺乏，政策工具使用存在明显的不均衡特征。这反映出政府忽视需求端对扶持文化创意产业发展与创新的作用，易导致文化创意企业生产动力不足，而供给过多、需求不足的情形易造成生产过剩、资源闲置与浪费。其次，政策工具的有效性没有得到充分体现，虽然从整体来看供给型和环境型政策工具应用多，但主要是“资金支持”、“金融支持”和“税收优惠”方面的政策工具使用过多，而“信息技术支持”、“知识产权保护”和“公共服务”方面的政策工具使用不足，而这些都是较为有效的政策工具。

（二）政策文本质量得分低

广州的文化创意产业创新创业政策的文本质量总分在六个城市中排名倒

数第二，总体得分率均值则排名最后，可见广州的政策文本质量较低。其中，“目标规划”“区域协调”“政策解读”这几个方面做得最差。通过研究，我们发现广州政府出台的扶持文化创意产业创新创业政策的内容存在泛泛而谈的现象，缺乏具体有效的促进和保障措施。广州作为粤港澳大湾区中心城市之一，应在其中发挥核心引擎作用，加强区域城市深度合作，然而，广州的文化创意产业创新创业政策极少关注区域间的合作和协调；广州的政策也缺少相关政策解读。

（三）产业数据缺失

文化创意产业发展的数据极为匮乏，更新过慢，数据陈旧，最新只能找到两三年前的数据；文化创意产业的数据统计内容不全面，且相关数据缺乏连续性，存在部分年份数据缺失问题；部分原本在政府官网上公开的政策文本在研究过程中的后期无法查找，这对再次查阅及核对信息、数据造成不便。各个城市对文化创意产业的定义存在差别，文化创意产业数据统计的范围和标准不同，不利于系统、直观地比较各城市间的差异。

五　政策建议

（一）有效利用政策工具，同时注重政策类型制定及政策工具使用的多样化

在供给面政策工具中，信息技术渗透在企业发展过程的各个环节，并对企业的发展方向产生很大的影响甚至起到决定性作用，因此要注重利用技术信息支持来促进文化创意产业创新创业。而广州文化创意产业在信息技术支持这一块较为薄弱，主要体现为信息技术支持缺乏整体性、系统性、兼容性和共享性。因此，无论是广州还是其他城市，应善于将信息技术融入文化创意生产发展过程，运用信息技术管理、整合信息网络与文化资源，提供优质相关信息服务、咨询服务，优化文化创意产业体系结构，借助信息技术支持

以推动传统文化创意产品升级换代，实现文化创意产业创新创业政策的有效供给，促进文化创意产业创新发展。此外，资金支持力度加大，有利于各城市文化创意产业在产品研发、吸引人才、营销推广等环节的发展，并能有效改善文化创意产业的基础设施，加快推动产业集聚。

同时，政府应重视需求面政策工具的使用，特别应加强政府采购、服务外包两大政策工具的使用，以满足日益多样化的文化创意产业发展需求与公众对丰富多彩的文化产品的需求，对公共资源进行合理配置，以便真正发挥需求面政策工具对创新创业活动的拉动、扶持作用。对于广州而言，在今后文化创意产业的扶持工作中应重点出台需求型政策及有效运用需求型政策工具以拉动文化创意产业发展，促使需求型政策工具的“拉力”作用发挥到最大化。

在环境型政策工具中，尤其是广州和上海，需要强调知识产权保护这一政策工具的使用。通过加强文化创意产品知识产权保护，搭建知识产权交易平台，优化创作环境，利于为本土文化创新成果提供法律保障并调动创作者创作积极性，使得文创设计、文创产品在为企业、个人带来经济效益的同时，也促进文化创意产业创新与创业进程的加快，并推动我国文化产业对外贸易、引进外商和外资。值得注意的是，金融支持与税收优惠有利于减轻文创企业尤其是初创型文创企业的负担，吸引人才，促进产业集聚以及规模效应的形成，推动当地文化创意产业的发展。

政策工具的使用可以促使文化创意产业创新创业工作顺利开展，但往往单一政策工具的使用将面临缺乏推动力的问题。因此，首先在制定政策时，需要综合使用不同的政策工具，防止过度使用某一类政策工具而忽视其他行之有效的政策工具。其次，需从公共政策研究路径视角考虑，对政策工具属性、工具关联、工具背景进行透彻研究和灵活使用。针对不同政策工具属性、政策系统及其在应用过程中相关的环境变数，关注政策目标的实现，进行政策工具选择与再选择。

（二）全方位提高政策的质量，保障政策有效实施

首先，一方面，建立合理、民主、开放的政策问题察觉机制，明确政策

目标并以此为中心分析有关问题及其争论点，使政策目标和过程详尽、量化、分阶段进行，为政策方案制定提供指导，且地方政策的制定应将上级政策精神与当地的文化创意产业发展状况和创新创业具体情况相结合；另一方面，进一步加强部门间、区域间的协调，细化责任部门，在区域间进行深度政策互动，深化部门、区域之间协同的深度和广度，从更宽阔的视野着手，最大限度地推动文化创意产业创新创业。同时，政策内容应进行多元化的监督与评估，既涉及部门内部监督与社会监督，又包含过程监督与结果监督，围绕政策目标按照一定的标准和程序，从事实评判维度和价值评判维度考虑，为政策的执行设立系统、规范和具有可操作性的评价考核机制，并推进信息公开。

其次，出台的政策应有相配套的政策解读，尽量避免政策执行过程中的宣传缺陷、目标人群文化障碍等导致政策偏差与政策失败的问题出现，确保各政策执行部门和政策受益者深入理解政策，提高政策实施效果。就目前来看，广州在这项工作中的部署仍不完善，因此，政策的配套解读工作应成为日后广州文化创新创业政策制定工作中不可或缺的一部分。

最后，明确政策有效期限，在政策目标实现后为政策终结、接续和替代减少阻力和障碍，节省政策资源，促进政策优化。

（三）增强政策的连续性、关联性、系统性和实效性

政策在出台与实施上缺乏整体性和连贯性，易导致政策实施效果被削弱。因此，政策的出台应具有连续性，以为产业发展提供稳定的政策保障。另外，需增强各政策体系间的关联性，构建高效协同的发展模式，实现政策之间的有效联动。最后，政策内容应更加丰富、多元化和体系化，避免宏观的理论和结论在政策内容中占比过大，同时避免政策内容同质化、重复颁布及实践性不足。政府部门应对宏观性政策指标进行弱化，而增加政策实施细则内容，在政策制定中鼓励多元化主体参与，发挥多部门的联动作用，提高政策执行力度和实效性。

参考文献

韩顺法、陶卓民、肖泽磊：《我国区域文化创意指数的测度及经济增长效应》，《经济地理》2012 年第 4 期，第 96 ~ 102 页。

向明、靳洪：《基于政策工具视角的文化创意产业发展政策研究——以武汉市为例》，《现代商贸工业》2019 年第 24 期，第 7 ~ 10 页。

蒋园园、杨秀云：《我国文化创意产业政策与产业生命周期演化的匹配性研究——基于内容分析的方法》，《当代经济科学》2018 年第 1 期，第 94 ~ 105、127 页。

朱桂龙、杨小婉、江志鹏：《层面 - 目标 - 工具三维框架下我国协同创新政策变迁研究》，《科技进步与对策》2018 年第 13 期，第 110 ~ 117 页。

文化事业篇

Cultural Business

B.6 广州市公共文化资源开放清单制度创新调研报告

广州市文化广电旅游局课题组*

摘　要： 本文通过对广州市公共文化资源和开放情况进行摸底抽查，并总结国内其他城市开放公共文化资源的相关规定和经验，发现广州市公共文化领域存在对财政拨款依赖较大、社会力量参与渠道不够通畅、实施机制不够健全等问题，提出构建公共文化领域共同治理新格局、按需制定政府购买公共文化服务清单、鼓励引导社会力量参与等措施，为广州在文化领

* 课题组组长：刘瑜梅，广州市文化广电旅游局党组书记、局长。课题组副组长：吴青松，广州市文化广电旅游局党组成员、副局长；张二成，广州市文化广电旅游局一级调研员（市管）。课题组其他成员：吴志刚，广州市文化广电旅游局博物馆处处长；李宇青，广州市文化广电旅游局政策法规处处长；龙开顺，广州市文化广电旅游局政策法规处副处长；柳立子，广州市社会科学院广州城市战略研究院副院长，博士。

域引入市场力量，激发市场活力，提供丰富多样、品质优良、供给高效的文化设施、文化产品和文化服务，为制定《广州市公共文化资源开放清单创新指导意见》提供参考依据。

关键词： 公共文化资源 开放清单 广州市

一 研究背景与必要性

党的十八届三中全会提出“引入竞争机制，推动公共文化服务社会化发展。鼓励社会力量、社会资本参与公共文化服务体系建设，培育文化非营利组织”。当前，我国经济已由高速增长阶段转向高质量发展阶段，正处在转变发展方式、优化经济结构、转换增长动力的攻关期，文化作为“五位一体”总体布局的重要组成部分，文化发展对推动经济高质量发展意义重大。通过引导社会力量进入文化领域，激发文化市场活力，丰富公共文化产品，改进公共文化服务，既是转变政府职能、建设服务型政府的重要抓手，也是通过全面深化改革提高供给体系的质量和效率、助力中国经济实现高质量发展的重要引擎之一。

近年来，广州城市地位在国际上不断上升，城市公共文化服务体系建设不断取得新的突破，一系列重大政策相继出台，公共文化服务能力和水平明显提高，但与纽约、伦敦、巴黎等一些城市比起来，广州对公共文化资源的开发力度还不够，文化市场发展动力还不足。党的十八届三中全会明确提出“使市场在资源配置中起决定性作用”和“更好发挥政府作用”，即要求充分发挥市场调配作用，创新政府管制功能，两者共同作用推动全面深化改革。我国从 2018 年开始推行全国统一的市场准入负面清单制度，促使政府对市场的管制视域从事前审批转为事中与事后监管，这不仅是政府管制职能的转变，更是简政放权的体现，还能够“倒逼”政府行政体制的改革，迫使政府进一步下放各类行政审批权。

二　广州市公共文化资源整体情况

根据广州市公共文化资源管理的实践，本报告进一步将公共文化资源分为文化设施资源、传统文化资源、公益性文化产品、文化活动资源和文化课题研究五类。按照上述分类，本文对广州市公共文化资源情况进行摸底。

（一）文化设施资源

文化设施包括市属各级图书馆、博物馆、文化馆、影院、剧院、文化站、基层综合性文化服务中心等。据课题组摸查统计，截至 2019 年 9 月，广州市共有公共图书馆（分馆）229 个；博物馆、纪念馆、美术馆共 131 个；文化馆 17 个，文化站实现全市 170 个街道、乡镇全覆盖，含分站在内共有 197 个；艺术表演场所 57 个，以及一批兼营演出的体育、旅游、娱乐表演场所（见表 1）。

表 1　广州市文化设施资源

单位：个

序号	类别	数量
1	公共图书馆	229
2	博物馆、纪念馆、美术馆	131
3	文化馆	17
4	文化站	197
5	艺术表演场所	57

全市已建设一批体现城市特色和时代精神的现代化标志性文化设施，广州市图书馆、十三行博物馆、粤剧艺术博物馆、南粤先贤馆、天河区文化艺术中心、从化图书馆、黄埔图书档案大楼、广州少年儿童图书馆新馆等投入使用并取得较好的效益，还有一批重要的标志性文化设施正在紧锣密鼓的建设，如广州美术馆、广州文化馆、广州博物馆、南汉二陵博物馆（二期）、广州海事博物馆、东山电影院、广州粤剧院、广州华侨博物馆等项目。

图书阅览设施：市内229个公共图书馆中包括市级图书馆2个，区级图书馆11个（馆舍18座），街镇分馆131个，社区（村）分馆13个，与机关团体、企事业单位合作建设分馆65个。广州市积极探索社会力量参与图书馆建设新思路，坚持政府主导、社会参与的原则，采取文教融合、文商融合、文企融合等方式，积极与学校、企业、园区、地产商等各类社会机构合办分馆，以财政小额投入撬动社会力量大额投入。至2019年，已有广州市儿童公园、荔湾区妇联、黄埔区企业园及万科、雅居乐等社会力量免费为公共图书馆提供建筑空间、基本运营设备等支持，使得全市的公共图书馆体系能够深入居民小区、公园及企业园区等，并在共建模式上有所创新：黄埔区图书馆与黄埔区企业园合作建立的缘创咖啡分馆采取"政府补给+自主运营+社会众筹"模式，是全市首家以众筹方式建设的一周7天24小时全天候开放的分馆。

博物展览设施：全市博物馆、纪念馆、美术馆共有131家，其中包括国家部属5家、省属16家、市属26家、区属24家、街镇社区19家、民办41家。其中，国家一级馆4个、二级馆7个、三级馆2个。博物馆、纪念馆、美术馆的举办主体趋于多元化，广州市博物馆体系以国有博物馆、纪念馆、美术馆为主体，共计90个，占总量的68.7%；非国有性质有41个，一批行业、高校、民办博物馆如广州市东平典当博物馆、广州东方博物馆、珠江—英博国际啤酒博物馆、广州亚运会亚残运会博物馆等纷纷建成，为广州地区博物馆事业的发展注入新生力量。据统计，2015年广州地区登记在册的59个博物馆馆舍总面积超过31.9万平方米，展览面积达16.3万平方米，各个博物馆（纪念馆）在场地方面可以得到基本保障。2010年后新建的南越王宫博物馆、辛亥革命纪念馆和南汉二陵遗址博物馆，在外观设计、体量规模、功能分区、设施设备等方面都体现了先进性，成为广州地标性文化设施。

表演艺术场所：市内57个艺术表演场所中，各级政府投资举办的场馆36家，其中包括省级8家、市级18家、区级10家，其他主体举办的场馆21家。其中9个专业艺术表演场所共有座席数9743个，从业人员863人；演出场次0.12万场/年，观众人数50.04万人次/年。市内尚有一批兼营演出的体育、旅游、娱乐表演场所，如中山纪念堂、广州天河体育中心、广州体育馆。演出门类覆盖了音乐、舞蹈、戏剧、曲艺杂技四大类别，其中大型演唱会、面向游客的旅游演出、动漫演出、儿童剧、话剧、户外音乐节、户内小型音乐会等演出场次、观众人数和票房收入呈现较快增长趋势。

群众文化活动设施：广州市共有文化馆 17 个，包括省级馆 1 个，市级馆（含分馆）2 个，区级馆（含分馆）14 个。按照国家文化部 2011 年公布的全国第三次文化馆（群众艺术馆）评估定级结果，广州市一级文化馆（群众艺术馆）11 个，从化文化馆（群众艺术馆）、增城文化馆（群众艺术馆）为二级馆。文化站实现全市 170 个街道、乡镇全覆盖，含分站在内共有 197 个，其中 131 个达到省特级站标准，39 个达到省一级站标准。

（二）传统文化资源

传统文化资源包括文物、历史建筑、非物质文化遗产等，本报告研究的传统文化资源主要指非物质文化遗产和优秀民间文化艺术。截至 2018 年底，广州共有 109 项非物质文化遗产（见表 2），类型涵盖传统技艺，传统音乐，传统舞蹈，曲艺，传统美术，传统戏剧，民间文学，传统医药，民俗，传统体育、游艺与杂技。

表 2　广州市非物质文化遗产名录

类别	序号	项目名称
传统技艺	1	广彩
	2	广州珐琅制作技艺
	3	广式硬木家具制作技艺
	4	红木宫灯制作技艺
	5	打铜技艺
	6	岭南盆景
	7	大立菊扎作技艺
	8	彩扎(广州狮头制作技艺)
	9	钉金绣裙褂制作技艺
	10	广州戏服制作技艺

续表

类别	序号	项目名称
传统技艺	11	手工打金制作工艺
	12	古琴斫制技艺
	13	广州箫笛制作技艺
	14	上漖龙舟制作技艺
	15	广州饼印制作技艺
	16	广式腊味制作技艺
	17	凉茶
	18	小凤饼制作技艺
	19	莲香楼广式月饼传统制作技艺
	20	沙湾水牛奶传统小食制作工艺
	21	沙河粉传统制作技艺
	22	粤菜烹饪技艺
	23	致美斋广式调味品制作技艺
	24	广州檀香扇制作技艺
	25	波罗粽制作技艺
	26	香云纱染整技艺
	27	南乳花生制作技艺
	28	西关水菱角制作技艺
	29	黄豆酱传统制作技艺
	30	广式莲蓉饼食制作技艺
传统音乐	31	广东音乐
	32	岭南古琴艺术
	33	广州咸水歌
	34	广州客家山歌
	35	广东汉乐
传统舞蹈	36	广东醒狮—沙坑醒狮
	37	麒麟舞
	38	鳌鱼舞
	39	舞貔貅
	40	从化水族舞
	41	舞春牛
	42	舞火狗
	43	从化猫头狮
曲艺	44	粤曲
	45	粤语讲古
	46	木鱼书说唱

续表

类别	序号	项目名称
传统美术	47	广绣
	48	木雕
	49	象牙雕刻
	50	广州榄雕
	51	广州玉雕
	52	广州灰塑
	53	广州砖雕
传统戏剧	54	粤剧
	55	岭南木偶戏表演艺术
民间文学	56	五羊传说
	57	何仙姑与挂绿的传说
	58	萝岗香雪
	59	金花娘娘的传说
	60	海幢寺传说
	61	从化温泉传说
	62	盘古王传说
	63	花县太平天国人物传说
	64	郑仙传说
传统医药	65	陈李济中药文化
	66	小柴胡制剂方法
	67	西关正骨
	68	岭南传统天灸疗法
	69	中医诊疗法(岭南罗氏妇科诊法)
	70	传统中医药文化(潘高寿传统中药文化)
	71	敬修堂传统中药文化
	72	岭南火针疗法
	73	端午午时茶
	74	蛇串疮特色疗法
	75	采芝林传统中药文化
民俗	76	迎春花市
	77	黄大仙祠庙会
	78	花都元宵灯会
	79	添丁上灯习俗
	80	掷彩门

续表

类别	序号	项目名称
民俗	81	扒龙舟
	82	沙亭龙船嶋崇拜
	83	舞火龙
	84	广州重阳登高
	85	横沙会
	86	生菜会
	87	洪圣诞
	88	波罗诞
	89	仁威庙北帝诞
	90	沙湾飘色
	91	南沙妈祖信俗
	92	潭山飘色
	93	盘古王诞
	94	粤剧八和祖师诞
	95	玉岩诞
	96	畲族拜祖公图
	97	乞巧节
	98	南沙水乡婚俗
	99	广府饮茶习俗
	100	妈祖信俗(龙潭村天后诞)
	101	番禺水色
传统体育、游艺与杂技	102	米机王咏春拳
	103	螳螂拳(广州螳螂拳)
	104	黄啸侠拳法
	105	太虚拳
	106	洪拳
	107	莫家拳
	108	南沙赛龙艇
	109	南派花毽

（三）公益性文化产品

公益性文化产品是发展中国特色社会主义的重要内容，是国家和城市文化底蕴和文化积累的重要展示，是国家和城市生命力、凝聚力和创造力的重要文化标志，是增强中华民族文化影响力的重要支柱，能够促进国家和城市精神动力和精神支柱发展，能够提高公民的思想道德素质和科学文化素质。

这些产品至少包括但不限于：公益性舞台艺术作品、公益性广播影视作品、公益性出版物、公益性数字文化产品、公益性广告、面向特殊群体的公益性文化产品（见表3）。随着对文化发展内在规律认识深入，公益性文化产品的发展对繁荣文化至关重要，标志着对以往传统文化的积累和选择，对现实的超越，代表着社会主义文化发展的趋向。它能够开阔人们的视野，给人们的精神领域带来新气象，推广科技成果在公益性文化中的应用，疏通信息传播渠道，实现人类知识资源共享，为社会全面进步提供强大的精神动力和智力支持。

表3　广州市文化产品类别

序号	文化产品类别	序号	文化产品类别
1	公益性舞台艺术作品	4	公益性数字文化产品
2	公益性广播影视作品	5	公益性广告
3	公益性出版物	6	面向特殊群体的公益性文化产品

（四）文化活动资源

文化活动资源包括各类文化展会、节庆活动、论坛等。2017 年，以“羊城之夏”广州市民文化节为主线，全市举办了“百姓舞台耀羊城”“精彩大赛炫羊城”“岭南文化荟羊城”“时尚经典潮羊城”“书画展览悦羊城”五大主题近千项文化活动；广州市各类图书馆举办读者活动 8250 场；市属各博物馆举办专题展览总数 111 个，送展到社区、学校、农村 170 场次；市属专业院团现有中小型剧场开展的“周末剧场”定点文艺演出，平均每年演出 500 多场。除此之外，中国（广州）国际纪录片节、中国国际漫画节、中国（广州）国际演艺交易会、羊城国际粤剧节、广州艺术节、广州国际艺术博览会等大型文化活动已逐渐形成国际文化影响力。表 4 为广州市部分文化活动资源。

表 4　广州市部分文化活动资源

序号	活动	举办时间
1	“羊城之夏”广州市民文化节	6 月
2	中国(广州)国际纪录片节	12 月
3	中国国际漫画节	9～10 月
4	中国(广州)国际演艺交易会	11～12 月
5	羊城国际粤剧节	不定
6	广州艺术节	5～9 月
7	广州国际艺术博览会	不定
8	广州科技活动周	5 月
9	南国书香节	8 月
10	广府文化周	9 月
11	国际博物馆日活动	5 月 18 日
12	“羊城少年学堂”讲座	不定
13	“立体阅读”品牌活动	不定
14	百歌颂中华	不定
15	广州少儿艺术花会	不定
16	广州市广场舞大赛	不定
17	广州市民歌民乐大赛	12 月
18	中老年艺术节	6 月
19	大家乐舞台	不定
20	国乐才艺秀	7 月

（五）文化课题研究

文化课题研究是指结合国家省市的战略部署和市委、市政府中心工作，深入研究党和国家对公共文化领域的创新理论以及广州建设国家中心城市过程中的文化建设问题，深入总结广州公共文化事业发展的实践经验，开展具有现实指导意义、决策参考价值的课题研究。

这些课题至少包括但不限于：城市文化与城市精神建设课题、公共文化事业发展规划等重大课题、优秀传统文化保护传承领域的课题、文化和旅游产业发展重要问题的研究、文化国际交流与合作领域的课题等（见表5）。通过这些课题探索怎样在推进城市化进程中，按照新时代中国特色社会主义的时代要求，保持并强化广州的城市文化特色，避免同质化的危机，避免千城一面的困境，让不断城市化甚至不断国际化的人口能在广州的城市空间里安心顺意的工作和生活，找到自己心仪的栖息之地，找到自己灵魂归宿的精神家园，这是中国社会面临的重大课题，也是本报告要研究的意义和价值。

表5　广州市文化课题类别

序号	课题类型	序号	课题类型
1	城市文化与城市精神建设课题	4	文化和旅游产业发展重要问题的研究
2	公共文化事业发展规划等重大课题	5	文化国际交流与合作领域的课题
3	优秀传统文化保护传承领域的课题		

三　广州市公共文化资源开放的现状与问题

（一）运营主体逐渐由单一走向多元

在过去很长一段时间里，政府是公共文化服务的唯一供给主体，承担了图书馆、博物馆、文化馆等公共文化设施的投资建设和管理运营职责，在保障公民基本文化权利、城乡均衡发展、文化惠民利民等方面发挥了主导和主体作用。

随着人民群众对公共文化服务数量和质量需求日益增加、政府财政压力增大、公共文化资源有限，投资管理主体单一化开始带来新的问题，如服务形式和文化产品类别单一、资源配置僵化致使公共设施闲置、体制内人才局限、受众范围窄等供给与需求脱节问题。进入21世纪，广州市以转变政府职能为方向，由“办文化”转向“管文化”，积极探索公共文化服务多元供给，通过提高公共文化设施供给效率来改善制度供给的现状。以博物馆体系为例，广州市博物馆事业迎来大发展时期，高校、行业、民办博物馆纷纷涌现，另有一批具有博物馆性质的机构，呈现百花齐放的格局，如中山大学生物博物馆、广州亚运会亚残运会博物馆、广州市东平典当博物馆、珠江—英博国际啤酒博物馆、詹天佑故居纪念馆、广州东方博物馆等，此类博物馆的出现和壮大，既是对博物馆体系的灵活补充，也将是激发博物馆行业内在活力的重要推动力。公共图书馆方面也积极联合社会力量推进分馆建设，由政府统筹布局、把控标准，社会力量给予场地、装修和日常管理支持，市、区级图书总馆提供图书、借阅设备等，以“一带多”的形式共建形态多样的分馆。截至2018年底，市、区级图书馆与学校、企事业单位、地产商、地铁、书店、工业园区等各类社会机构合办分馆41个，年接待读者超过145万人次，纸质文献外借超50万册次，全年吸引社会力量投入超过4000万元，既节约了政府的建设投入，也有效补充和拓展了现有公共文化供给体系。广州大剧院作为市政府耗资13.8亿元建设的演艺剧场，改变了过去文化场馆自建自管的传统，采取招标选拔经营管理团队、“零编制、零补贴”的运营模式，2015～2018年连续4年营收额突破亿元，场地使用率高达90%，成为国内剧院的市场化样本。政府向市属文艺院团进行的公共文化演出项目采购，对市、区文化馆（站）的群众文化活动的专项扶持，市大型文化项目的社会化公开采购等模式也取得一定的社会效益。广州市公共文化服务由单一主体的供给机制向多元化转化，各类文化主体逐步发展壮大，将为广州文化繁荣发展带来持续活力。

（二）公共文化领域对财政拨款依赖仍较大

公共文化设施、产品和服务作为地区文化发展的重要载体，其经费来源主要是政府财政投入和补贴。近年来，广州市、区两级财政对文化事业的投入在总量、占比和增长速度等各方面都有显著提升，近3年来广州市对文化体育与传媒事业累计投入104.7亿元，在全市财政总支出中的比例分别为1.0%、1.3%、1.9%，保持了一定的增长率，使得公共文化设施网络覆盖面和公共文化供给有了极大的飞跃。以2016年广州市主要公共文化设施收入情况为例，图书馆和博物馆基本上完全依赖财政资金运营，文化馆对财政资金的依赖也超过 89%。

随着公众文化需求日益高涨，政府在财政资金投入、文化产品生产等方面必然会力不从心，继而影响公共文化供给质量和效率，也限制了公共文化设施内部资源的自我更新与升级。在资金投入方面，受财政总量的限制，公共文化供给单纯依赖政府的财政资金来完成这一艰巨任务显得势单力薄。同时，过于依赖政府提供财政拨款和补贴的筹资模式，也使得公共文化设施缺乏提高效率的竞争机制，不但增加了政府的管制成本，而且使公共文化设施行政化倾斜严重。

（三）社会力量参与渠道不够畅通

由于公共文化服务的公益性和公共性，社会资本的参与在一定程度上是低利润甚至是零利润的，不利于建立渠道让社会资本参与服务，传统的服务渠道又太过形式主义，效率低下，号召社会力量支持公益的口号很难成为行之有效的动员手段。同时，社会力量参与办理程序复杂，活动的自主权受限，常常显得十分被动，新型的参与方式仍在实践探索中。从整体来看，在公共文化设施建设方面，博物馆、图书馆、文化馆除通过发展一定数量的文化志愿者参与一部分服务外，其他形式的参与非常有限，艺术表演场馆的参与更是少之又少了；在公共文化产品和服务提供方面社会力量参与的途径则相对单一，主要通过向政府售出定向服务来实现，如惠民活动、图书采编加工、讲解服务、会议展览、信息管理系统建设、物业管理、安保等服务外包。大部分公共文化设施和产品在引入社会组织、企业以及接受社会捐助方面并未建立顺畅便捷的通道和机制，各机构出于规避风险等种种考虑无形中抬高了社会力量的准入门槛，相关税收减免的法律法规和政策不配套，激励作用不明显，同时缺少鼓励社会资本加入的公共文化项目库，社会力量参与公共文化服务的积极性不高。

（四）法规宏观提倡实施机制不够健全

2015 年《关于加快构建现代公共文化服务体系的意见》中提出要“进

一步简政放权，减少行政审批项目”；2016 年 4 月 25 日《中华人民共和国公共文化服务保障法（草案）》通过初审，其提出拓宽公共文化服务的渠道，为社会力量、资本提供制度平台和空间等系列措施。从上述文件可以看出，近年来我国政府在不断完善相关的政策法规，但仍然缺乏政策实施方面的具体针对性措施，而地方性政策力度又较弱，对相关税收优惠政策的把握度低，需要总纲领性政策法规的明确支持；针对社会资本用于公共文化服务领域的筹集方式没有相应的法规保护，社会捐赠的激励政策不够完善等，这些法律法规落地的“最后一公里”问题，需尽快厘定推行，这对于引导与鼓励社会资本进入公共文化服务领域具有决定性意义。

四　国内外城市公共文化资源开放的经验借鉴

（一）英国遗产彩票基金会运作模式

英国遗产彩票基金会是英国最大的文化遗产保护基金会，面向公众开放，提供保护建筑和历史遗迹、社区遗产、文化与记忆、工业遗址、自然遗产和博物馆、图书馆等多种项目申请。近年来，英国遗产彩票基金会以开放项目、特定项目和自主项目为资助对象，形成了成熟的运作模式，其基金经费来源特点、项目覆盖的全面性、自由开放的体系、由物到人的保护理念等，对我国文化遗产保护及其他公共文化资源的开发具有重要启示。

英国遗产彩票基金会成立于 1994 年，现作为英国最大的面向文化遗产保护的基金会，依托于英国彩票的收入，已向超过 4.2 万个项目投入了 77 亿英镑的资金。在《2017～2018 年国家遗产纪念基金和英国遗产彩票基金会发展规划》中，国家遗产纪念基金收到的国家直接补助为 500 万英镑，而遗产彩票基金会则得到了来自彩票收入的 3 亿英镑资金支持。由此可见，英国遗产保护的资金大部分由英国遗产彩票基金会支出，而国家遗产纪念基金支出较少。基金会面向多种类遗产提供基金帮助，包括历史遗迹、自然遗产、工业遗产和社区遗产等，同时还有向青少年传播遗产知识、提供专业技术培训等教育项目。2016～2017年度基金会总项目投资预算达到了4.35亿英镑。基金会最大的特点是，这些项目基金会向公众开放，自由申请，其中开放申请资金的比例已占总资金的75%。

投资项目类型包括以下三个项目。第一个名为“分享遗产”项目。这个项目是开发项目资金支持最少的一类，总额为3000～10000英镑，项目主要用于一些非营利组织开发和分享社区的文化遗产，同时也可以支持当地社区的活动、出版当地历史刊物、保护个人所有的文物、培训志愿者等。第二个名为“我们的遗产”项目，这个项目的资金在1万～10万英镑，面向小型或者中型的遗产项目，包括小型公园、绿地、社区建筑、博物馆藏品和档案等，支持的活动有“探索语言特色”、“不同文化特征”和“历史记忆”等。第三个项目名为“遗产拨款”，提供资金在10万英镑以上，这个项目面向的资助对象最为广泛，包括最昂贵的和最复杂的遗产保护项目。同时，这个项目需要两次审核，并且要求被资助方在居民、社区和遗产三个方面都要有所成果。

从项目成果上来看，英国遗产彩票基金会真正在遗产、个人和社会上产生了深远的影响，数以千计的文化遗产得到了妥善保护，公园和自然景观得到了修缮，人们被鼓励去探索自己地区的文化与故事。丰富的志愿者活动给青年人留下了快乐的经历，文化遗产保护技术的教学培育了他们对文化遗产的积极态度。此外，这些项目还重新改善了条件较差的社区，创造了富有生机的社区环境。

20多年来，英国遗产彩票基金会已获得了不菲的成绩，秉持“理解、关注和分享我们多彩的故事来改变生活并凝聚人心”的遗产理念，对遗产、人和社区都产生了巨大的影响：获基金扶持后重要遗迹景点游客数量增长了50%，超过3000人接受了关于文化遗产保护技术的训练，修复了19500处历史建筑与遗迹，1.25亿英镑投向了165个项目中105艘船和艇修复保护上，通过修缮超过700个公共场所的公园、750个社区考古项目来促进人们了解自己地区及社区的历史等。

（二）上海公共文化领域引进社会力量、社会资本的实践

在公共文化领域引进社会力量、社会资本的探索方面，上海市进行了诸多实践，主要做法有以下几个方面。

1. 加大政府购买服务的力度

从2014年开始，上海市不断加大政府购买服务的力度，每年向全市公示详细的政府购买服务清单，推出《上海市文化广播影视管理局向社会力量购买服务管理办法》，并不断修订和完善，明确、系统地公布了购买服务的内容，共有18类76项工作纳入购买服务正面清单，涵盖政府基本服务事项和辅助性、技术性事务，各区再根据本区域居民文化需求的特点，制定不同的政府购买服务的办法。如徐汇区就征集的文化项目组织专家综合评审，确定入围者，与之签订配送意向合同，形成菜单，开展区级配送，并按实际发生的场次和内容以约定的价格来进行实际费用结算。变“拨款制”为“购买制”，打破了体制壁垒，吸引更多社会主体公平参与竞争，让人才、资源在配送平台上充分流动，有效弥补了公共文化产品和服务种类的不足。

2. 鼓励社会资本兴建公共文化设施

在文化事业体制的发展框架下，我国的公共文化设施绝大多数是由政府投资兴建的，社会力量投资兴办公共文化设施面临诸多困难。近年来，随着全社会对文化建设越发重视，社会力量参与文化建设的积极性越来越高。

浦东新区通过撬动社会资本，在政策、资金、服务方面对大型文化设施和项目予以支持，对优质项目落户浦东、成长壮大起到“孵化器”的作用，先后吸引民营力量投资建成了龙美术馆、震旦博物馆、证大喜马拉雅美术馆、翡翠画廊、21世纪民生美术馆等一大批民营文化设施。其中，龙美术馆是目前全国馆藏规模最大、水准最高的私人美术馆；震旦博物馆、证大喜马拉雅美术馆均由商业集团投资建造，已经成为浦东文化发展的新地标。

徐汇区立足滨江西岸综合开放，发动和引导社会力量及多元资本参与重大公共文化设施建设，其中最具代表性、最早开工建设的当数龙美术馆·西

岸馆和余德耀美术馆。龙美术馆·西岸馆由收藏家刘益谦参与投资，总建筑面积33007平方米，已于2014年3月28日开馆，并正式对公众开放；余德耀美术馆选址为原上海飞机制造厂机库，由华人收藏家余德耀及其基金会投资，项目总建筑面积约9500平方米，已于2014年5月开馆，再现了上海民航发展进程的历史记忆。为加强对民办美术馆的政策扶持，徐汇区文化局提出对龙美术馆进行一定的文化政策倾斜，在开馆的前3年，每年出资两次向其购买公共文化服务。龙美术馆则在指定日免费对外开放，向老年人、学生、教师实行优惠门票制度，并提供公共文化活动场地和室内空间，对接徐汇区文化局开展免费的讲座、论坛活动，用于提升居民的精神文化需求。

3. 探索多种形式的公共文化设施社会化运营模式

近年来，上海华爱社区服务管理中心相继管理了包括罗山会馆、打浦桥文化活动中心、石门二路社区文化活动中心、瑞金二路社区文化活动中心、新桥社区文化活动中心、顾村馨佳园社区文化活动中心等各具特点的社区文化活动中心，在“倡导文化、学习文化、享受文化”的基本原则下，开展公共文化服务和设施的管理。再如，金海文化艺术中心作为浦东新区首家区级公共文化设施社会化专业化运营的试点项目，由新区政府向社会公开招标，最终在“上海市社区文化活动中心社会化专业化管理合格主体”首次官方评审中获得认证资格并名列前茅的“浦东上上文化服务中心”成功中标，承担了该中心运营管理任务。2015年2月，浦东新区宣传部（文广局）组建了金海文化艺术中心理事会，形成了以理事会决策领导、社会机构负责运营管理、各方代表参与监管、第三方评估监督的公共文化设施社会化专业化管理体制的全新模式，上级财务资产管理部门对其行使资产监管职能。

4. 搭建社会参与公共平台

随着上海城市建设的转型发展，各类文化需求日益旺盛，各种社会力量需要更多的平台和空间参与文化建设。政府如何创造形式多样的公共平台，使各类社会主体更为方便地参与到公共文化产品的生产和创造中，已经成为文化发展的重要任务。为适应这一发展趋势，从2013年开始，上海市文广局采用政府主导、社会支持、各方参与、群众受益的办节理念，创新“举手”等机制举办首届上海市民文化节，集聚社会力量共同兴办公共文化，推动了文化活动从政府办向社会办转变、活动内容从给什么向要什么转变、活动形式从应景性向常态化转变。截至2015年，上海市民文化节已经举办了3届，打破了以往政府主办文化活动的格局，努力搭建了一个可以整合社会各方资源的开放平台，积极发掘、培育和鼓励多元社会主体的参与，开辟了活动项目社会化、专业化运作的崭新模式。通过媒体广发“英雄帖”，有效集聚多方力量，吸纳区县、企业、社会机构、民间组织“举手”参与办节。在举办的3届上海市民文化节中，每届都有300多家文化类社会组织参与其中，策划和组织了大量的公共文化活动。上海市民文化节借力全社会的公共文化资源，让来自人民群众的文化创造源源不断，极大地丰富了公共文化服务的内容，使得原本服务于小众的资源向大众乃至全城延展。公共文化活动的样式因此而不断丰富创新，外延和品质得以扩展升级，活动的关注人群和参与群体正在形成广覆盖的态势，市民大众的自主参与积极性得到有效激发。

5. 积极推动群众文化自治

在公共文化服务体系建设过程中，人民群众不仅是公共文化服务被动的接受者，还应该成为公共文化服务的组织者和文化产品的创造者。上海的一些基层社区充分激发居民参与文化活动的积极性，积极引导社区居民自我管理、自我服务、自我创造，与基层社区治理相结合，提升社区居民自我治理的水平。

嘉定区在区、街镇层面成立公共文化服务议事会，制定出台《议事会反馈和解决机制》等，有效引导公共文化机构及社会人士、市民代表等利益相关方者有效参与全区公共文化建设，对公共文化重大事项行使集体议事权和监督权。目前，南翔镇、江桥镇、华亭镇、真新街道、新成路街道社区文化活动中心等均已自发建立中心议事会，并根据自身特色形成了相关制度。徐汇区徐家汇文化中心的徐家汇曲艺大家唱，采用中心提供场地支持、企业赞助活动资金、公益收费、社区爱好者共同参与的“自组织”方式，日常活动由参与者中的文化志愿者管理，活动的人数固定在50人左右，多则达百人。

在此模式下成功复制的“沪剧沙龙”“京剧沙龙”吸引了更多社区居民和社会力量参与运行管理、活动策划等，丰富了居民生活，激发了文化活力。田林街道的“红枫艺术团”、虹梅街道的“弘美艺术团”，通过“理事会—队长—骨干”的三级网络，自治管理街道的群文团队，引导其自我管理、自我服务、自我教育。凌云街道的“社戏凌云”剧社，以创作和表演话剧、方言戏剧、戏剧小品等为主，以社区居民、单位职工、学生中的戏剧爱好者为主要成员，创作和表演内容紧扣社区日常生活，具有社区性、平民性、草根性特色和轻喜剧风格，影响力不断扩大，不断以新剧目、新形式活跃在社区文化舞台上。

6. 建立公共文化多维监管评估机制

公共文化的社会化发展建立在政府让渡和授权的基础上，社会力量的介入实际上分享了原来由政府承担的某些权能，如“对公共文化的自由裁量和对公共财政资源的使用”。因此，在公共文化服务社会化的推进过程中，要同时加强对运行过程和实施效果的监督、评估，确保社会化的公共文化服务始终不偏离公益性的正确轨道。目前，上海市已建立了由行政管理部门、社会第三方、广大市民和媒体等共同参与的多维监管评估机制。从 1999 年开始，上海市文化广播影视管理局就通过政府购买服务的方式，委托第三方评估机构上海东方公共文化评估中心对全市举办的重大文化活动以及全市的社区文化活动中心进行全面的绩效考核。绩效考核的常态化、机制化提升了重大文化活动的社会影响力，规范了重大文化活动的投入机制，社区文化活动中心的管理运营水平、服务能级大大提升。

五　广州市公共文化资源开放的对策建议

（一）构建公共文化领域共同治理新格局

创新文化治理模式，进一步转变职能、扩宽渠道，吸纳社会各界力量参与公共文化建设，进一步促进文化决策科学化和文化运营专业化。设立市、区两级文化事业决策咨询委员会，对广州市重大文化项目、重大决策采取事先调查、咨询论证和事后评估的参与模式，在文化决策环节探索实现党的十八届三中全会提出的文化领域“社会共同治理”。要健全包括委员会成员构成及职权等在内的各项制度，规范和保障决策咨询委员会参与文化事业的机会和权利，明确各界代表参与的形式、内容和应承担的责任，激发社会力量参与公共文化建设的活力，推动建立公众参与、专家论证和政府决策相结合的依法行政机制。深化公共文化场馆开展理事会制度改革，吸纳有关方面代表、专业人士、各界群众参与公共文化场馆管理，强化公共文化机构人事和财务相对自主权，建立健全相关制度，力争在全国公共文化机构法人治理结构理事会改革试点工作中取得突出成绩。

（二）按需制定政府购买公共文化服务清单

政府购买服务是以市场机制和手段配置公共文化资源和服务的主要实现方式，能有效避免以往政府“自办”文化的种种弊端。广州市应每年向全市公示详细的政府购买服务清单，并根据需要不断修订和完善，明确、系统地公布购买公共文化服务的内容。各区根据区域居民文化需求的特点，制定不同的政府购买服务的办法，以“社会制单，中心点单，政府埋单”的方式开展区级配送。在此基础上，逐步建立以项目申报、组织采购、项目评审、合同签订、项目监管、审计监督等为主要内容的规范化购买流程，并将政府购买服务资金纳入预算管理，进一步规范资金的管理与使用，提高政府向社会提供公共服务的质量水平和资金效率。

（三）鼓励引导社会力量兴办文化

社会力量举办公共文化设施，既可以增加公共文化服务供给、优化结构，满足多元化需求，也可以发挥社会力量的人才、资金、技术、项目等资源优势以及机制灵活优势，对公益性文化事业单位改革形成倒逼效应，激发活力，促进全市整体公共文化服务水平和效率的提高。同时，促进社会力量举办公共文化设施，还能够释放市场活力和社会创造力，有利于扩大内需、增加就业，对打造“大众创业、万众创新”和增加公共文化产品、公共文化服务“双引擎”具有重要意义。

鼓励和引导社会力量创办、发展民办博物馆、图书馆、文化馆、大剧院、音乐厅、美术馆、文体活动中心等，推动形成公办文化机构与民办文化机构相互促进、共同发展的格局。鼓励传统文化阵地以外的各行政机关、企事业单位、社会团体、个人开办的博物馆、收藏馆、陈列馆、美术馆、图书馆等场馆面向公众开放，开展公益文化活动；鼓励相关单位在其公共场所建设公共艺术空间（如雕塑、灯光艺术、文化长廊等）。政府对上述社会文化空间共建共享行为给予一定的政策、资金、人才、物资支持。

发挥财政资金杠杆作用，参考深圳福田区的特殊扶持政策，对企事业单位、社会组织和个人投入建设公共文化设施的，经审核通过，财政按其总投资的49%给予补助，并对该公共文化设施提供运营补贴，实行免房租、免物业管理费、免水电费等优惠措施。此外，政府还可利用政府担保、税收优惠补贴等政策措施，引导金融机构对社会开办公共文化场馆提供金融信贷保障，以低息、无息、贴息等方式进行资金支持。

（四）鼓励社会捐赠赞助

提倡“文化慈善”，鼓励社会资源以捐赠、赞助的方式支持广州市各类公益文化项目。捐赠、赞助内容包括经费、场地使用、设备器材、知识产权、志愿服务、创意策划等。捐赠人、赞助人可在相应的公益项目中署名。以部分大型公共文化设施为中心成立相应的基金会，接受企业和个人的捐赠，用于资助设施建设运营以及特殊公共文化服务活动的运作。

成立公共文化赞助中介机构。在市场经济的条件下，文化艺术领域的经营活动逐渐转入市场化运作，但是经济收益往往难以达到需求，政府对文化事业的支持远远不能从根本上解决问题。日本社团法人企业赞助艺术协议会（KMK）致力于将企业界人士组织起来，通过捐赠、赞助等方式，有力地支持日本公共艺术文化活动的开展，其组织形态、运营模式对广州文化体制改革、公共艺术文化赞助机制都具有启示意义。广州文化部门可牵头成立企业赞助文化的中介机构，机构的职责在于：一是要向企业界普及文化赞助活动，鼓励企业出资认建、认捐、认养公共文化设施，冠名专项文化服务、活动或以设施、设备、文物陈列品、图书资料、有价证券、服务、人力资源等多种形式捐资助建公共文化设施，促进企业对艺术文化活动进行赞助；二是充当公共文化机构与市场之间的桥梁，解决双方信息不对称、信息不透明问题，提高赞助匹配度；三是在不损害公益性的前提下为企业获取最大的赞助回报，从而提高社会力量在公共文化领域的参与度。为促使更多企业参与公共文化建设，参照“马爹利非凡艺术人物奖”“万宝龙国际艺术赞助大奖”“HugoBoss 艺术奖”等样式，广州可创立“广州文化艺术赞助大奖”对参与公共文化服务的优秀企业、企业财团进行表彰。当然，对于以盈利为目的的企业来说，要充分调动其参与公共文化服务的积极性，在税收方面给予一定比例的减免或返还才是根本，通过设立企业赞助文化中介机构、调研提案、争取社会支持有助于推动此类优惠政策落地。

（五）以公共文化场馆为平台引入社会力量运营

形成以理事会决策领导、社会机构负责运营管理、各方代表参与监管、第三方评估监督的公共文化设施社会化专业化管理体制。公共文化设施的社会化运营是目前公共文化服务社会化发展的重要形式，其基本的做法是将政府投资兴建的各类公共文化设施委托给公共文化服务的托管机构，由其代为经营和管理，实现公共文化运营管理的专业化。全委托是指将整个公共文化设施的运营管理交由特定的社会化机构；部分委托则是将公共文化项目、物业等部分功能交由特定的社会化机构。

一是完善设施委托经营及服务外包模式。要将公共文化设施委托经营以及服务整体外包引入专业化机构，就是要灵活发挥市场的作用。公共文化设施的公益属性，决定了其运行效果评价标准为社会效益最大化。作为运营主体的机构，在客观上是追求经济利益的，如果没有经济利益作为保障，社会利益也无法实现。广州要求相关企业在满足公共服务的前提下，允许社会力量在兴办的公共文化设施保证提供基本服务免费的基础上，根据不同的服务内容和对象，实行有偿服务、成本收费和减免收费等多层次的收费标准，使其在保障自身福利性与公益性的同时，形成良性的自我发展机制。鼓励相关企业探索连锁经营模式，将公共文化服务运营机制作为“产品”在区域内营销推广。

二是招募公共文化服务“合伙人”。参照香港的“场地伙伴计划”以及澳门的“艺游计划”，以场地为基点，为文化艺术团体或市民提供展演空间，促进文化艺术生态多元化。为了提高场地的利用效率和服务内容质量水平，广州要重视民间非营利性组织（NPO）、非政府组织（NGO）、行业协会、文化艺术团体等社团组织的作用，在政策层面推动各公共文化设施与社团组织建立“伙伴关系”，开放场地设备资源，鼓励各类社团组织甚至个人提供展览、培训、讲座及演出等公益性文化服务，作为另一种意义层面的“文化志愿者”，成为部分公共文化设施特别是基层公共文化设施内容供给不足的有益补充。

（六）培育扶持一批文化龙头企业

文化市场活动的主体是文化企业，如果缺乏有实力的文化大企业，就不可能充分地利用好各种公共文化资源，发挥文化产业对其他产业的融合带动作用。一方面，要培育一批有雄厚实力的国有或国有控股文化企业。2009年，广州 8 家市属文艺院团实现转企改革。虽然市属文艺院团的体制改革取得不少成绩，但与文化体制改革的总体要求还有较大差距，普遍存在人才流失、包袱沉重、演出成本高、管理体制不顺、市场竞争力弱、文艺资源未得到有效优化配置等诸多难题。文艺院团要在市场竞争中做大做强，仅仅依靠自身的力量是不足够的，必须在更大的范围内优化资源配置，广州市可考虑通过对 8 家市属文艺院团优势资源以及艺术表演场馆资源进行整合，学习借鉴现代企业制度组建 1 ~ 2 个大型演艺集团公司，融合艺术创作、生产、演出、人才培育、市场开发以及资本运营，在确保社会效益的前提下，引入社会资本，实现企业整体股份制改造，推动演艺产业向产业化、规模化、集约化方向发展。着力扶持若干民营文化企业。对进入公共文化服务领域的民营文化企业，在保证其运作的公共文化服务产品公益性目标的前提下，可在一定程度上进行扶持，建立战略合作伙伴关系，以低息或免息信用贷款的形式为其提供贷款支持，使其做大做强，发展成为一批具有专业特色和品牌优势的公共文化运营品牌企业。

（七）构建共同参与的人才资源格局

创新文化人才模式，挖掘社会文化人才资源，聚集壮大编外公共文化服务生力军，补强做大公共文化服务专业队伍，为促进公共文化事业繁荣发展提供有力保证。

加大社会组织扶持。公共文化服务社会化、专业化发展需要有大批合格的文化类社会组织。培育行业协会、基金会、民办非企业单位等文化类社会组织，放宽准入条件，推动其明确权责、依法自治、发挥作用。以“内部催生、外部引进、内外共育”的模式，积极培育文化类社会组织团体健康成长。重点做实社会组织项目对接，搭建社区文化活动中心与文化类社会组织的交流平台，举行文化类社会组织与街镇文体中心项目对接会，推进基层文化单位与市文化局首批公布的专业化、社会化管理合格主体合作，鼓励各社区文化活动中心与优秀文化组织合作，推动项目的社会化。引导成立具有代表性的区、街道两级群众文化学会，通过采购服务、委托实施等办法，建立社会组织直接高效参与公共文化服务配送的机制，将“来自基层的文化需求”第一时间转化为“送进基层的文化服务”，常态化实施“文化民生微实事”工程。同时，市、区两级应逐步制定出台相关培育扶持政策，提供系统的制度支撑，促进和推动文化类社会组织的成长壮大及规范化发展。

壮大文化志愿者队伍。文化志愿者是对政府供给公共文化服务重要人力资源的补充，是参与公共文化服务的重要力量。各级政府文化部门应制定并出台基层群众文化志愿者服务发展规划等文件，弘扬志愿服务精神，建立社会人员直接参与公共文化服务的机制，引导学校、企业、社区、行业成立文化志愿者服务队。广泛发动“文化能人”加入基层文化辅导员队伍，分片区、分社团形成基层文化领头羊效应，组织开展文化艺术专业培训，提升工作水准。广泛发动“文化热心人”加入文化志愿者队伍，分门类、分领域构建相对专业的文化志愿分队，在各类文化场馆探索设立文化志愿者服务驿站，提升服务水平。各公共文化设施要重视文化志愿队伍的组建培训，拓宽志愿者服务范围与参与方式，如公共图书馆阅读推广、技能培训，博物馆的讲解、导览、策展甚至是剧场的艺术表演等环节。

发挥文化名人效应。实施“文化名人 +”战略，以“文化名人 + 宣传”、“文化名人 + 公益”、“文化名人 + 市场”和“文化名人 + 顾问”等形式，以举办大型文化品牌活动为契机，以扩大活动影响力为目的，以广大群众参与受益为根本，加大与文化名人的合作力度。探索引进国外、境外文化体育界名人，持续提升广州市人文环境的国际影响力。

（八）出台系列配套政策

总体来看，广州市公共文化涉及的各领域扶持政策不平衡，公共图书馆领域相对完善，博物馆次之，文化馆（站）和艺术表演场馆最弱。当前，广州尤其要通过完善一批政策办法，消除一些瓶颈制约，在非国有博物馆扶持、低票价惠民工程、公益文化活动采购配送、现代戏剧扶持、公益广告资助、文化国际交流与合作、群众文化团队扶持等若干领域制定配套措施，形成广州市文化社会建设制度保障体系。

在公共文化用地方面，应考虑在保证公共文化设施用地的同时，对文化企业的非营利用地方面给予法律法规和政策层面的支持；加快落实并完善文化事业的捐赠机制，制定必要的文化经济政策，通过减免税费、资金扶持、表彰冠名、业务培训、项目帮扶等优惠政策吸引投资方和赞助方，引导企业、团体及个人等各种社会力量以不同形式捐赠或赞助公共文化设施的建设、运营及服务；要建立和完善社会力量和民间资本参与公共文化领域的荣誉制度，建立文化建设政府荣誉奖，对有突出贡献的社会力量及个人进行奖励，适时召开表彰大会、经验交流大会，充分利用各种媒体大力宣传先进事迹，全力营造社会力量参与公共文化服务的良好范围；不断完善社会组织参与评价的准入机制、政府购买第三方评价服务的机制、第三方组织独立开展评价并发布评价结果的机制。

（九）建立健全监管机制

严格、完备的监管制度。将社会资本、社会力量引入公共文化服务领域，只有构建严格、完备的监管制度，建立良好的综合执法体制、信息共享机制、社会信用体系、反垄断和安全审查机制等，才能达到降低文化安全风险，确保社会效益与经济效益的统一。

加强对政府向社会力量购买公共文化服务的监管，购买主体严格遵守财政管理规定，建立健全内部监督管理制度，自觉接受审计监督、社会监督和舆论监督，确保购买行为公开透明、规范有效，坚决遏制和预防腐败现象。

加强对进入公共文化服务领域的市场主体信用体系建设。对进入公共文化服务领域的市场主体，应当建立信用档案管理制度，相关部门要及时将行政许可、行政处罚、抽查检查等信用信息记录纳入市公共信用信息平台，对发现市场主体不符合资质要求、歪曲服务主旨、弄虚作假、冒领财政资金等违法违规行为的，将计入信用档案，并按照相关法律法规进行处罚，对造成恶劣社会影响的，取消再次参与公共文化服务工作的资格。

健全守信激励和失信惩戒机制。根据市场主体信用状况实行分类、动态管理，对守信主体予以支持和激励，对失信主体根据中央办公厅、国务院办公厅印发的《关于加快推进失信被执行人信用监督、警示和惩戒机制建设的意见》（中办发〔2016〕64 号）文件精神加强监管。

（十）加强绩效评估管理

由文化行政主管部门、文化领域市场主体及第三方共同参与，对非公有资本提供的公共文化产品和服务情况进行绩效考评，重点考评服务的质量，参与群众的规模，群众满意度、获得感及活动影响力等内容，将评价结果纳入绩效评估与管理，推动公共文化服务满意度的不断提升。根据“需求导向、问题导向、满意度导向”，政府每年在制订年度工作计划和预算、开展绩效考核、送文化进基层、文化政策制定和跟踪评估等方面都可以依照群众需求“量身定做”，及时沟通、平衡、调整公共文化服务供需渠道。绩效评价结果向社会公布，并作为以后政府向社会力量购买公共文化服务和选择公共文化产品及服务市场主体的重要参考依据。

B.7

2019年广州体育文化发展现状分析与建议*

广州大学广州发展研究院课题组**

摘 要： 本文就2019年广州体育文化发展的现状、组织建设、存在的问题进行了分析，并提出了促进广州体育文化全面发展的对策建议。针对发展过程中存在的问题，广州市相关部门要合力打造体育品牌赛事，保障青少年体育人才输送；强化体育社团党建工作，完善体育公共服务体系；健全专业队伍建设，推进体育科学化发展；落实体育反馈平台，打破单一信息传递方式；促进粤港澳大湾区体育产业协同合作，完善粤港澳大湾区体育产业集群发展；创造有利的政策环境，联合信息技术渡疫情，共同塑造广州城市的完美形象和人文精神，领略体育文化的魅力。

关键词： 体育文化 体育产业 广州

---

* 本文系中共中央宣传部文化名家暨“四个一批”领军人才重点资助项目“国家文化安全视野下提升区域文化软实力研究”、广州市新型智库广州大学广州发展研究院的研究成果。

** 课题组成员：谭苑芳，广州大学广州发展研究院副院长，教授，广州市粤港澳大湾区（南沙）改革创新研究院理事长；喻欢，广州大学马克思主义学院2019级研究生；周雨，博士，广州大学广州发展研究院助理研究员，硕士生导师；彭晓刚，广州大学广州发展研究院特聘研究员；粟华英，广州市粤港澳大湾区（南沙）改革创新研究院调查总监、经济师。执笔人：喻欢。

2019 年，广州市体育文化建设紧紧围绕国际体育名城建设，服务全市经济社会发展大局，统筹推进群众体育、竞技体育、青少年体育、体育赛事、体育产业结合、基础设施保障、区域协同发展七个方面的工作，取得了新突破、新成绩、新进步，各方面发展都取得了显著的成绩。

一　2019年广州体育文化发展的现状分析

2019 年广州体育文化建设工作，主要体现在以下几个方面。

一是打造市民满意的场馆，落实了场馆升级改造。回顾过去一年，广州体育基础工作保障坚实，场馆管理提质增效，市属公共体育场馆开放运行平安有序，强化体育惠民体系，及时回应市民关切，众多体育大赛精彩纷呈。其中，广州市体育局努力打造市民满意的体育场馆初见成效，令广大市民感触最深刻的则是“老场馆焕发新活力”。沙面泳场是广州古董级的体育场馆，这座“广州第一家室内恒温游泳池”曾培养了陈铁涛、潘雅静等多名国家级优秀运动员，为了让市民能更近距离、更原始地欣赏文物建筑美学，了解百年历史的深厚底蕴，让都市泳将来一场穿越时空的划水畅游，沙面体育俱乐部通过“古建还原”对游泳场的黄色外墙进行原样修复，在室内配备全新的池水加热系统及暖气系统，已有百年历史的场馆旧貌换新颜。回顾 2001 年，全国九运会在广州举行，羊城体育迎来大发展的新契机，广州体育馆应运而生，而 2019 年 5 月，20 年历史的广州体育馆升级换代，新增了漏斗屏与条形屏、场地音响设备等，展现了让人惊叹的“广州速度”，喜迎篮球世界杯这样的世界顶级大赛，受到中国男篮和央媒的点赞。还有 33 岁的天河体育中心有千米塑胶跑道新落成，点亮“10 分钟健身圈”，天河体育中心早已成为广州新城的地标性建筑，2019 年广州网球中心场全面落成，又为天河体育中心增添了一座地标式建筑。

二是积极推进群众体育，体育社团组织发挥引领作用。广州体育惠民服务方式丰富多彩，惠民体制机制也趋于完备，社会参与更加广泛，体育社会团体也“全员参与”，群众健身活动也如火如荼地进行着。回顾2019年广州举行的各级各类群众体育活动高达1180余项，赛事活动以羽毛球、篮球、棋牌、登山徒步、健身操等活动项目为主，分别有国家级、省级、市级、区级、街镇级的赛事活动，都是深受群众欢迎的日常运动项目，其中市属体育协会全年举办368项全民健身赛事活动，已逐步成为开展全民健身活动的“领头羊”、组织大型赛事活动的“主力军”、市民群众休闲健身的“指导员”。其中，群众体育活动开展以花都芙蓉度假区为主会场举行的2019全国徒步大会（广州花都站）活动高潮迭起，深受喜爱的登山徒步活动更是响应了广州的户外活动在群众心中的呼声，传递着“爱户外、享自然”的体育文化，进一步推动全民健身和全民健康深度融合；另外，市属体育社团在活动中起着重要作用，同时也在引领各团体组织积极建构党组织，充分发挥市群众体育行业党委党建引领作用，以“不忘初心、牢记使命”主题教育为主线，建立规章制度，健全工作机制，指导体育总会联合党支部完成换届工作，积极组织召开2019年全市体育社会组织工作会议，举办两期市属体育协会培训班，承办了多场社会体育技能培训，在积极有效组织群众体育活动中始终发挥重要作用，开展党建指导和业务培训，组织各项党建活动，大力推进党的组织和工作有效覆盖，搭建平台，促进交流。

三是强化竞技体育，球类赛事级别高。体育赛事的竞技性与广州这座城市独特的追求卓越和不断创新的精神文化息息相关，在竞技体育过程中，运动员们的不断突破极限、超越自我，这种激烈的竞争和不断地超越精神赋予体育赛事精彩纷呈的观赏性。回顾2019年，广州市共举办了460多场市级及以上的体育赛事，其中涵盖了国际级体育赛事30余场、国家级和省级体育赛事200余场，市级体育赛事举办场次最多。在广州举办的各级各类体育赛事中属于球类的赛事级别高、亮点多，广州再次为观众呈现顶级赛事，2019年国际篮联篮球世界杯是由国际篮联主办的世界最高水平的赛事，广州赛区定在广州体育馆。与此同时，世界羽联世界巡回赛总决赛于12月在广州天河体育馆拉开序幕，赛季巡回赛26站分站赛和11站超级100分站赛每个单项积分前八名运动员于此馆向年终总冠军发起冲击。广州国际女子网球公开赛是WTA职业巡回赛国际级赛事，第16届广州国际女子网球公开赛与大家如期会面，高水平选手都会聚广州（见表1）。

表1　2019年广州市体育赛事统计

竞技体育(460多项)				
国际级	国家级	省级	市级	
32	180	23	227	
主要承办地点:广州体育馆、广州天河体育馆、越秀山体育场、天河体育场等场馆				
群众体育(1180多场)				
国家级	省级	市级	区级	街镇级
12	22	335	158	657
主要承办地点:天河区、越秀区、黄埔区、花都区、从化区、番禺区、南沙区、白云区等广州各个区				

四是体育与文旅的加快融合发展，两个博览会推波助澜。广州作为一线城市，人们越来越追求健康、积极、愉悦的高品质生活，体育产业及旅游业两者的深度融合使体育旅游越来越受推崇，成为新的消费热点，体验参与类、健身休闲类、现场观赛类等多种体育旅游形式脱颖而出。众所周知，广州一直在推进“一区一品牌”建设，不断地想各种方案将旅游的元素融入各大赛事中，回顾2019年的各地区赛事，如天河区的国际垂直马拉松赛、花都区的全国跳绳总决赛、番禺区的中国体育舞蹈公开系列赛、海珠区的9球国际公开赛、南沙区的国际帆船赛、从化区的山地马拉松赛以及增城区的中国攀岩联赛等，都是当地打造“一区一品牌”的典范，也更好地宣传和推广了广州的发展，以便各个区都能够更好地协调共进。其中，广州南沙国际帆船赛是由南沙游艇会以帆船文化为主的赛事，不仅为世界不同国家和地区的帆船爱好者提供了交流平台，同时也向大众推广和普及帆船文化，让广大市民享受帆船魅力，为南沙的体育、旅游产业增添新元素，广州各区办赛向专业化、品牌化、社会化方向发展，“一区一品牌”渐成格局。另外，

“2019 中国体育文化博览会”和“2019 中国体育旅游博览会”（以下简称两个博览会）通过设置公共舞台和商贸洽谈区，组织资源推介、企业对接、城市交流会等一系列产业活动，促进产业深入交流，推动产业合作落地，达成的项目合作涵盖了场馆建设、体育设备设施采购、赛事服务、特色小镇建设、智能终端研发等业内领域。除体育旅游精品项目推介等配套活动外，2019 年展会首次推出体育文化创意设计优秀产品展示和中国体育文旅创投论坛暨项目对接活动，以促进体育、文化、旅游产业的进一步融合，推动体育文化、体育旅游优质项目的对接。

五是推进粤港澳区域协同发展，注重产业聚集整合。2019 年广州国际龙舟邀请赛于广州大桥至海印大桥的珠江河段举行，广州的龙舟赛代表着地方特色文化，赛事策划推广秉承“一水同舟，薪火相传”来展现龙舟文化内涵，弘扬民族特色文化，为了更好地增进大湾区的协同发展、提高赛事国际化程度、扩大龙舟赛的影响力，广州增加了对香港、澳门本地龙舟队伍的邀请力度，让赛事更具有吸引力；并且在 2019 年两个博览会中特别融入国际大湾区概念，以服务粤港澳大湾区协同发展的国家战略，聚焦大湾区体育文化及旅游事业，注重产业聚集整合，引领区域体育文化、体育产业融合创新，带动与服务粤港澳大湾区繁荣发展。

六是注重青少年体育发展，共育优秀体育人才。除了注重体育产业之间的协同发展，还应当注重体育人才的培养。2019 年 11 月，广东省教育厅指导的“首届粤港澳大湾区学生体育节”由理事长单位广州体育学院发起，迎来了 60 个联盟成员单位参与，秉承“搭平台，促交流，助力国家粤港澳大湾区整体发展”的宗旨，聚焦青少年体质健康，激活青少年体育发展新动能，共同推动大湾区体育教育高质量发展。这次体育节为三地青少年提供了重要的体育竞技舞台。在青少年体育开展方面，2019 年广州市首届“羊城学校体育节”暨足球明星进校园嘉年华在广州市第五中学举行，全市 80 多家中小学近 1500 名学生参与了这次活动，力求促进广州校园足球体教的融合、学科的贯通、文化的交融、社会资源的创新整合，探索构建融合发展的“校园足球广州模式”。

七是发挥互联网与体育的合力，落实“群体通”惠民实效。广州市体育局协调相关人员合力打造的“群体通”线上平台，自推出以来就一直整合线上与线下的资源，实现体育场馆资源的优化配置，落实公共服务体系创新升级，让体育科技惠民走进生活，使群众真正享受到体育惠民的“实惠”。回顾2019年，“群体通”平台提供线上订场，盘活场馆资源，促进体育消费，在广州除了公共场馆上线，还推动330多家社会场馆上线提供优惠场地预订服务，用户线上预订场地时凭优惠券享受价格优惠，全年惠民约300万人次。另外，2019年“群体通”为广州户外运动节20多项活动、“市长杯”六大项系列赛、全民健身日和体育节系列活动以及各体育社会组织举办的登山、徒步、户外活动赛事提供信息发布、线上报名服务，促进群体活动蓬勃开展，发挥“互联网+”传播优势，吸引众多市民参与群众体育运动，也促进体育与文化、旅游相融合。值得一提的是“群体通”在2019年9~11月分别参展在广州保利世贸展览馆举办的“2019广东国际体育用品博览会暨粤港澳大湾区体育博览会”和“2019中国体育文化博览会 中国体育旅游博览会”，在往届的基础上新推出了智能化在线商务配对系统，展示6年来的发展成效，积极与省内外体育同行交流，推广“体育+互联网”和“智慧体育”。

二 2019年广州体育文化发展的不足与短板

人们对美好生活的向往体现在对生活质量、强健体魄的追求，体育作为催化剂，推动着人们大步跨入新时代。然而，对标人们对体育生活的需求，当前体育工作的开展仍然面临比较突出的不平衡、不充分的问题。在体育人才培养层面，体教结合仍然存在条块分割体制性障碍等问题；在体育文化产业发展层面，体育产业经营管理缺乏专业人员、体育社会团体党建工作机制不够完善；在体育监督发展层面，群众反馈机制仍是单向流动，群众心声无法上传，与互联网融合存有漏洞等。这些现象都导致广州体育文化发展受到阻碍，值得关注。

1. 青少年体育后备人才培养需落实“体教融合”发展

在新的历史条件下，“体教融合”已成为加强学校体育、推动素质教育、促进青少年训练、为国家培养优秀后备人才的一项新的重要举措。“以体育人”是指通过体育锻炼在青少年体育人才心中树立正确的价值观，用体育锻炼的方式去引导明白“体”里面有“育”，不亲身上场体验哪知道团队精神，怎能体会共同面对失败、共同去赢的体验感，这是一种教育。基于这两年国家体育总局青少司一直在开展青少年体育评估工作，以“体教结合”为基础，归纳总结了含广东省在内的6个省份关于实施《青少年体育“十三五”规划》过程中值得关注和亟待解决的问题，目前青少年体育后备人才关于体育和教育仍然存在条块分割的现状，体制机制不完善，相关单位对于青少年后备人才的共育、共建、共享尚未形成运行机制，众所周知训练时间和现行赛制是影响运动员文化学习的主要因素，“学训”矛盾依然存在，赛制改革亟待解决。回顾2019年11月，白岩松在赴广州体育学院传递“以体育人”的讲座中同样提道：体育，我们一直把重音落在“体”字，而往往忽视了“育”字。“89分钟时还落后，90分钟扳平，94分钟决杀夺冠，这样的剧情生活中上哪找去，而在体育世界里体育对人的教育是巨大的。”因此，体育绝不仅仅是肌肉的比拼，更是综合素质的比拼，“体教融合”才是最好的传承。

2. 体育社会团体党建工作机制不够完善

体育社团主要包括体育协会、学会、基金会等非营利性社会组织，具有承上启下的作用，成为党和政府与群众之间的桥梁和纽带，2019年体育社会组织服务延伸覆盖，始终发挥着组织引领作用。与此同时，党建工作也是社会组织建设的重要工作之一，是体育社会团体内部治理的重要环节，建立健全相关的内部组织结构，才能保障其不断推进持续发展。然而有相关人员在2019年进行了调研，并发表了相关的学术论文，调研数据显示：在每年都参与评估的体育社会团体中，少有自行建立党组织的，大部分采用挂靠方式，有些社团甚至未建立健全党建工作相关要求规定。从调查的数据来看，只有广东省五人足球协会、广东省足球协会、广东省残疾人协会和广东省青少年体育联合会等为数不多的市属社团组织依照《关于加强社会组织党的建设工作的意见（试行）》规定，分别从自身实际情况，按单位、行业或区域特点就近就便联合建立党组织。但在参与评估的十几家体育社会团体中，仅广东省青少年体育联合会一个社团组织在党建工作方面顺利通过评估，其余的均在党建工作方面存在较大纰漏。“党建工作机制不够完善”所包括的问题主要出在以下六个方面：其一，未进行年度入党积极分子培养；其二，未在省社会组织党委及上级党组织年度党内表彰中获评先进单位或优秀个人；其三，未规范管理党建工作财政专项资金及其他补充经费；其四，未按时规定落实“三会一课”；其五，未按时换届；其六，未进行年度党员民主评议和党员党性定期分析（见表2）。

表2　党建工作中存在的主要问题

主要方面	频数	百分比(%)
党建工作未列入协会章程	3	13.04
不具备建党组织和工青妇组织的条件	3	13.04
党建工作机制不够完善	3	13.04
有健全的工青妇组织,但不具备组建党组织条件	1	4.35
不具备组建党组织条件,党员关系转入省社会组织党委	2	8.70
党组织政治核心作用不明显	1	4.35
协会党员未参加多重组织生活	2	8.70
协会未制订年度党建工作计划及总结	2	8.70
未收取会费	1	4.35
党员管理不够规范	3	13.04
负责人未担任党组织书记	1	4.35
设有党组织,但未开展党建工作	1	4.35

3. 体育产业经营管理专业水平薄弱

一个行业的蓬勃发展离不开行业领域内各尖端公司的带领，一个企业的有效运作离不开公司内部相关管理人员的业务能力和管理水平。体育产业在我国属于是朝阳产业，但就目前来说广州体育产业企业大多处于经营发展的上升期，多数企业规模较小，经营水平不高，核心竞争力不够突出，缺少经营管理经验，同其他成熟产业相比，经营管理队伍普遍专业素质较低，专业基础薄弱，直接影响了体育产业的发展，连广州一线城市也不例外，这已成为制约体育产业发展的瓶颈。需要一批既有体育专业知识又熟悉市场经济运作规律的体育经济管理专业人才，来建设提升行业影响力和品牌知名度，而目前相当一部分是由退役运动员充任管理层人员，尽管他们熟悉体育工作，但大多数缺乏经济管理或市场营销经验。2019 年 6 月火热进行的作为广州地标性赛事之一的垂直马拉松赛事，虽说越来越深受大众的喜爱，但值得一提的是在赛事组织管理和运营上与落户于广州的国际大赛组织单位仍然存在着巨大的差距。这两年有不少学者调查研究了垂直马拉松赛事的相关情况并发表了学术论文，其中就提到了赛事管理者的相关情况、体育相关专业人士占比不是很大、竞赛规程的不完善和缺少官方统一的竞赛规则等问题。这些都不利于广州垂直马拉松赛打造赛事品牌和良性发展，尽管管理队伍结构配置比较完整，但作为一个体育赛事需要更多的体育专业人员来加以辅助，因此提升专业队伍建设是十分有必要的（见表 3）。

表 3　垂直马拉松赛事管理人员基本信息

序号	姓名	职位	性别	年龄（岁）	毕业学校	学历	专业
1	陶 *	总经理	男	44	暨南大学 MBA	硕士研究生	工商管理专业
2	余 *	副总经理	男	40	湖北大学	大专	旅游管理
3	张 *	副总经理	女	42	华南师范大学	本科	汉语言文学
4	雷 *	IP 运营总监	男	33	武汉体育学院	本科	社会体育
5	李 *	项目管理部副总监	男	30	广东海洋大学	大专	信息管理
6	谭 *	项目管理部高级经理	女	27	广州体育学院	本科	体育经济学
7	何 *	项目管理部经理	女	26	华南师范大学	本科	艺术设计
8	张 *	项目管理部主管	女	26	广州体育学院	本科	休闲体育
9	丘 *	项目管理部主管	女	24	广东体育职业技术学院	大专	社会体育
10	江 *	市场部总监	男	30	中南财经政法大学	本科	新闻学
11	陈 *	美术指导	男	28	华南农业大学	本科	艺术设计

4. 体育官网平台反馈机制不够完善

互联网平台在用户之间搭建了多变无形的沟通桥梁，打破了物理空间上的有形界线，使媒体的平衡从原先的一向多传播转为多向多的交互式传播，让更多的群众声音可以获悉。在广东体育局官方平台上的年度总结报告中也提到，群众观点留言较少，仅仅停留在单一的信息传递—信息接收上，而反馈出现不平衡，极少的群众表达心声和意见。与此同时，当前马拉松赛事等重大赛事的公众号信息交互空间并没有十分完善，主要停留在赛事日历阶段的提示，还需要不断地开拓创新，这种单一的信息传递行为导致信息接收和反馈不平衡，使大众爱好者不能充分融入互联网的信息交互环境中去，处于相对被动的局面，不利于赛事系统结合用户反馈进行系统优化升级。

5. 疫情期间体育行业的罢停危机

疫情暴发以来，体育行业的上空被乌云笼罩，作为广州体育产业发展原动力的职业体育赛事 IP、健身行业都深受影响。原本有着重启之势的体育赛事，却再一次按下了暂停键，2020 年 3 月 31 日国家体育总局办公厅发布《关于暂不恢复马拉松等体育赛事活动的通知》，今后一段时间内暂不恢复马拉松此类大型体育赛事等人群聚集性活动。而职业体育赛事 IP 作为广州体育产业的绝对龙头，赛事被迫暂停将会影响到整个产业链的运作，体育赞助、体育场馆运营、体育培训等领域也会受到冲击。广州马拉松作为本土文化的传播者，随着赛事延期或者取消，以承办赛事为主要盈利方式的小企业受到的影响最大，只能靠原来积累的现金存活。另外，疫情期间广州的健身行业面临惨淡歇业状态，漫长的抗疫之旅为线下健身产业造成了巨大的负面影响，其中最为沉重的便是高昂的房租对现金流造成的巨大压力，而健身房短时间之内可能不会迎来所谓的“报复性”消费，还会有一段过渡期。疫情带来的冲击，使很多企业开始减薪、裁员甚至是倒闭，线下业务的停滞确实给企业造成很大的损失，企业有压力，消费者也有压力。因此，赛事重启等事宜出现了罢停危机，在疫情未完全退散的当下，大众对体育参与、户外运动、体育消费仍有排斥心理，大众外出的心理建设，正是灾后重建的核心环节，据《“健康中国 2020”战略研究报告》显示，我国 18 岁以上居民中有 83.8% 的人从不参加锻炼，经常锻炼（每周锻炼 3 次以上，每次至少 10 分钟）的人仅占 11.9%，可想而知：现在即便看到有健身俱乐部复工，在人员集聚性高的特点下，体育这个受疫情影响极大的服务性行业，的确在复工复产中处于更边缘的位置。

三 2020年促进广州体育文化发展的建议

着力解决当前问题，全面建设人民满意的体育工作体系，积极提出各方面的发展对策，落实促进广州体育文化全面发展。

1. 打造体育品牌赛事，保障青少年体育人才输送

增强竞技体育和体育赛事的核心竞争力，为国家、省和市在新时代、新征程上赢得更大荣誉。体育产业企业单位可以进一步强化提升赛事组织管理体系，调整优化运动项目布局，扎实做好备战参赛保障，努力建构现代化的赛事体系，打造体育品牌赛事，提升体育赛事的核心竞争力，积累赛事运作的经验，与政府部门形成良好的互动合作，让赛事与广州城市发展密切相连，提高赛事对城市经济的贡献度，宣传城市地标性体育特色文化，让广州体育“走出去”。另外，相关的体育类高校和体育部门要勇于承担重任，努力培养一批专业理论知识水平较高、专业技能过硬、实践能力较强的体育人才，落实“体教融合”发展，设计促进参与体育活动创新比拼，增加学科之间的交织互动，加大对这方面的支持奖励制度，鼓励其丰富自身促进全面发展，保障创新人才培养和输送技术。

2. 强化体育社团党建工作，完善体育公共服务体系

各大体育协会、社团组织要加强组织内部党建工作的完善与落实，可邀请专业的人员加入社团队伍帮助完善党建工作，建立完备的党组织队伍，积极组织各项党建活动，让党建指导行动贯穿在日常业务中，同时也要充分发挥协会自身的亲民作用来调动市民的积极性与主动性，落实“互联网+体育”（如“群体通”）的惠民服务，关注场馆之间的有效运作，打造运动“同心圈”，在一定范围的“同心圈”内配相应的社会体育指导员，根据每

次群众体育活动反馈的情况结合市民需求与爱好调整，开展市民喜闻乐见的体育活动，满足市民体育需求，做强群众体育地方特色，引导市民参与体育锻炼，逐步提升市民体育锻炼的参与度。

3. 健全专业队伍建设，推进体育科学化发展

政府及体育局相关部门可建立体育专业人才培训点，定期进行有关培训，以提高体育从业人员或教师队伍的专业能力，开展市民锻炼专刊专栏，宣传全民健身的科学知识与锻炼方法，保障体育在群众中高质量发展。体育组织协会可以充分发挥自身的优势，定期开展讲座或线下走访进行专业技能指导，完善社会体育健身组织体系和队伍建设，着力培育更多优秀的社会体育指导员，还可以开拓创新一些新的项目，如地壶球等新型的比赛项目；作为体育产业的引领者应有洞察全局的能力，加强自身专业知识，巩固专业技能，且适当引进高水平的体育管理类人才，以增加团队的深度，做到赛前多考察演练、赛后多总结反思，学会择他人之优补己之短，加强专业队伍建设，推进体育产业科学化发展，呈现出魅力四射的羊城。

4. 完善体育反馈平台，打破单一信息传递方式

相关部门要定期开展线上平台或线下走访的问卷调查工作，及时了解市民朋友反馈的信息，建立专门人员负责跟进，让信息接收与民生反馈双向流动；同时，可以效仿《朋友请听好》这档节目，开设相关的体育专栏或电台广播，定时每日或每周接听来自体育爱好者的心声，及时准确地给予指导或专业意见，同时改进各方面存在的不足，切实落实市民的需求，让人民群众更好地享受到社会服务均等化，传递“爱运动，爱生活”的积极态度。

5. 促进粤港澳大湾区体育产业协同合作、体育产业集群发展

充分发挥政府、企业、社会等多方合作的力量来共同促发展谋建设，建立大湾区管理各运动项目协会或企业联盟，健全明确的规章制度、固定专业的管理人员负责日常的管理及大湾区相关体育项目事务，形成协同合作的机制，巩固和完善粤港澳大湾区体育产业集群发展，为大湾区体育发展交流合作提供高时效、高质量的服务。另外，为了更好地完善粤港澳大湾区体育产业集群发展，应以体育竞赛表演和体育健身休闲为重点，充分利用大湾区拥

有的世界一流的体育场馆设施及体育地理空间资源，以体育产业全面融合（大湾区体育产业内部的要素融合以及湾区内体育产业与其他业态的融合）为重点，借助海陆空（跨海大桥）等世界一流的立体交通体系，为举办各种极具影响力的大型国际体育赛事搭建桥梁和基础，构建优势互补的现代化体育服务业体系，助力大湾区的体育产业转型升级，实现大湾区体育产业竞争力的全面提升。

6. 创造有利的政策环境，联合信息技术渡疫情

人类自身的抵抗力是对抗病毒最好的武器，体育锻炼是增强抵抗力最好的方法。政府及相关体育部门应当形成指导帮扶体育企业发展的合力，确保租金减免、场地建设等政策措施落实到位，为体育消费创造有利的政策环境，大力推动全省体育产业高质量发展。另外，各个体育部门及相关的企业单位应当积极应对困难，把握发展良机、催生新的活力，随着5G时代的到来以及在疫情倒逼的情况下，加快线上、线下融合脚步，可结合AI、VR技术来解决参与感、互动感不强的线上健身问题，更好地推动线上与线下深度融合的培训模式，设计符合顾客要求且客观条件下宜进行的项目，线下及时给予问题指导，而且体育直播在当下同样备受关注，甚至出现了体育圈的“李子柒”，不仅宣传企业品牌体育文化，也为养成习惯的用户继续提供服务，催生新的活力来促进体育消费，如可进行室内拍摄短视频、借助技术手段突破时空壁垒、探索新型的异业营销模式等。疫情结束之后，体育企业可以考虑将自身业务和公共卫生、大健康、大数据等领域相结合，赢得大众的信任，促进体育消费回暖。此次疫情是面镜子，照出了大到行业、小到企业的诸多问题；此次疫情是一次刹车，停下来可以观天地、观自身，看到问题补齐短板；此次疫情是个机会，当人们意识到身体健康的重要性之后，体育产业自然会迎来更加火热的夏天。

B.8 关于加快构建穗港澳文化交流机制共建人文湾区的调研报告

中共广州市委宣传部课题组*

摘　要：　为落实广东省委、广州市委工作部署，推进落实《粤港澳大湾区发展规划纲要》，充分发挥穗港澳地域相邻、文脉相亲的优势，推动穗港澳三地形成常态化的文化交流机制，塑造大湾区人文精神，增强大湾区文化软实力，中共广州市委宣传部围绕主题开展深入调研，分析广州构建穗港澳文化交流机制的基础优势、问题短板，并提出强化穗港澳文化政策协同、推动穗港澳文化设施联通、深化穗港澳文化产业合作等措施。

关键词：　穗港澳　文化交流机制　人文湾区

一　推动构建穗港澳文化交流机制的现状与优势

穗港澳三地文化同根同源，以岭南文化为基础共同孕育了开放包容、敢为人先的气质和精神，天然具有交流合作的传统，特别是在共建粤港澳人文湾区的背景下，三地官方和民间的文化交融日益深入，加快构建穗港澳文化

---

* 课题组成员：王文琦，广州市委宣传部研究室主任；刘志华，广州市委宣传部讲师团团长；吴凯波，广州市委宣传部研究室二级主任科员；杜鹏飞，广州市委宣传部研究室四级主任科员；陈祥军，广州市委宣传部研究室干部。

交流合作机制，对强化三地文化情感认同、促进更大程度的文化交融、打造国际一流人文湾区意义重大。

（一）穗港澳文化交流互访机制初步形成

广州成立推进粤港澳大湾区建设旅游一体化发展专项小组，与港澳文化部门定期开展高层互访。2019 年 2 月，香港、澳门特区政府文化部门高层首次参加第 27 届广州国际旅游展。展会期间，穗港澳三地政府高层就优化 72 小时过境免签、144 小时便利签证政策的实施等进行深入交流，香港特别行政区政府高级官员首次参加广州艺术节，粤港澳大湾区文化旅游沟通联系日益紧密。定期召开粤港澳大湾区文化交流合作会议，认真研究穗港澳在导游资质互认、游艇自由行以及相关准入审批规则等方面的政策对接。推动形成文艺院团定期赴港澳演出工作机制，目前广州粤剧院固定每月赴港澳进行粤剧演出，2016～2018 年广州粤剧院多次组织剧团到港澳进行粤剧交流，其中，赴香港 97 批、2028 人次、159 场，赴澳门 23 批、609 人次、29 场。

（二）穗港澳文化交流品牌效应日渐凸显

高标准承办首届粤港澳大湾区文化艺术节开幕式珠江巡游活动。连续四年举办“穗港澳青少年文化交流季”，共吸引逾万名穗港澳青少年参加活动，线上、线下关注民众突破 100 万人，其中“粤港澳大湾区青少年六一艺术汇”、“人文湾区少年行”和“粤港澳大湾区中小学生故事大会”等活动品牌影响力不断提升。

（三）穗港澳城市文明交流互鉴持续深化

充分发挥穗港澳同属岭南文化、广府文化的独特优势，推进粤港澳大湾区历史文化遗产游径建设，深入挖掘广州文化遗产与港澳历史交融的文化素材，发布了 6 条“不忘初心，红色之旅”精品旅游线路。以海丝申遗为契机，发挥粤港澳大湾区文化核心引擎作用，牵头推进海丝申遗及保护工作，组织召开了 2019 年海丝申遗城市联盟联席会议，吸纳澳门加入海丝申遗城市联盟，成立海上丝绸之路文化遗产保护管理研究中心，会同澳门成功举办“2019 海上丝绸之路国际学术研讨会”。

（四）穗港澳文艺精品共创机制成效显著

积极搭建穗港澳文艺创作交流平台，推动成立广州市粤港澳大湾区文化交流协会、粤港澳大湾区文学工作坊、粤港澳大湾区美术联盟、粤港澳大湾区音乐艺术联盟等交流平台，推动与香港互办文化周，进一步拓展穗港澳政府与民间文化交流的渠道，文艺交流日益频繁，交流形式日益丰富。鼓励引导穗港澳三地文艺名家共同参与粤剧、话剧、美术等领域的文艺创作，广州大剧院首度联手香港知名剧团“香港演戏家族”，共同制作推出音乐剧《朝暮有情人》；成功举办第十三届全国美术作品展览“港澳台、海外华人邀请作品展”，征集到来自港澳台和海外华人美术家作品 650 件，进一步深化穗港澳文化凝聚与交流。

（五）穗港澳公共文化服务共建共享体系逐步完善

推动建立粤港澳大湾区公共图书馆联盟，鼓励广州图书馆、市属博物馆、纪念馆通过互办展览，举办国际博物馆日，开展研讨会，开办研修班、工作坊，馆员交换，参观访问等活动和合作项目，定期与香港、澳门开展交流和合作，已形成每年赴港澳举办 1～2 次展览的交流机制。

（六）穗港澳文化产业互促互进卓有成效

推动成立“粤港澳大湾区动漫游戏产业联盟”，组织动漫企业参加香港授权展，邀请一批港澳和省内企业参加第十二届中国国际漫画节及金龙奖，在香港成功举办 2019 中国（广州）国际纪录片节全球征集发布会。加快穗港澳文旅融合发展，推动成立粤港澳大湾区城市旅游联合会，组建粤港澳大湾区旅游产业一体化对接小组，实施“144 小时过境免签”政策，开发湾区“一小时生活圈”和高铁“一程多站”旅游产品，联合推出 10 条粤港澳大湾区旅游精品线路，吸引更多港澳游客到广州。

二 制约构建穗港澳文化交流机制的短板与不足

在“一国两制”的框架下，特别是《粤港澳大湾区发展规划纲要》出台以来，穗港澳不断深化文化层面的合作交流，取得了许多可喜的成绩，但广州与香港、澳门分属两种不同的社会制度，在价值体系、法制制度、行政管理和社会治理机制等方面差异巨大，在文化政策、公共文化服务、文艺交流等方面存在体制性差异，对穗港澳加深彼此之间合作交流造成一定障碍。

（一）穗港澳文化交流政策协同机制急需攻坚

在行政体制上，长期以来更多是在省级层面与香港、澳门衔接进行文化交流，比如粤港澳文化合作会议机制是由广东省文化和旅游厅与香港特别行政区政府民政事务局、澳门特别行政区政府文化局牵头建立，这种模式能有效整合广东省内文化资源，但一定程度上也制约了广州等湾区城市与香港、澳门直接建立文化对接协同机制，粤港澳大湾区城市之间文化交流合作动力有所欠缺，不利于推动穗港澳实现文化交流合作常态化、制度化。

（二）穗港澳公共文化共建共享机制尚待深化

穗港澳三地公共文化设施完备，持续投入力度大，公共服务水平高，但囿于地域空间、行政隔阂等因素，三地的公共文化设施目前基本还停留在“各建各的”“各管各的”“各用各的”，有必要加强合作、错位发展，实现文化资源统筹整合，以打通穗港澳公共文化资源共建共享，推动建好做强大湾区文化资源配置平台。

（三）穗港澳文化艺术交流合作机制仍需完善

三地文化演出市场活跃，文化消费潜力巨大，特别是香港作为世界级的文艺演出中心，每年表演艺术项目超过 4000 个，每年有超过 19000 个艺术展演的项目申请，23 个文艺演出场馆几乎饱和运营，因此穗港澳完全可以在文艺项目三地巡演、共享文艺展演空间等方面加强合作，实现优势互补。此外，三地演艺交流还是以市场力量为主导，在更好发挥政府作用，强化政策引导，共同打造立足大湾区、辐射全球的演艺集散地等方面还存在明显短板，同时，在优化三地文化审查机制、文艺精品合作创作、艺术人才合作培养等方面也有较大的提升空间。

（四）穗港澳文化产业优势互补机制有待提升

近年来，广州文化产业快速发展，2018 年全市文化产业增加值达 1260 亿元，占 GDP 比重达 5.5%，成为超千亿元的支柱性产业，但以文化制造业为主，文化产业创新力有待提高；香港文化创意产业分类精细，文化产业法律法规健全，但限于本地市场规模，本土文化产业发展渐趋饱和，2017 年文创产业增加值约 1118 亿港元，较上年增加 2%，占 GDP 比重达 4.4%；澳门由于经济结构以博彩业独大、文化产业发展空间较小，2017 年文化产业增加值为 23.8 亿澳元，占 GDP 比重仅为 0.6%，但在开拓葡语国家文化市场方面具有独特的优势。因此，穗港澳三地文化产业可以在完善文化市场准入退出机制、实施税收优惠、强化政策扶持的基础上，做到强强联合、优势互补。

三　健全完善穗港澳文化交流机制的对策与建议

要强化体制机制建设，推动穗港澳构建起政策、设施、产业、人才等全方位文化合作交流框架体系，促进三地文化根脉紧密联结在一起，进一步夯实建设粤港澳大湾区的人文基础，切实增强港澳同胞对国家的向心力和对“一国两制”的认同感，凝聚三地人民携手并进、共建湾区的精神意志，为共建富有活力和国际竞争力的一流湾区和世界级城市群做出积极贡献。

（一）强化穗港澳文化政策协同

一是建立文化部门协调机制，推动形成穗港澳文化主官定期会晤机制，通过签署文化建设战略合作协议、成立文化交流合作联络小组等方式构建穗港澳文化交流合作常态化机制。二是建立健全文化交流合作政策体系，共同研究制定大湾区艺术院团、演艺学校及文博机构交流政策，简化港澳个人和企业来穗举办演出、赛事、展览等活动的审批程序。三是优化文化产业营商环境，共同研究制定文化市场监管“负面清单”，根据穗港澳发展实际，强化三地文化产业政策衔接，大幅减少三地在文化产业政策优惠、文化知识产权保护、税收优惠等方面的政策差异，共同探索具有引领性的人文湾区建设政策环境。

（二）推动穗港澳文化设施联通

一是构筑三地文化设施共享网络，推动“硬联通”。推动粤港澳大湾区音乐博物馆等重大公共文化设施建设，鼓励港澳文化部门、文化企业在广州布局建设文化场馆，共同建设世界级图书馆、文化馆、博物馆群。借助粤港澳大湾区公共图书馆联盟等平台，牵头推出人文湾区“文化一卡通”，开展图书馆、文化馆、博物馆馆际合作，推动从业人员经常性互访交流，鼓励港澳文化场馆到广州进行精品展览、展演等服务。二是搭建公共文化服务共享平台，推动“软连接”。推进三地公共文化服务数字化建设，借助各自图书馆、文化馆、博物馆、艺术创作院等公共文化机构，构建标准统一、互联互通的公共数字文化服务网络。以广州图书馆为平台，以《广州大典》为依托，共同打造粤港澳大湾区地方文献数字资源共享平台。在原有公共文化品牌项目活动中，加强在文化惠民方面深入合作，推动建设“文化大湾区云”，联合打造一批公共文化活动合作品牌，促进人文湾区公共文化共建共享。

（三）深化穗港澳文化产业合作

一是推动优势领域强强联合。强化与香港在利用国际资本、先进管理经验、文化知识产权保护方面的交流合作，推动与澳门建立面向葡语国家的文化创意产品生产、推介、销售体系，全面推进动漫游戏、创意设计、新闻出版、文化装备制造等优势领域开展合作，深化项目合作，提升粤港澳大湾区文化产业的国际话语权和主导权。发挥三地各类文化产业协会、商会的桥梁纽带作用，促进文化企业间资源共享、信息互通、项目对接，进一步促进三地文化产业协同发展。二是打造文化产业合作交流平台。整合广州文交会、深圳文博会等大湾区重大文化产业会展，发挥香港作为“亚洲会展之都”的优势，推动广州、香港、澳门、深圳等城市共同打造粤港澳大湾区文化产业交易博览会。创建粤港澳大湾区文化交流创新中心，争取文旅部艺术发展中心在广州创立粤港澳大湾区艺术创研中心。推动粤港澳大湾区文化产业基金（筹）牵头联合中国文化产业投资基金发起组建文化产业投融资平台，有效整合和优化配置资源，推动大湾区投融资机制建设，为穗港澳文化企业发展提供可靠、便利的融资渠道。

（四）加强穗港澳文化人才交流

一是完善文化人才政策体系。研究制定港澳文化人才职称评定、评价机制、培养引进、交流合作、荣典奖励等一揽子专项配套措施，在入户、住房、子女就学等方面给予特定的激励措施。强化政策引导，培育更加优质高效的中介投资机构、服务平台，发挥好行业协会等民间组织的作用，为香港、澳门的演艺家、艺术团体到内地发展搭建桥梁。二是合作打造平台汇聚人才。用好粤港澳大湾区文学工作坊、粤港澳大湾区美术联盟、粤港澳大湾区音乐艺术联盟等现有平台，打造一批会聚世界级文艺人才的论坛节展。实施文艺精品共创计划，面向港澳发布文艺创作生产引导目录和项目题材库，鼓励穗港澳艺术名家共同参与粤港澳大湾区等重大题材创作和项目攻关。集聚港澳文化资源要素，在广州建设若干个以粤语电影、动漫、文学、粤剧等为主题的文化人才孵化集聚区（基地）。三是构建人才双向交流培养机制。组建文化人才联盟，探索艺术人才联合培养机制，形成三地文化人才双向交流、定期培训等常态化机制，合力推动粤剧、曲艺、木偶、文学和美术等方面的专业人才交流促进。实施“广聚英才计划”，发挥港澳国际人才往来通道优势，引进国际顶尖文化人才（团队）并推动交流共享。发挥穗港澳高校集中、知名度高的优势，联合开办作家班、影视班，培养储备一批青年文艺人才。

（五）促进穗港澳文化根脉互通

一是强化岭南文化、广府文化认同，通过粤港澳大湾区文化艺术节、穗港澳互办文化周等形式，积极推动三地共同开展群众性文艺演出活动，大力弘扬以粤剧、龙舟、武术、醒狮为代表的岭南文化，共建一批具有岭南文化特征的市民文化空间。打造穗港澳历史文化、粤菜美食、广府民俗、研学旅行等特色旅游产品，推进大湾区中学生围绕历史文化等主题开展研学旅行，共建一批研学旅游示范基地。二是联合开展文化遗产保护利用，联合香港、澳门开展跨界重大文化遗产保护，激活三地共同的历史文化底蕴，丰富共同的文化记忆。发挥广州作为海丝申遗牵头城市的作用，积极推动香港加入海丝申遗城市联盟，开展“丝路花语—海丝文化之旅”推介活动，组织推出以“十三行”记忆为重点的“海上丝绸之路”记忆工程，争取申报《世界记忆名录》。三是支持穗港澳国民教育合作。推动穗港澳高校、研究机构围绕省港大罢工、东江纵队、香港大营救等共有的历史记忆开展专题研究，激活三地人民共同的革命记忆。加强与港澳特区政府合作，支持港澳学校与广州学校结成姐妹学校，组织港澳学生到广州进行考察、访问、学习，实现穗港澳青少年情感共鸣、心灵相通。组织策划“穗港澳青少年交流季”“粤港澳青少年暑期实践计划”等活动，积极对接港澳青年到广州企业、单位进行实习锻炼，不断增强港澳同胞特别是青少年的国家和民族认同感。

B.9
广州市游泳场馆建设及群众游泳运动调查报告

民进广州市委课题组*

摘　要： 本文通过对广州市游泳场地的摸底以及对游泳运动爱好者和学校进行问卷调查，了解目前广州市游泳场馆建设的基本情况，找出存在的季节和游泳场地的局限性，游泳场馆水质、运动者感受与官方检测结果差异大等问题并进行分析，提出加强政策供给，加快推进游泳场馆建设；加强督查管理，确保政策落实；加强学校游泳场馆建设，厘清管理责任，让游泳运动进课堂常态化等对策建议。

关键词： 游泳运动　场馆建设　学校

全民健身、体育强国，是不断满足人民对美好生活的需要，是中华民族

---

* 课题组组长：梁晓玲，民进广州市委员会一级调研员。课题组其他成员：粟华英，民进广州市委员会社会发展工委委员，广州大学广州发展研究院社会调查研究中心主任，经济师；王电生，民进广州市委员会社会发展工委委员，广州海角红楼游泳场副场长；刘惠萍，民进广州市委员会环境与资源工委副主任，广东沁森律师事务所高级合伙人；周方颖，民进广州市委员会四级调研员；李遂萍，民进广州市综合基层委员会主委，渤海银行广州分行风险管理部经理；张艳瑾，民进广州市委员会教育工委委员，广州体育职业技术学院体育产业系体育服务与管理专业教研室主任，讲师；郝结云，民进广州市越秀区基层委员会委员，越秀区全民健身活动中心办公室副主任；陈晓岸，民进广州市委员会环境与资源工委委员，天河区水务局执法大队大队长；罗德旭，民进广州市委员会社会发展工委委员，广东旭瑞律师事务所主任；任慧明，民进广州市委员会参政议政处三级主任科员。执笔人：粟华英、王电生。

伟大复兴的国策。2017 年党的十九大报告提出“广泛开展全民健身活动，加快推进体育强国建设”这一国家战略后，又陆续颁布《全民健身计划（2016～2020 年）》、《体育发展“十三五”规划》和《体育产业发展“十三五”规划》等一系列政策，2019 年 8 月国务院发布《体育强国建设纲要》，建立与全面建成小康社会相适的体育发展新机制，进一步落实全民健身的国家战略。

随着全民健身上升为国家战略，全社会形成了全民健身的新时尚、全民健康生活的新方式。游泳运动是人类生存的一种技能，既能增强体质，又能预防疾病，更是一年四季、老少皆宜的优质体育运动。作为中国体育教育发展理念的实施地——学校，除田径、球类运动外，游泳也是很适合学生身体健康发展的课程。2017～2018 年，广州、深圳、上海、珠海、福州等大中型城市将游泳列为中考体育选考项目之一，清华大学、华南农业大学等高校出台了新入学的学生必须要游泳课合格以上；2018 年广东省教育厅发布《关于进一步加强普及学生游泳教育工作的通知》，提出要“基本实现全省大中学生人人会游泳”。为满足人民对美好生活的需要，城市生活中人们对品质生活的追求也不断提升，游泳场馆作为优质的社区配套资源，对于居住者来说越来越重要，亦备受城市精英的追捧。为了解广州市游泳场馆建设及使用情况，课题组于 2019 年 5～7 月对广州市 11 个区的游泳场地建设情况进行摸底，对学校和游泳场馆进行实地走访、问卷调查、资料收集，了解目前广州市游泳场馆的现状、存在的问题，并提出相关对策建议，为相关政府决策部门提供参考依据。

一　广州市游泳场馆建设状况及游泳运动情况

（一）游泳场馆数量及区域分布

根据课题组对广州市 11 个区游泳场馆建设情况摸底的不完全统计，2019 年广州市共有游泳场馆 932 个，室外游泳池 728 个、室内游泳馆 204

个，其中越秀区 81 个、海珠区 116 个、荔湾区 52 个、天河区 159 个、白云区 98 个、黄埔区 75 个、花都区 62 个、番禺区 178 个、南沙区 23 个、从化区 27 个、增城区 61 个；主要集中于番禺区和天河区，占比分别为 19.1%、17.1%；其次是海珠区和白云区，占比分别为 12.4%、10.5%。具体分布情况如表 1 所示。

表 1　各行政区游泳场馆分布情况

行政区域	游泳场馆数量（个）			占比（%）
	游泳池	游泳馆	合计	
越秀区	48	33	81	8.7
海珠区	90	26	116	12.4
荔湾区	35	17	52	5.6
天河区	116	43	159	17.1
白云区	84	14	98	10.5
黄埔区	49	26	75	8.0
花都区	56	6	62	6.7
番禺区	153	25	178	19.1
南沙区	23	0	23	2.5
从化区	22	5	27	2.9
增城区	52	9	61	6.5

（二）游泳场馆类别分布

根据游泳场馆所属性质划分学校、住宅小区配套、社区配套、公共体育场馆、商业体育场馆、酒店配套、企业事业单位七类，具体分布为：学校类 181 个、住宅小区配套类 415 个、社区配套类 129 个、公共体育场馆类 45 个、商业体育场馆类 73 个、酒店配套类 76 个、企事业单位类 13 个；目前广州市游泳场馆主要是住宅小区配套类的游泳场馆，占比高达 44.5%；其次是学校类的游泳场馆，占比为 19.4%。具体分布情况如表 2 所示。

表2 各类别游泳场馆分布

所属类别	游泳场馆数量(个)			占比(%)
	游泳池	游泳馆	合计	
学校类	93	88	181	19.4
住宅小区配套类	390	25	415	44.5
社区配套类	110	19	129	13.8
公共体育场馆类	32	13	45	4.8
商业体育场馆类	42	31	73	7.8
酒店配套类	49	27	76	8.2
企事业单位类	12	1	13	1.4

住宅小区配套类的游泳场馆：主要集中于番禺区，占比为27.5%；其次是天河区和白云区，占比分别为18.8%、12.5%。

学校类的游泳场馆：主要集中于番禺区，占比为20.4%；其次是中心城区，即天河区、海珠区、荔湾区、越秀区、黄埔区，占比分别为13.8%、13.3%、11.6%、11.0%、10.5%。

社区配套类的游泳场馆：主要集中于花都区，占比为31.8%；其次是增城区和黄埔区，占比分别为18.6%、16.3%；再次是海珠区和白云区，占比分别为11.6%、10.1%。

酒店配套类的游泳场馆：主要集中于天河区和越秀区，占比分别为26.3%、23.7%；其次是从化区和番禺区，占比分别为13.2%、11.8%。

公共体育场馆类的游泳场馆：主要集中于越秀区和海珠区，占比分别为22.2%、20.0%；其次是天河区、荔湾区、番禺区，占比分别为13.3%、11.1%、11.1%。

商业体育场馆类的游泳场馆：主要集中于天河区，占比为32.9%；其次是海珠区，占比为20.5%；再次是白云区，占比为12.3%（见表3）。

表 3　各行政区内游泳场馆分布情况

行政区	酒店配套类		企事业单位类		社区配套类		公共体育场馆类		商业体育场馆类		住宅小区配套类		学校类	
	数量（个）	占比（%）	数量（个）	占比（%）	数量（个）	占比（%）	数量（个）	占比（%）	数量（个）	占比（%）	数量（个）	占比（%）	数量（个）	占比（%）
越秀区	18	23.7	2	15.4	2	1.6	10	22.2	7	9.6	22	5.3	20	11.0
海珠区	3	3.9	0	0.0	15	11.6	9	20.0	15	20.5	50	12.0	24	13.3
荔湾区	2	2.6	0	0.0	1	0.8	5	11.1	3	4.1	20	4.8	21	11.6
天河区	20	26.3	3	23.1	3	2.3	6	13.3	24	32.9	78	18.8	25	13.8
白云区	6	7.9	1	7.7	13	10.1	3	6.7	9	12.3	52	12.5	14	7.7
黄埔区	1	1.3	4	30.8	21	16.3	3	6.7	2	2.7	25	6.0	19	10.5
花都区	2	2.6	2	15.4	41	31.8	1	2.2	1	1.4	10	2.4	5	2.8
番禺区	9	11.8	1	7.7	7	5.4	5	11.1	5	6.8	114	27.5	37	20.4
南沙区	2	2.6	0	0.0	0	0.0	1	2.2	0	0.0	17	4.1	3	1.7
从化区	10	13.2	0	0.0	2	1.6	1	2.2	2	2.7	8	1.9	4	2.2
增城区	3	3.9	0	0.0	24	18.6	1	2.2	5	6.8	19	4.6	9	5.0
合计	76		13		129		45		73		415		181	

（三）市民游泳运动情况

为了市民游泳运动情况，课题组在越秀、荔湾、天河、海珠等中心城区的 7 个游泳场馆进行问卷调查，调查采用现场偶遇式访问，成功访问了 198 位游泳运动者。

1. 游泳运动频率

31.9% 的受访者表示“经常”进行游泳运动；表示“偶尔”“很少”进行游泳运的受访者分别为 32.5%、35.6%（见图 1），主要原因是没有时间、不会游泳、游泳场馆离家太远了、游泳场馆的水质太差了及其他。

2. 游泳运动时间

受访者一般是在“周六日”进行游泳运动的，选择比例为 35.4%；其次是在“周一至周五”，选择比例为 28.6%；再次是在“节假日”，选择比例为 17.2%；有 13.0% 的受访者表示“每天”都进行游泳运动（见图 2）。

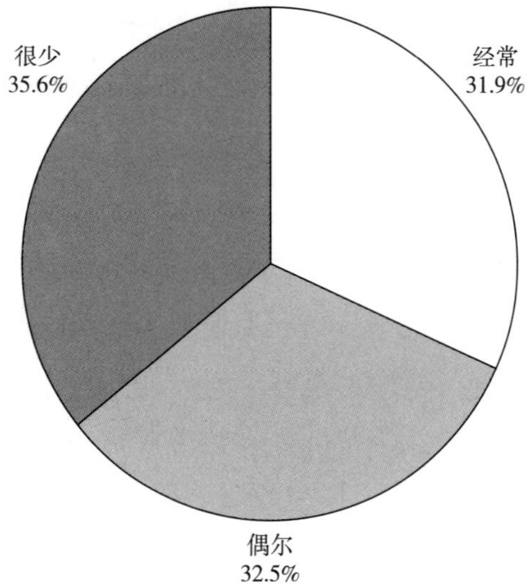

图1　受访者游泳运动频率占比

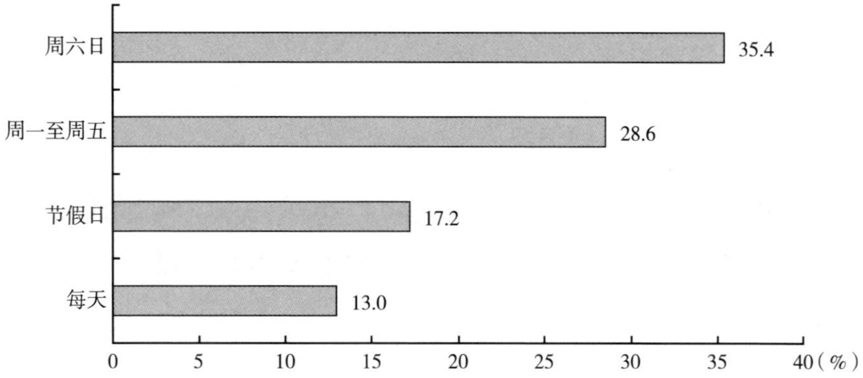

图2　受访者对游泳运动时间的选择

3. 选择游泳场所的因素

受访者选择游泳场所的主要因素：首先是游泳场所的“卫生状况”，被选比例高达62.2%；其次是游泳场所的“离家距离”和游泳场所的“价格”，被选比例分别为36.1%、35.1%；再次是游泳场所的“环境”和“安全救援”，被选比例分别为26.8%、26.3%（见图3）。

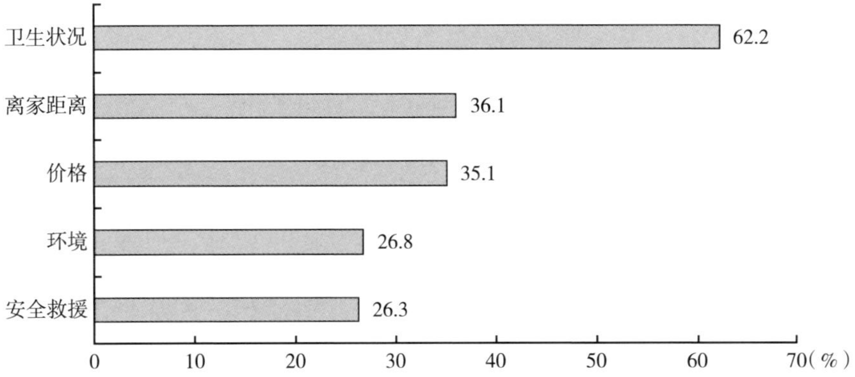

图 3　影响受访者选择游泳场的主要因素

（四）学校游泳场馆建设及学生游泳教育情况

2018 年广东省教育厅发布《关于进一步加强普及学生游泳教育工作的通知》，提出要“基本实现全省大中学生人人会游泳”。为了解学校游泳场馆建设及游泳教育的情况，课题组通过问卷访问了广州市越秀、荔湾、海珠、天河、黄埔、白云、番禺、花都、从化、增城 10 个区域 42 所学校，包括高等院校、高级中学、初级中学、小学等。

1. 游泳场馆建设状况

受访的 42 所学校中，57. 1% 的学校“没有建设游泳场馆”，42. 9% 的学校“有建设游泳场馆”，其中 28. 6% 为“室外游泳场”，14. 3% 为“室内游泳馆”（见图 4）。

2. 学生游泳教育情况

在有建设游泳场馆的受访学校中，77. 8% 的学校“有”开设游泳课程，22. 2% 的学校表示“没有”开设游泳课程。在有开设游泳课程的学校中，61. 5% 的学校每周开设“1 节课”，30. 8% 的学校每周“2 节课”，7. 7% 的学校每周开设“3 节课”；学校是否配备专业的游泳老师，85. 7% 的学校表示“有”，14. 3% 的学校表示“没有”；学校是否有配备专业的救生员，表

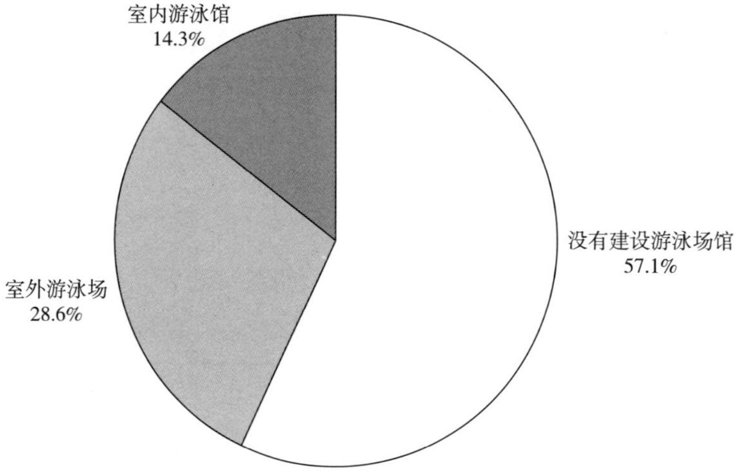

图 4　受访学校游泳场馆建设情况

示有“专职”和“临时聘请”的均为 42.9%，表示有“兼职”的为 7.1%，明确表示“没有”的为 7.1%。

二　广州市游泳场馆建设存在的问题

（一）季节和游泳场地的局限性

1. 季节的局限性

在广州，游泳是一项季节性非常强的运动。根据相关统计，广州市游泳场馆 78.1% 为室外露天游泳池，一般是 5 月开场、10 月闭场；而室内恒温游泳场馆只占 21.9%（见图 5），春天、冬天根本无法满足游泳运动的需求。根据课题组对游泳运动者的调查显示，对广州市游泳场馆存在的问题，33.7% 的受访者选择“恒温游泳馆少”，19.2% 选择“春冬两季不能进行游泳运动”。

2. 游泳场馆数量不足

虽然近年来广州市的游泳场馆建设了不少，但是属于社会开放的游泳场馆与市民需求差距较大。相关数据统计显示，目前广州市 932 家游泳场馆

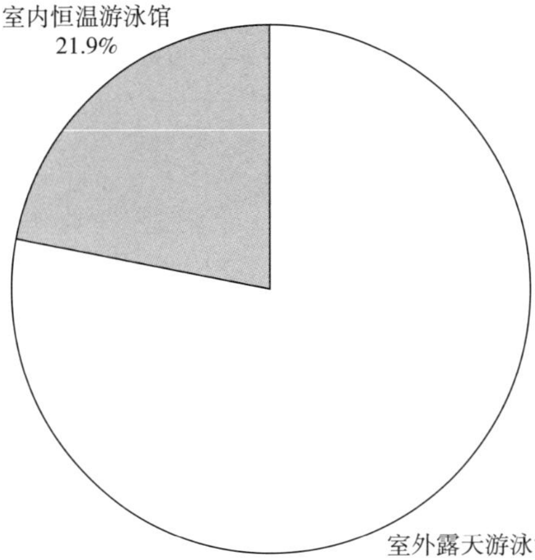

图5　广州市游泳场馆类型

中，属于社会开放的游泳场馆约662个（剔除属于酒店配套、学校和企业事业单位的），全市平均约2.25万人1个游泳场馆（按照相关要求1万~1.5万人的社区要配建1个游泳池），而属于公共体育场馆的游泳场馆有45个，仅占所有游泳场馆的4.8%。根据游泳运动者的调查显示，41.2%的受访者认为广州市目前的游泳场馆“数量不足”；而对广州市游泳场馆存在的问题中，37%的受访者选择“游泳场馆数量少”，41.5%选择“夏季游泳场馆的人太多了”。

3. 规划滞后，游泳场馆区域分布不均衡

中心城区，除天河区基本达标（平均约1.57万人配有1个社会开放的游泳场馆）外，其他三区都不达标，其中荔湾区平均约3.34万人配有1个社会开放的游泳场馆、越秀区平均约2.88万人1个、海珠区平均约1.90万人1个。外围城区，番禺区是广州市建设游泳场馆最多的区域，平均约1.36万人1个；其他两区均不达标，白云区平均约3.53万人1个、黄埔区平均约2.18万人1个。周边城区均不达标，南沙区和从化区建设的游泳场馆数量最少，分别占广州市游泳场馆总量的2.5%、2.9%；其社会公开的游泳场馆就更少了，从化区平均约4.98万人1个，南沙区平均约4.18万人1个，增城区平均约2.49万人1个。由于城市建设加速，城市规划赶不上城市建设速度，如超过30万居民的金沙洲，没有一个综合性体育场馆，而游泳场馆，金沙洲街也只有8个住宅小区配备游泳池、1个学校设有游泳馆（见表4）。

表4　广州市各区人均拥有社会开放游泳场馆量

行政区	常住人口(万人)	社会开放的游泳场馆数量(个)	平均拥有量(万人/1个)
越秀区	117.89	41	2.88
海珠区	169.36	89	1.90
荔湾区	97	29	3.34
天河区	174.66	111	1.57
白云区	271.43	77	3.53
黄埔区	111.41	51	2.18
花都区	109.26	53	2.06
番禺区	177.7	131	1.36
南沙区	75.17	18	4.18
从化区	64.71	13	4.98
增城区	121.85	49	2.49
广州市	1490.44	662	2.25

4. 学校的游泳场馆资源没有充分利用

相关数据统计显示，目前广州市学校的游泳场馆有181个，占游泳场馆总量的19.4%，但向社会开放的不多。根据42所学校调查显示，在18所有建设游泳场馆的学校中，仅有4所学校向社会开放；学校游泳场馆不向社会开放的主要原因，首先是“意外事故对学校的社会影响问题”，选择比例为31.0%；其次是“管理方式问题”和“管理主体问题”，选择比例均为26.2%；再次是“学校师生的人身及财产安全”和“场地设施损耗问题”，选择比例均为21.4%；最后是“运动者的人身意外伤害风险”和“影响学校正常教学”，选择比例分别为19.0%、14.3%（见图6）。根据广州市体育局公布的“2016年广东省学校体育场馆向社会开放示范单位名单”中属广州地区的有36所学校，通过走访了解，目前因管理、安全等因素部分学校体育场馆不对外开放，或缩短开放时间，或开放时间不适合市民。

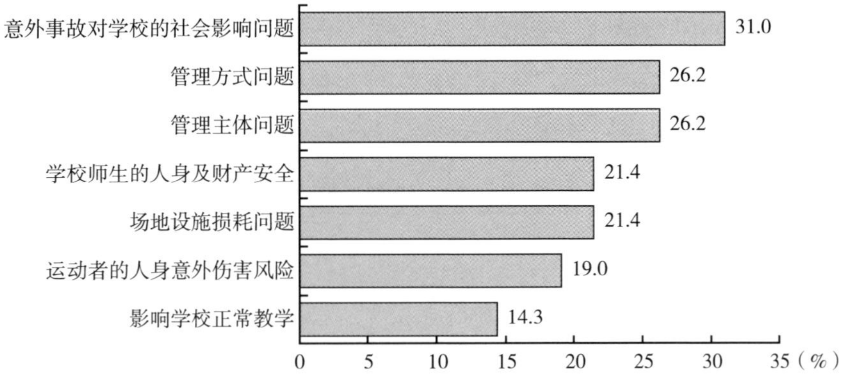

图 6　学校游泳场馆不向社会开放的主要原因

（二）游泳场馆的水质，运动者感受与官方检测结果差异大

根据游泳运动者的调查显示，35.4%的受访者认为广州市目前游泳场馆的“质量待改进”，26.6%的受访者认为游泳场馆的“质量不能满足需求”；在广州市游泳场馆存在的问题中，34.2%的受访者选择“水质不合格”；但根据2018年广州市卫计委公布的二批次游泳场馆水质检测结果，其不合格率分别为5.4%、6.6%。

（三）游泳运动进课堂压力大，相关政策很难实施

虽然游泳对学生的身心发展好处多，大部分孩子也很喜欢游泳，但是游泳课程进课堂困难重重。

1. 场地因素的制约

根据广州市教育局公布的《2018年广州教育手册》显示，广州市1578所学校（包括小学、初中、高中、中职、技校以及专科、本科学校），约有游泳场馆181个，仅占学校总量的11.5%。而根据课题组对42所学校的调查，有24家学校没有建设游泳场馆。没有建设游泳场馆的原因，主要是“没有建设场地”，选择比例为83.3%。巧妇难为无米之炊，学校连游泳场地都没有，又如何进行游泳课程教学呢（见图7）。

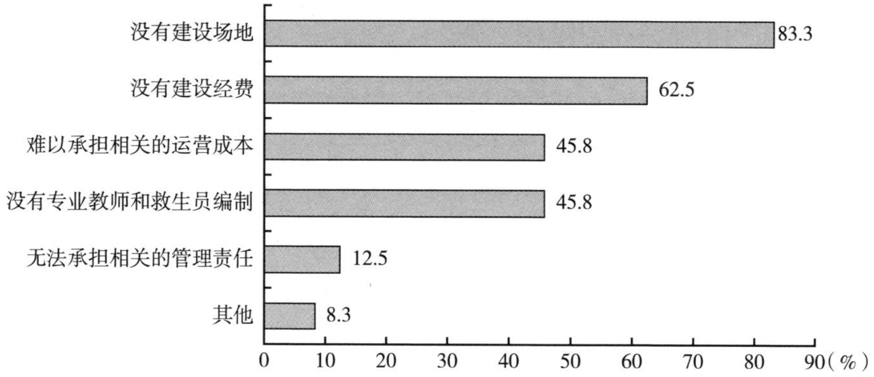

图7　学校没有建设游泳场馆的主要原因

2. 经济因素的制约

游泳场馆的建设和维护成本都很高，很多学校不敢轻易建设。根据课题组对42所学校的调查，在没有建设游泳场馆的原因中选择“没有建设经费”和“难以承担相关的运营成本”比例较高，分别为62.5%、45.8%。

3. 师资因素的制约

校园体育老师专业主要是以田径和球类为主，游泳专业的老师较少。而游泳是一项对技术要求较高的体育运动，从安全考虑不仅需要专业的教练指导，还需要专业的救生员守护。根据课题组对42所学校的调查，学校没有建设游泳场馆的原因中，有45.8%的选择“没有专业教师和救生员编制”；而在有开设游泳课程的14所学校中，有12所学校配备专业教师，只有6所学校配备专职的专业救生员，7所为“兼职或临时请”的救生员，2所“没有”救生员。

受以上因素的制约，游泳运动进课堂困难重重。2017年广州市已将游泳列为中考体育选考项目之一，但根据《信息时报》报道，广东省目前已将游泳项目作为中考体育必考选项的3个城市分别为广州、深圳、珠海。

（四）广州市游泳场馆游泳救生员业务水平低、流失率高

1. 游泳场馆救生从业人员少

救生员需求按游泳场一个标准池计，每天早中晚开3场，每场只能开

放2小时左右（休息1~3小时），一般配置座岗4~6人、巡岗1~2人，救生员6~8名；如果是全天开放，需要配置2~3套救生员轮换。以红楼游泳场为例：3个游泳场，每天开3场，每场约2小时15分钟，需要约20名救生员才能满足安全保障。广州市有932个游泳场，以每天开3场计，最少需要游泳救生员约15000人。据了解，广州市体育局2016年培训了1400名救生员、2017年培训了1400名救生员。

2. 游泳救生员以兼职为主，业务水平相对较低

根据有关广州市游泳场馆游泳救生员的调查①显示，在接受访问的108名游泳救生员中，50.9%为大学生，25%为高中生，14.8%为社会人员，9.3%体育教师兼职；其中持证救生员占比为47.2%，而未持证救生员占比为52.8%。

3. 游泳救生员不稳定，流动性较大

一是工作时间短、不稳定，绝大部分的游泳场馆是在夏季经营，夏季结束后，无法给救生员提供工作机会。二是救生员工资不高、福利较差，根据赶集网招聘频道，从广州救生员9个职位信息计算出救生员平均工资为6200元/月，其中67%为3000~5000元。工作不稳定、收入不高，致使救生员靠销售、卖课挣提成，不能全身心投入工作中去。

三　广州市游泳场馆建设的对策建议

常态的游泳运动是一种时尚文明的生活新方式，能够改善生活质量，培养生活乐趣，提升城市品质。为更好地推动广州市全民健康生活新方式，创建时尚广州，加快、加强广州市游泳场馆建设势在必行。

（一）加强政策供给，加快推进游泳场馆建设

一是完善广州市游泳场馆建设布局规划，拟定广州市游泳场馆建设短

① 钟伟杰：《广州市游泳场所管理现状调查分析报告》，武汉体育学院，2018。

期、中期、长期发展规划。二是拟定广州市学校游泳场馆建设规划及推动游泳运动进课堂的中长期计划，包括配备相关的专业教师编制，落实广东省教育厅关于基本实现全省大中学生人人会游泳的相关政策。

（二）加强督查管理，确保政策落实

一是督促落实《城市社区配套体育设施建设用地指标》的规定，建议相关部门按此标准对全市社区配套进行检查，对没有达标的，要督促逐步落实。二是加强对游泳场馆水质检测的频率，建议每月 2 ~3 次。

（三）增加室内游泳场馆，为游泳成为常态运动项目创造基础条件

一是完善广州市住宅小区配套公共服务设施标准，建议对新建住宅小区配套增加室内游泳场，作为必需的公共服务配套设施。二是引入社会资本，将现有住宅小区或社区配套的游泳池改造为室内游泳场馆，使大部分游泳场馆能够一年四季对外开放。

（四）加强学校游泳场馆建设，厘清管理责任，让游泳运动进课堂常态化

一是政府增加对学校游泳场馆的建设经费，建议将学校现有的露天游泳池改造为室内游泳馆，有条件建设游泳场馆的均以室内游泳馆为主，为游泳运动进课堂创造条件。二是解放校长安全责任管理包袱思想，建议为每个学生购买体育运动伤害险。三是管理责任转移，建议学校游泳场馆采用“公建民营”方式管理。四是增加学校游泳教师编制。

（五）救生员社会化操作，保障游泳运动的安全性

一是成立广州市游泳救生员协会，由社会团体组织进行招募，组织培训（场地布置、器材装备）理论知识、技能等一系列工作；有效地向社会提供大量的、合格的、优质的救生员，政府主导的游泳场馆可以通过购买服务的

形式进行操作，也可以结合物业管理双向用人方式，或可以解决救生员短缺问题。二是提高救生员地位及待遇。游泳救生员是一个从事特殊工作岗位的特殊群体，他们不仅是游泳健身爱好者的守护神，同时也承担着自身生命安全的巨大风险，建议纳入个人所得税享受税收优惠或减免对象。三是建立游泳场馆互动管理体制。借助大中专体育院校的资源，实行联合管理救生员体系。暑期是救生员需求旺期，游泳场馆与体育院校互动协调管理这些救生员，资源共享，从实际意义上互赢互利。四是降低救生员的公招坎，建议由本科学历调整为中专学历及以上，因为目前体职院校的游泳专业毕业生大部分为中专或大专学历。

（六）加大学校游泳场馆向社会开放，加强对游泳产业的扶持力度，增加游泳场馆向社会的供给

一是指导学校建设游泳场馆选址，尽量选择面向校外的地方，适合向社会公开，游泳运动者不用进入校园，避免对学校师生的人身及财产安全、正常教学产生影响，有利于学校游泳场馆向社会开放。二是有条件的游泳场馆尽可能全年开展游泳。三是政府加大对游泳产业的扶持力度，对各游泳场馆建设给予相关政策支持，使广州市游泳行业的发展有好的营商环境，满足群众对美好生活的需求。

文化发展篇

Cultural Development

B.10

广州培育提升文化中心功能策略研究

中共广州市委政研室、广东亚太创新经济研究院课题组*

摘　要： 广州作为国家首批历史文化名城，拥有丰富的历史文化资源，但在文化建设过程中也存在文化产业综合竞争力不强、文化创新能力不足、文化国际影响力存在较大提升空间等问题短板。本文着眼于全面分析广州文化中心功能建设的现状和不足，并结合国内外先进城市成功经验，就培育提升广州文化中心功能提出打造文化产业发展高地、完善公共文化服务体系、提升文化传播能力等政策建议。

关键词： 文化中心　文化资源　广州

---

* 课题组成员：韩玲玲，中共广州市委政研室文化处处长。整理人：龙瑶，二级主任科员。

一　广州文化中心功能建设总体情况

文化中心功能主要表现为城市的文化吸引力、文化创造力和文化辐射力，具体体现在四个方面。一是文化设施齐全，拥有大批图书馆、博物馆、文化馆、音乐厅、剧院等一流文化设施。二是城市文化形象鲜明，具有独特的城市形象及文化标签。三是文化创造力强大，文化产业高度发达，拥有一批知名文化龙头企业，文艺原创力强，文化消费市场成熟。四是文化辐射力强劲，具有先进的传播介质和强大的传播能力，驻有大量的国际组织、联合国机构、国际商业机构等，高层级国际性会议及大型节事活动众多。近年来，广州深入实施文化强市战略，着力推动城市文化综合实力“出新出彩”，城市文化中心功能得到不断提升。

（一）主要成效

一是优秀传统文化焕发新魅力。经过多年探索，广州建立了比较完整的历史文化名城保护体系，先后完成历史文化遗产普查，开启历史文化街区保护与活化工程，积极推进乡村文物保护开发利用。十三行、南海神庙、黄埔古港等一批历史古迹恢复再现，永庆坊等一批优秀历史文化保护精品项目成功推出，聚龙村、小洲村、沙湾北村等一批古村落实施保护性开发，茶文化、花文化、饮食文化蓬勃发展，“三雕一彩一绣”初步实现产业化、品牌化发展。

二是公共文化服务体系建设迈上新台阶。建成并开放了广州图书馆新馆、广州歌剧院等一批重大文化基础设施，推动广州美术馆、广州市文化馆等一批大型文化设施加快建设。2018 年，全市共有公共图书馆（分馆）191 个（市、区级 14 个），建筑面积 40.58 万平方米，同比增长 17.14%。广府庙会、迎春花市、乞巧文化节、广州国际龙舟赛、星海艺术节等文化节庆活动影响力不断提升。

三是文化产业发展呈现新亮点。规划建设 220 多个文化产业园区（基地），策划打造“广州塔·珠江黄金水段”文商旅示范区等九大文商旅融合功能区，逐步形成网游动漫、创意设计、网络文化三大优势文化业态，游戏产业总营收占全国三成以上，文化类高新技术企业超过1000家，涌现出网易、微信、酷狗等一批知名文化企业。成立市文化上市公司联盟和文化产业投融资联盟，设立规模达100亿元的文化产业投资基金。文化消费繁荣，2018年，城镇常住居民人均教育文化娱乐支出5640元，人均文化消费水平位居全国前列。

四是文化交流传播取得新突破。对外文化交流活动频繁，“广州文化周”“丝路花语”“我们·广州”等文化交流品牌初步形成，亚洲国际美食节、读懂中国·广州国际会议等重大会议节展活动推动广州国际影响力迈上新台阶。文艺精品创作有所突破，粤语版《邯郸记》扬帆出海，舞剧《醒·狮》获中国舞蹈最高奖，《广州故事》等9部作品获省“五个一工程”奖。国际传播力大幅提升，“广州之夜”连续4年闪耀夏季达沃斯论坛，广州城市形象宣传片“霸屏”纽约时代广场，《财富》全球论坛、亚洲国际美食节吸引世界目光。

（二）存在的不足

一是文化产业综合竞争力不强。广州2017年文化产业增加值为1161亿元，明显低于北京（2700亿元）、上海（2081亿元）、深圳（1783亿元）。除动漫游戏、灯光音响等文化装备制造外，广州在影视、音乐、出版、体育、艺术表演等领域相对缺少亮点。文化龙头企业较少，2019年“全国文化企业30强”中，北京入围7家、杭州4家、上海2家、深圳2家，而广州无企业入选。

二是文化创新能力明显不足。缺乏具有广泛传播力和深远影响力的文艺精品，2014年之后连续两届全国“五个一工程”评比，全市仅有1部作品获奖，低于北京、上海、深圳。网易、微信、欢聚时代、酷狗、多益网络等文化明星企业主要局限在文化形式创新和技术创新，珠江钢琴、锐丰音响等企业则聚焦文化设备制造创新，内容创新型企业较少。

三是文化国际影响力存在较大的提升空间。重大文化节展活动方面，广州缺少可以比肩戛纳国际电影节、巴黎国际电影节、纽约时装周、巴黎时装周的文化节展活动，2018 年广州举办国际会议约 20 场，远低于巴黎（212 场）、柏林（162 场）、伦敦（150 场）、新加坡（145 场）、香港（129 场）、东京（123 场）、北京（93 场）、上海（82 场）。智库方面，据《全球智库报告 2018》发布的百强榜单显示，中国共有 8 家智库入选，其中 7 家位于北京，1 家位于上海，广州无智库入选；在 2018 全球最佳高校智库 95 强、全球最值得关注智库 100 强榜单中，广州也无智库入选。旅游方面，对国际游客的吸引力有待提高，广州 2018 年国际游客接待量达 340.13 万人次，与先进城市相比差距较大。

究其原因，广州近年来在文化发展战略规划、政策创新、人才集聚和体制机制等方面仍有欠缺，主要表现在以下四方面。一是文化发展定位不清晰，先后出现“文化名城”“区域文化教育中心”“世界文化名城”“全球区域文化中心”等不同表述，定位不够清晰稳定。二是政策吸引力不够强。一些文化新兴业态不能与传统行业分类标准相对应，导致很难享受相应的政策优惠。对文艺院团的财政专项扶持实行“一年一报”，相比深圳等先进城市实行的“面向全国，产权归我”项目管理制，灵活度不够。文化企业高管个税、版权补贴等方面政策突破力度相对不足。三是高端文化人才匮乏。由于缺少具有国际影响力的文化平台，人才培育体制、政策优惠力度不强等因素，广州对文化领军人才、高级文化经营人才较为缺乏吸引力。四是体制性障碍仍待突破。部分文艺院团转制后仍存在“不事不企”现象，一批文化资源仍分不同部门、不同权属管理，文化投入交叉并行，资源市场化整合度不高。

二 国内外先进城市主要做法

一是明确战略目标，重视规划实施。如巴黎自 2001 年以来，每年发布《文化政策》作为文化行动纲领，有计划、有步骤地推动“全球文化与创意之都”的建设目标，确立了“活力、民主和空间”三大战略，即加强文化活力、让所有人都能进入文化资源、将艺术与文化活动更好地嵌入城市空间等。

二是注重品牌塑造，深耕创意产业。如香港在实施城市品牌策略过程中，通过组建跨国品牌顾问团，制作各类宣传片，举办国际研讨会、文化论坛和宣传活动等，持续对外宣传香港品牌。伦敦通过实施“创意伦敦”计划、成立创意产业行动小组、设立“创意优势基金”、搭建投资及校企合作平台等，持续推动创意产业繁荣发展。新加坡主要通过加大文化领域投入、进行文化多样化推介、帮助创意公司扩大海外业务、培养创意专业人才等措施，推动文化产业实力不断壮大。

三是激活文化底蕴，营造文化氛围。如巴黎历来重视遗产空间保护，通过建立法定保护区、策划推出“发现巴黎”36 条参观线路、培育城市创意空间、资助国内外艺术家和设计师、成立文化信贷基金、实行文化设施发展合同制等手段，积极打造魅力文化空间。深圳则重点培育独特的创新文化特质，打出“来了就是深圳人”的口号，设立“人才日”“人才伯乐奖”，建成人才公园，在制度上为科技创新中的合理失误提供免责保障等，为文化人才创新创业提供良好的环境。

三　广州培育提升文化中心功能的对策建议

（一）创新文化资源保护利用

一是活化利用北京路、东山、沙面、黄埔古港、传统中轴线、海珠广场、五仙观等历史文化片区。除小蛮腰、五羊石像外，打造更多能够代表广州形象的城市文化地标。二是建立健全公益类事业单位物业活化运营管理办法，明确社会资本参与合作运营的操作细则。三是传承和发展岭南优秀传统文化，加强传统文化遗产保护工作，规划筹建岭南文化专题博物馆，研究成立“非遗”保护中心，做好“三雕一彩一绣”、粤剧粤曲、广东音乐、西关正骨、采芝林传统中药文化等非物质文化遗产的宣传推广。支持优秀传统文化、“非遗文化”进校园、进社区。打造粤剧旅游剧场，开发粤剧精品旅游线路。

（二）打造文化产业发展高地

一是以“文化+”促进文化产业融合创新发展，聚焦发展数字内容、动漫游戏、移动多媒体、数字文化装备、数字艺术展示、数字印刷、网络影视等文化科技融合新业态。推动文化与商业、旅游、体育、农业等产业深度融合，打造珠江10公里精品文化长廊，鼓励从化、增城、番禺、南沙等区大力发展特色民宿。二是培育重点文化企业，形成成长性企业、骨干企业、枢纽型企业等梯次发展结构。三是挖掘本地高校、文艺院团的创作资源、人才资源和艺术资源，推动“文教结合”和“产教结合”，催生更多文化新人、新作。四是联合港澳及佛山（顺德）弘扬粤菜美食文化，筹办粤港澳厨艺大赛，推动《十二道锋味》《阿爷厨房》等知名美食节目到广州取景，把广州打造成为全球粤菜中心。依托广州南站地区，联动南海、顺德岭南特色文化资源，建设穗港澳岭南文化创意产业集聚区。

（三）完善公共文化服务体系

一是完善公共文化基础设施，加快广州文化馆、美术馆等重点项目建设。开展市民文化节系列活动，培育“科学之夜”“科普集市”等新型活动，丰富花城广场音乐艺术科技展演活动等。二是加强基层和农村综合文化服务中心建设，支持荔湾、天河、海珠、白云、番禺等区新建、改建或扩建图书馆，鼓励将旧馆保留作为分馆或改建为少年儿童图书馆。三是提升公共文化设施管理水平，制定公共文化设施运营机构绩效管理办法，提升设施的使用率。探索设立市、区两级文化事业决策咨询委员会，完善重大项目社会听证和咨询制度，吸纳各界群众参与文化决策。

（四）大力推动文化体制改革

一是整合现有国有文化企业资源，推动组建广州市文化产业发展集团。推动国有文艺院团由转企向改制深化，完善企业运营机制，鼓励院团通过名家工作室、项目制、商业开发等方式进行机制创新，健全“一团一策”长效扶持机制。二是持续推动“放管服”改革，推进文化领域有序开放，在互联网、文化、文物等领域争取更多先行先试措施。三是推动完善文化类高新技术企业认定标准，扩大“核心自主知识产权”和“研究开发活动”认定范围，引导文化企业围绕产业发展需要加强研发投入，抢占文化科技制高点。四是破除人才体制壁垒，促进市属高等院校、科研院所、国有企业、事业单位人才与企业文化人才双向流动。

（五）提升对外文化传播能力

一是构建国际一流传播矩阵，打造新型媒体集团，创办以城市为名的高端特色智库，定期发布权威报告和举行重要会议，起到城市宣传的作用。二是擦亮“世界花城、美食之都、千年商都”等城市文化名片，打响红色文化、岭南文化、海丝文化、创新文化品牌。三是深化与港澳交流，联合设立人文湾区文化发展基金，筹拍穗港双城系列纪录片、宣传片或故事片，联合湾区城市申办夏季奥运会或国际足联世界杯等重大赛事活动。四是提升城市品位，加强广府文化和广州时尚元素在新白云国际机场、广州南站及地铁站点的运用。力争把广州塔、海心沙公园、花城广场周边打造成全球新年倒计时的重要地标。

B.11

广州提升城市文化综合实力的路径选择*

李仁武**

摘　要： 提升广州城市文化综合实力必须以构建枢纽型文化网络体系为前提，通过文化网络体系的系统构建，全面提升文化建设的质量和效能，扩大和增强文化的创造力、影响力和引领力。广州构建枢纽型文化网络体系需要着重突出城市文化的深厚底蕴、宏大格局、创造活力和传播效应，构建和完善以彰显人文精神为核心的思想教育体系、以价值认同为核心的素质提升体系、以文化遗产保护为核心的风格传承体系、以提升量级为核心的文化产业发展体系和以提升城市形象为核心的文化传播体系等。

关键词： 城市文化综合实力　枢纽型　广州

提升城市文化综合实力是广州“培育提升科技教育文化中心功能，着力建设国际大都市”的必然要求。对于加强广州城市文化建设而言，提升城市文化综合实力必须以构建枢纽型文化网络体系为前提，要通过文化网络体系的构建全面提升文化建设的质量和效能，扩大和增强广州文化的创造力、影响力和引领力。

---

* 本文系广州市社会科学规划重大课题“构建广州枢纽型文化网络体系研究”（课题编号：2017GZZD01）的结项成果之一。

** 李仁武，中共广州市委党校哲学与文化教研部主任、教授，主要从事城市文化建设与发展问题研究。

一　构建枢纽型文化网络体系要有理性认知

构建枢纽型文化网络体系，是在新的历史条件下加强和推进文化建设而提出的一个新概念。这样一个新概念，目前并没有进入学术视野，更谈不上有公认的理论范式。就认识进步的规律而言，马克思主义基本理论认为实践是认识的来源和目的，也是检验真理性认识的唯一标准，因而在推动城市发展的具体实践中大胆提出新概念、新认识和新思想都是合情合理的。但是，如果对这一概念的内涵和外延不做必要的学术界定，就容易对它产生误读或误解，进而会影响到对它的落实效果。为此，我们应当从实践创新和理论创新的双重维度来认识和理解这样一个包含时代和实践发展新要求的新概念，并用学术的理性思维来解读其应当包含的内涵和外延，以给出一个能够被大家认同和接受的思想逻辑及理论规范。

从概念构成上来看，枢纽型文化网络体系是一个复合型结构的综合性概念，需要进行多层次的学术梳理。按照逻辑学的概念分析方法来梳理，这一概念至少包含“枢纽型”和“文化网络体系”两层意思。就“枢纽型”的内涵而言，它应当是指文化建设和发展的总体水平和综合实力显著提高，要与建设枢纽型网络城市的要求相适应，在区域乃至全球城市体系中能够处于“文化中心”或“枢纽”地位，具有完善的促进区域或国际文化交流的组织体系、服务机构、市场体系和中介平台，可以推动各种文化要素以不同方式形成产业链接的聚核效应，在城市文化功能上表现出强大的影响力和辐射力。就“网络体系”的内涵而言，它应当是指城市文化建设和发展要在结构和功能上形成具有自组织体系的网络化系统，它体现了一个城市文化建设和发展所达到的基本规模和状态。这其中既要包括图书馆、博物馆、纪念馆、艺术馆、科学馆、展览馆、影剧院等物质性基础设施所构成的载体型网络系统，也要包括城市人文精神、市民文化素质、文化艺术创作、文化产品生产、文化艺术表演、文化市场环境、文化人才集聚、公共文化服务等非物质性要素所构成的功能型网络系统。把“枢纽型”和“文化网络体系”这两者的内涵综合起来，可以说枢纽型文化网络体系就是指一个城市的文化建设和发展需要作为“文化中心”或“文化枢纽”所具有的文化网络体系和功能，在全球化背景下能够彰显出“文化枢纽”所具有的区域性乃至国际性的文化影响力和辐射力。

按照枢纽型文化功能的不同体现来划分，枢纽型文化网络体系可以分为文化教育网络体系、文化传播网络体系、文化市场网络体系、文化交流网络体系、文化服务网络体系、文化设施网络体系、文化传承网络体系、文化产业发展体系等。这其中每一个具体的文化网络体系还可以进一步细化，比如文化教育网络体系可以按照不同的对象分为儿童文化教育体系、青少年文化教育体系、成人文化教育体系等，在这里就不做进一步探讨了。总的来说，枢纽型文化网络体系应当属于文化社会学研究的范畴，它涉及城市文化功能的提升和社会文化发展领域的分析与测评。

就推动城市文化建设和发展的目标要求而言，广州构建枢纽型文化网络体系包含两个重要的考量维度。其一，要从建设国家中心城市的文化诉求来考量，在城市文化功能上要进一步强化广州作为广东省会城市和华南文化中心的重要地位，并且把作为国家中心城市应当具有的文化网络体系构建出来、彰显出来。其二，要从建设“全球区域文化中心城市”的国际化发展视域来考量，要把广州需要培育的文化网络体系构建出来、展现出来，充分发挥广州作为重要“文化枢纽”应当具有的影响力、引领力和带动力。可以说，枢纽型文化网络体系是一个内含城市文化综合实力总体提升的重要概念，不仅体现城市文化基础设施的现代化水平，还体现文化产品生产、创作、创造的能力。

二　构建枢纽型文化网络体系要有系统布局

在实践层面上，构建枢纽型文化网络体系需要从系统工程的维度来理解，即要从城市发展规划的总体布局上强化文化建设和发展的整体性、系统性、协调性。不能把文化建设仅仅作为城市发展的一个要素来看待，更不能仅在某些文化项目上做文章，要把加强文化建设简单理解为文化基础设施的项目建设。换言之，构建枢纽型文化网络体系就是要防止在文化建设上出现“单打一”或“只见树木不见森林”的片面性和简单化，而要把文化建设作为城市发展应当具有的功能配置来认识和布局，要全面融入经济社会发展的各个方面。

首先，构建枢纽型文化网络体系在整体性上要全方位推进文化建设和发展，全面提升城市文化的综合实力。可以说，不论是“枢纽型”还是“网络化”、“体系化”，文化建设的整体性布局和功能提升都是题中应有之义。一方面，要关注城市文化的建设和发展，从城市文化建设涉及的各个方面和全面提升城市文化综合实力上对加强城市文化建设进行总体布局，针对城市文化建设存在的突出问题或弱项给出整改措施，补齐发展“短板”，推动城市文化发展走向全面繁荣兴盛。另一方面，要研究城市文化建设和发展的规律，从文化建设和发展的要素安排转向功能布局，既要强化城市文化建设的外在构成风貌——如健全和完善文化基础设施等，更要提高城市文化建设的内在品格优势——如提高居民思想文化素质、丰富城市文化内涵、培育城市人文精神等，让物质形态的文化建设和非物质形态的文化建设相互适配、相得益彰、形成合力，以推动城市文化综合实力的整体提升。因而，从整体性来理解，构建广州枢纽型文化网络体系的首要任务就是要推动城市文化建设和发展走向全面见成效、全面上水平、全面显张力。

其次，构建枢纽型文化网络体系在系统性上要把推动城市文化建设和发展作为一项系统工程来布局。它不能停留在“新瓶装旧酒”的概念解读和路径依赖上，必须进一步解放思想、开拓创新，转变城市文化建设和发展的传统观念和思维定式，把枢纽型文化功能的要求全面融入建设枢纽型网络城市的总体规划当中，凸显文化对促进城市功能提升的基础性和主导性作用。换言之，构建枢纽型文化网络体系要在完善和优化文化结构与功能上下功夫，从完善网络体系的系统功能布局上来考虑推进城市文化建设和发展的统筹协调，不能顾此失彼、畸轻畸重；要从枢纽型网络城市应当具有的文化功能和张力来考量和提升文化建设和发展的规模、水平与效果，分析文化系统在体系建设上需要达到的完备程度和功能发挥的具体要求，不能只务虚不务实或者重硬件轻软件；要切实把文化建设融入经济建设、政治建设、社会建设和生态文明建设的全过程，着力从“文化+创意经济”、“文化+金融服务”、“文化+科技创新”、“文化+旅游发展”、“文化+社会治理”、“文化+生态建设”和“文化+乡村振兴”等方面探索推动文化建设和发展的新模式、新路径，充分发挥文化对经济社会发展的引领和推动作用。

最后，构建枢纽型文化网络体系在协调性上要把城市文化建设和发展按照结构和功能的最优协同进行自组织体系的自我调适。协调性（Coordination）主要是指一个有机系统的各要素之间在运动过程中体现出的相互配合、彼此协同所达到的一致性与平衡性，能够呈现艺术性、韵律性的优雅状态。增强系统的协调性需要训练并强化各要素（如肌肉群）之间有相互支撑的合理力度以及彼此配合的默契程度。把协调性放到构建枢纽型文化网络体系中来审视，就需要考虑至少两个方面之间的协调，即文化体系内的协调和文化体系外的协调。就文化体系内的协调而言，需要从枢纽型网络城市建设的文化要求上增强文化建设自身的要素协调与功能协调、从全面提升城市文化软实力的总体要求出发，把文化建设和发展的各个要素系统进行自组织体系的配套建设与相互协同，对相互配套的系统功能进行合理优化。这既需要在硬件建设与软件建设的相互协调上下功夫，也需要在文化保护传承与文化创新能力建设的相互协调上下功夫，更需要在增强文化发展活力与提升公共文化服务能力的相互协调上下功夫，以便让文化建设所达到的规模、水平能够与建设枢纽型网络城市对文化功能提出的要求相适配。就文化体系外的协调而言，需要从文化建设与经济建设、政治建设、社会建设、生态文明建设相互协调来考量枢纽型网络城市建设需要达到的功能适配。枢纽型网络城市建设无疑是在经济实力增强之后其可能性才能够增强，但是仅靠单一的经济发展又不可能真正成为被认可的枢纽型网络城市。尤其在当今文化发展水平和实力已经越来越成为衡量城市综合竞争力重要因素的国际背景下，枢纽型网络城市的建设就更离不开文化建设的辅助与支撑。因而，在建设枢纽型网络城市的过程中必须高度重视与之相适应的枢纽型文化网络体系建设问题，要切实推动城市文化功能与城市经济功能、政治功能、社会功能、生态功能之间的相互协调。也就是说，如果城市文化建设严重滞后或文化功能严重不足，那么，枢纽型网络城市的发展不但文化形象和文化品位会受到影响，而且其国际竞争优势也会受到制约。

从这一意义上来说，构建枢纽型文化网络体系需要党委政府各个部门以及全社会都要承担文化建设的责任，以形成党委政府主导文化建设、全社会共同参与文化建设的协同力量。不能把构建枢纽型文化网络体系狭义地理解为仅仅是文化主管部门和文化单位的职责和任务，大家都要有把文化发展理念和具体要求融入自己工作之中的主体自觉。构建枢纽型文化网络体系也要努力营造文化建设“人人有责、人人尽责、人人共享”的社会氛围，让“兴文化”成为全社会的广泛共识，更让过上美好生活的文化追求成为投身文化强市建设的精神动力。

三　构建枢纽型文化网络体系要有功能提升

广州构建枢纽型文化网络体系，应围绕市委提出打造“全球区域文化中心城市”的发展目标，着眼于落实《粤港澳大湾区发展规划纲要》对广州提出要“充分发挥国家中心城市和综合性门户城市引领作用”“培育提升科技教育文化中心功能”“着力建设国际大都市”等相关的文化发展要求，着力于高水平建设文化强市、全面提升城市文化综合实力，在改革开放40多年文化建设已经取得长足进步的基础上，努力推动文化的高质量发展，在城市发展迈向现代化、国际化的新征程上充分展示出“老城市新活力”所具有的文化品格、魅力和风采。

首先，要突出城市文化的深厚底蕴。构建枢纽型文化网络体系的目的在于提升城市文化综合实力，而城市文化综合实力必须以自我的文化生命力和竞争力增强为前提。如果没有坚定的文化自信和文化自觉，就没有了文化建设的底气，要想“兴文化”“强文化”是根本不可能的。那么，文化自信和文化自觉的前提是什么？就文化主体而言，最重要的一点就是要有对自己本民族文化的认同和尊重；对于一个城市而言，就是要有对自己本城市文化的认同和尊重。如果对自己的文化缺乏认同和尊重，靠外来文化来填补自身文化的空白以及心灵上的空虚，那么其结果必然走向文化自卑或自贬。所以，构建枢纽型文化网络体系、提升城市文化综合实力要坚决反对历史虚无主义和文化虚无主义，要从坚定自己的文化自信和文化自觉中进行文化创新和创造，不断铸就文化建设和发展的新辉煌。对于广州而言，要把其作为“历史文化名城”尤其是作为“岭南文化中心地”的文化根脉和文化优势挖掘出来、展示出来，并以此为基础推动中华优秀传统文化、共产党人的革命文化和社会主义先进文化在新时代的融合发展，为城市文化功能的提升提供强大精神力量。

其次，要突出城市文化的宏大格局。一个城市的文化综合实力总是要跟其所处的地位和格局相联系的。一般而言，一个城市的发展要代表一个地区或一个国家的发展水平，它的文化建设和发展就应当成为“区域文化中心”或“国家文化中心”位，凸显出自己的文化功能和作用。所以，对于一个城市文化综合实力的考量，要看它是否具有与其文化地位相匹配的影响力。从推进文化建设的角度来说，城市文化综合实力要与其应当达到的地位和格局相适应，否则其所具有的文化功能就有局限，文化影响力也发挥不出来。就广州而言，构建枢纽型文化网络体系就是要从“充分发挥国家中心城市和综合性门户城市引领作用”“提升科技教育文化中心功能”“着力建设国际大都市”的宏大格局来考量哪些是自己的优势、哪些是自己的短板或不足，通过巩固优势、挖掘潜力、补齐短板，提升能够代表国家走向世界的文化地位、文化能力和文化影响，凸显作为国家中心城市的文化引领功能。

再次，要突出城市文化的创造活力。对于提升城市文化综合实力而言，“强”与“不强”是综合评价，不能以偏概全，需要进行全面系统的分析。从这一意义上来说，文化强市建设是一项系统工程，需要全面布局、系统推进，但是无论如何文化建设的核心还在于文化内容和产品本身，提升城市文化综合实力必须着眼于文化创造力的提升。因为文化影响力大小最终都要通过文化产品的创作或生产来彰显，其中最重要的是看有没有或有多少能体现一个城市的文化发展水平、特色、能量、优势并被广泛认同和传播的文化经典。所以，要通过全面深化文化体制改革和机制创新来增强推动城市文化发展的创新创造活力。对此，广州要制定和完善有效推动文化创新发展的政策法规体系，鼓励、支持和引导文学家、艺术家、理论家以及各类文化人才进行形式多样的文化创新与创造，用精品荟萃的文化繁荣来展示自己具有强大的文化创造力、竞争力和影响力。其中包括激发市场活力、培育发展后劲、增强竞争优势来推动文化产业振兴和本土文化企业的发展壮大，构建具有强大竞争力的现代文化产业体系。

最后，要突出城市文化的传播效应。在日常生活实践中，人们对一个城市的看法总是通过不断重复的传播行为对有关某个城市的一整套象征性的文化符号进行具象认知，才逐步形成并巩固对它整体形象的认知。广州建城已有 2200 多年，南越王宫署遗址、南越王墓、五仙观、三元宫、西来初地、华林寺、光孝寺、怀圣寺、先贤古墓、南海神庙、黄埔古港、沙面、十三行、万木草堂、大元帅府、中山纪念堂、黄埔军校等，无一不彰显着这座历史文化名城的文化厚重。但与北京、上海、西安、杭州等兄弟城市相比，人们似乎总感觉广州“缺文化”甚至“没文化”。原因何在呢？恐怕一个重要的方面就是文化形象的传播不足，不能让人对广州城市文化所具有的广度和深度有较为充分的认知。因此，广州在构建枢纽型文化网络体系的具体实践中，应当着力构建和完善城市文化的传播网络体系，充分利用现代传播手段、途径和方式，整合政府、企业、机关、学校、市民等多元参与的城市文化宣传队伍，形成城市文化传播的集群效应，以增强人们对广州文化认同度和美誉度，吸引人们对“千年羊城”和“美在花城”的深情向往。

四　构建枢纽型文化网络体系要有具体抓手

提升广州城市文化综合实力，需要高度重视文化建设的全局考虑和系统安排。当前，应围绕市委提出的打造“全球区域文化中心城市”的发展目标，以推动物质文明和精神文明协调发展为基本遵循，为广州城市建设迈向国际化的新发展提供精神动力、价值引领、文化驱动。对于具体的工作抓手而言，要着力构建和完善以下体现广州文化发展水平的“六大体系”。

（一）着力构建和完善以彰显人文精神为核心的思想教育体系

文化建设要以培育健康向上的价值理念和人文精神作为自己的根本任务。党的十九大明确提出：“人民有信仰，国家有力量，民族有希望。要提高人民思想觉悟、道德水准、文明素养，提高全社会文明程度。”① 在国家层面上，“一个国家的社会能力主要体现为该国的文化进步能力和民众的整体素质与水平、社会凝聚力的组织动员能力，以及社会制度化水平和社会秩序，而所有这些均取决于该国整体的文化创造能力，一种能够不断超越自身文化局限的能力”②。在当今城市间的综合实力竞争当中文化软实力的地位越来越凸显，文化实力不仅包括一个城市所拥有的文化资源、文化设施、文化市场、文化人才、文化产品、文化活动等物化或外在的重要因素，更重要的还包括一个城市具有什么样的生活态度、人文品格、精神状态、文明风尚等人性化的重要因素，表现为内在文化聚合力和外在文化影响力的统一。换言之，“一个城市的文化形象虽然离不开其物质文化所展现的外在景观，但相对于外在形象而言其内在的文化精神则更具有决定意义。我们评价一个城市的文化形象首要的是看这个城市是否具有文明高尚、积极向上、理性平和的精神气质”③。为此，广州在推进枢纽型文化网络体系建设过程中，应当着力构建和完善思想道德教育网络体

---

① 习近平：《决胜全面建设小康社会夺取新时代中国特色社会主义伟大胜利——在中国共产党第十九次全国代表大会上的报告》，第 42 页，人民出版社，2017。

② 胡惠林：《当前中国文化战略发展的几个问题》，《艺术百家》2011 年第 6 期。

③ 李仁武：《提升城市文化形象的对策分析——基于广州实践的若干思考》，《广州城市职业学院学报》2014 年第 4 期。

系，大力培育以提升市民思想觉悟和道德水准为导引的城市人文精神。建议由市委宣传部统一组织，党政机关共同参与，形成市、区、街道社区三级宣传教育协同引导体系，协同引导全社会向全民开展更深入的理想与信念教育，重点要把社会主义核心价值观融入广州城市人文精神的培育当中，融入广州社会生活实践的各方面，使之转化为普遍的情感认同、思想认同和行为自觉。当前，尤其要把“诚信、友善、文明、和谐”等代表城市文明发展要求的普适性内容融入广州当代城市人文精神的建设和培育过程当中。一方面，强化人文精神培育的文化根基，恪守“不忘本来”，把广州作为“千年商都”本来就具有的以诚信为本的商业文明和友善之风传承好、弘扬好；另一方面，强化人文精神的时代特色，从广州走向现代化、国际化发展的过程当中，培育和提升相应的人文素养与文化氛围，让充满文化创新创造活力的“文化广州”被广泛认同，为“建设枢纽型网络城市”提供具有时代风采的文化张力。

（二）着力构建和完善以增强价值认同为核心的素质提升体系

从城乡对比的角度来看，“城市是一个相对永久性的、高度组织起来的人口集中的地方，比城镇和村庄规模更大，也更重要”①。从人类文明进步的角度来看，“城市既是人类文明的成果和标志，又是人们日常生活的家园”②。对于每个城市自身的发展而言，不论是作为日常生活的家园还是作为人类文明进步的标志，都不能脱离人类文明发展的必然趋势和人们向往美好生活的共同期待，否则其发展就不可能得到城市主体的认同和人类文明的认可。换言之，城市发展的方向和目标首先要尊重市民的选择并获得市民的广泛认同，否则就会因缺乏人们在思想上和心理上的认同而无法形成强大的内驱力。从这一意义上来说，广州确立“建设枢纽型网络城市”的发展目

① 刘易斯·芒福德：《城市发展史——起源、演变和前景》，中国建筑工业出版社，2005，第132页。

② 李仁武：《提升城市文化形象的对策分析——基于广州实践的若干思考》，《广州城市职业学院学报》2014年第4期。

标要与广州人向往美好生活的价值追求和心理期待联系起来，找到被广泛认同的文化坐标，以形成凝聚共识的思想合力和精神动力。为此，在广州“建设枢纽型网络城市”的实践过程中，需要高度重视增强人们对“建设枢纽型网络城市”的文化认同和心理认同问题。既要通过宣传和舆论引导把“建设枢纽型网络城市”发展意义充分表达出来，让市民可以深刻认识到广州发展的未来也是自己生活的未来；更要着力建构和完善全民素质提升体系，让作为城市主人的市民可以进一步增强“人民城市人民建”的自我意识，更加自觉地投身到建设美好家园的城市发展当中。建议由市委宣传部门统一组织，全市教育、文化等部门共同参与，高等院校、职业学校、电视大学、社区大学、职工大学等施教单位落实培训项目，形成全体市民可共享的常态化知识更新培训网络。当前，要着重依托全媒体开展新闻舆论引导，把“建设枢纽型网络城市”的目标追求与市民向往美好生活的价值追求统一起来，从思想理念、素质能力、理性认知、情感认同等方面增强市民对推动广州未来发展的认同感和自豪感，让每个广州人都在参与现代城市建设和发展的过程当中找到自己的定位、实现自己的梦想，把广州人善于成就自我的文明心境凸显出来。

（三）着力构建和完善以文化遗产保护为核心的风格传承体系

城市的文化基础是见证着一座城市发展的历史过往和沧桑巨变，既流传着曾经在这里发生的许多经典故事，也记录着在这里生活的人们以什么样的方式生存和发展。历史从过去走来，传承着一座城市的底蕴、风格、习俗与智慧，为当下的社会生活提供最深厚的人文基础、基本条件和选择依据。一般而言，一座城市的文化基础好、底蕴深、传承多，就很容易形成相互认同的价值判断并上升为习惯遵循的价值理性，社会成员之间会基于文化共识而产生很强的文化认同感、归属感、责任感和使命感。相反，如果一座城市没有任何文化基础或者说文化基础不够深厚，社会成员之间往往会因为缺少文化认同而产生疏离感或排他性，让公共社会心理、意识和行为的整合缺乏基于文化认同的“自我皈依”。就文化基础的基本构成而言，其实就一座城市物质文化遗产和非物质文化遗产的总和而言，它作为知识、智慧和能力发展过程的结晶，铭记着一座城市不断进步和发展的历史演进，展示着一座城市曾经有过的秀美、繁华、活力与精彩，诉说着一座城市曾经饱受的苦难、仇恨、血泪与悲愤。在城市发展的过程中，文化遗产是一座城市文明演进最重要的文化标识或文化符号，是一座城市获得市民情感认同与身份认同最深厚的传统和根基；在国际文化交往中，文化遗产作为人类的共同财富是不同文化之间相互尊重、相互交流、相互理解、相互借鉴的桥梁和载体，也是人和人之间相互信任、相互认可、相互合作的心灵纽带。对于一座城市的现代发展而言，从文化遗产的拥有量可以看出其具有怎样的历史地位以及对人类文明发展所做出的重要贡献，因而加强文化遗产保护其实也是对城市发展本身的自我保护、自我肯定和自我尊重，它可以为城市的未来发展找到具有历史优势、现实优势与潜在优势相统一的重要支点。所以，广州应当高度重视并着力建构和完善文化遗产保护与传承网络体系，形成以文化管理部门为统领，由各文物保护单位具体牵头，形成政府、民间组织、文物爱好者、“非遗”传承人、社会研究团体共同参与的保护体系，制定并落实把文化遗产保护与历史城区保护、文化街区保护融为一体的系统性保护措施，通过加强文物保护的数据平台建设和博物馆体系建设，实现文物保护部门之间的信息共享和文物保护成果的社会共享，以体现广州的城市文化风貌和独特魅力，为“建设枢纽型网络城市”提供具有丰厚底蕴和比较优势的坚实文化基础。

（四）着力构建和完善市民可均等化共享的公共文化服务体系

市民是城市的主人，也是城市文化的主体。每个城市文化功能和作用的发挥都通过市民的文化参与来实现，城市文化建设和发展的水平也要通过市民对文化服务所具有的体验感、参与感和获得感来呈现。特别是推动以满足人民文化需要为中心的社会主义文化建设，更加要把人民满意不满意作为衡量尺度。对此，党的十九大明确提出：“满足人民过上美好生活的新期待，必须提供丰富的精神食粮”①；要“完善公共文化服务体系，深入实施文化惠民工程，丰富群众性文化活动”②。不论是国家层面、地方层面，还是城市层面，构建和完善全民共享的公共文化服务体系，是衡量文化发展水平高低的重要尺度。就推进基本公共文化服务标准化、均等化的要求来说，构建和完善公共文化服务体系的内容主要有以下几点。其一，要健全和完善公共文化服务的设施体系，方便公众参与自己喜欢的文化活动，让公众有享受公共文化服务的场所。其二，要健全和完善公共文化服务的组织体系，让更多的机构可以为公众提供文化产品和服务，以满足不同主体多样性的文化需求。其三，要健全和完善承载文化传播与交流的平台体系，让公众可以有更多便利的方式去接受文化熏陶、品味文化带来的精神滋养。其四，要健全和完善公共文化服务的教育和培训体系，依托大专院校、文化院团或培训机构为公众提供文化品鉴、文艺创作和艺术欣赏的指导服务。在现实实践过程中，由于对文化建设和发展的重视程度不同、基础条件不同、投入经费不同，每个城市的公共文化服务体系不论是硬件还是软件都存在较大的发展不平衡问题。改革开放以来尤其是“十二五”和“十三五”期间，广州的公共文化服务体系建设有了长足的进步，特别是随着广州歌剧院、广州图书馆新馆等一批新建文化场馆建成并投入使用，广州公共文化服务设施的现代化水平有了显著提升，“文化广州”的物质基础已经非常完备；在文化服务能力建设上，随着文艺院团改革的不断深入和文化人才队伍建设的不断增强，广州为市民提供公共文化服务的总体能力在全国也处于领先地位，比如广州图书馆新馆日均接待读者量达 2 万人次，居城市图书馆接待读者量的世界第一位。但是，如果从公共文化服务体系建设的标准化和均等化来看，广州在公共文化服务体系建设当中还存在较大的不均衡性，城乡之间的差距、老城区和新城区之间的差距都比较明显，提供公共文化服务的质量和效能与满足

① 习近平：《决胜全面建成小康社会夺取新时代中国特色社会主义伟大胜利——在中国共产党第十九次全国代表大会上的报告》，人民出版社，2017，第 43 ~ 44 页。

② 习近平：《决胜全面建成小康社会夺取新时代中国特色社会主义伟大胜利——在中国共产党第十九次全国代表大会上的报告》，人民出版社，2017，第 44 页。

市民对精神文化生活日益提升的需要还有较大差距。为此，“要以公共财政为支撑，以公益性文化单位为骨干，以全体人民为服务对象，以保障人民群众看电视、听广播、读书看报、公共文化鉴赏、参与公共文化活动等基本文化权益为主要内容，完善覆盖城乡、结构合理、功能健全、实用高效的公共文化服务体系”①。当前，广州构建和完善公共文化服务网络体系应当以公共文化基础设施体系建设为基础，通过优化城市公共文化设施布局，构建以标志性文化设施为龙头、特色基层文化设施为枢纽的市区街（镇）社区（村）四级公共文化设施网络体系，统筹配置市区街（镇）公共文化资源，不断优化和提升公共文化服务的质量和效能，在实现基本公共文化服务标准化和均等化的同时逐步向优质化方向提升，使市民在“建设枢纽型网络城市”的过程中精神文化生活越来越富足、充实和温馨。

（五）着力构建和完善以提升量级为核心的文化产业发展体系

文化产业是城市文化建设和发展的重要支撑，也是提升文化软实力的重要抓手。文化产业的繁荣发展是文化产品和服务的市场化经营，它可以大量地吸引资金、人才、技术向文化发展领域集中和集聚。健全现代文化产业体系和市场体系，有利于形成文化产业与传统产业融合发展的叠加效应，有效推动产业结构的转型升级。《中共中央关于深化文化体制改革推动社会主义文化大发展大繁荣若干重大问题的决定》明确指出：“发展文化产业是社会主义市场经济条件下满足人民多样化精神文化需求的重要途径。必须坚持社会主义先进文化前进方向，坚持把社会效益放在首位，社会效益和经济效益相统一，按照全面协调可持续的要求，推动文化产业跨越式发展，使之成为新的经济增长点、经济结构战略性调整的重要支点、转变经济发展方式的重要着力点，为推动科学发展提供重要支撑。”② 在当今城市发展的战略布局

① 《中共中央关于深化文化体制改革推动社会主义文化大发展大繁荣若干重大问题的决定》，《人民日报》2011 年 10 月 26 日。

② 《中共中央关于深化文化体制改革推动社会主义文化大发展大繁荣若干重大问题的决定》，《人民日报》2011 年 10 月 26 日。

当中，许多城市都把文化产业作为战略性新兴产业或国民经济的支柱性产业纳入其中，尤其是高度重视和支持文化创意产业的发展，为文化产业的发展提供各种有利条件。广州要构建枢纽型文化网络体系，就应当加快构建把社会效益放在首位、社会效益和经济效益相统一的体制机制，完善推动文化产业发展的相关政策，从财政扶持、信贷支持、人才引进、机制创新、业态培育等方面大力推动文化产业的现代发展，通过全产业链布局，实施“文化+”战略，促进文化与商贸、旅游、体育、会展等产业的融合发展，打造若干在国内外具有较高品牌影响力和市场占有率的文化产业集群。当前，最为重要的是进一步深化文化管理体制的改革与创新，以解放和发展文化生产力为根本动力，促进文化人才的集聚和文化资源的合理利用，通过繁荣和壮大文化市场来引导并促进文化消费，不断提升文化产业发展的示范效应。其中，要高度重视广州在粤剧乐曲、广东音乐、岭南书画以及“三雕一彩一绣”等方面进行创造性转化和创新性发展的独特优势，推动岭南文化精品在海外华侨华人当中的广泛传播，让广州成为中华文化走向世界的重要引领者。

（六）着力构建和完善以提升城市形象为核心的文化传播体系

城市文化形象是人们对一个城市基本状况做出判断而形成的主观印象，它是通过对媒体宣传、个人经历、公众评价、历史记忆以及综合环境等多种因素进行综合考量得出的认知结果。或者说，城市文化形象是人们通过不断重复的传播行为对有关某个城市的一整套象征性的文化符号进行具象认知而形成的对一个城市的总体看法。在日常生活实践中，城市文化形象往往是逐步形成并巩固的，包含着人们对它整体形象的认知和文化意义的理解。广州建城已有2200多年，是国务院公布的第一批“历史文化名城”。从历史的视角来看，广州作为岭南的政治、经济、文化中心，一直保存着岭南文化最深厚的传统、底蕴、个性与特质；从现实的维度来看，广州得改革开放的风气之先，经济社会的快速健康发展已经让这座以“千年商都”为特色的“历史文化名城”焕发出前所未有的生机与活力，彰显着“敢为人先”“革故鼎新”“勇于开拓”的城市品格。广州已先后荣获“国家卫生城市”“国家森林城市”“全国文明城市”等称号，入选“最中国创意名城”“最中国文化城市”“中国最具幸福感城市”“全球最具活力城市20强”，还获得“联合国改善人居环境最佳范例（迪拜）奖”。可以说，改革开放以来随着广州城市影响力的不断扩大，广州文化综合实力也在不断地提升。然而，从建设国家中心城市的目标要求和功能提升来看，广州要进一步发挥自己应有的文化引领力、带动力和辐射力，还需要着力构建和完善城市文化形象的传播体系。为此，建议以宣传部（外宣办）为主导和统领，加强与各新闻媒体和网络机构合作，充分利用现代传播手段、途径和方式，整合政府、企业、机关、学校、市民等多元参与的城市文化宣传队伍，形成城市文化传播的集群效应。当前，迫切要通过全市的统一规划和布局，把文化渗透到经济发展、城乡布局、公共服务、社区治理、环境美化等城市社会生活的各个领域，既要把广州这座城市的文化形象通过城市建筑等各种物化形式展示出来，又要把广州这座城市的文化风格通过社会生活的各种具体形态和样式表现出来。其中，要在传统与现代的结合上充分扩大广州城市文化传播的影响力，比如，通过电影、音乐、戏剧、舞蹈、绘画、雕塑、小说、诗歌、散文、摄影等文化艺术作品的创作，对广州文化的内涵和标识进行加工、提炼与诠释，把“文化广州”的深厚意蕴挖掘出来；通过广州图书馆、广州大剧院、星海音乐厅、广州塔、广州国际会展中心等文化地标品牌的提升，把“文化广州”的卓越气派表达出来；通过举办“亚运会”“《财富》全球论坛”“马拉松”“国际纪录片节”“国际漫画节”等大型文化体育赛事，把“文化广州”的现代活力彰显出来；通过报刊、广播、电视、网络加强对广州城市文化进行深度传播，把广州的“城市变迁”“民俗风情”“乡村故事”“经典传承”“名人轶事”“艺术流派”等进行多视角、多层面、多语种的采撷和整理，方便国内外媒体和网络传播机构对广州的宣传和推介，让世界更多地了解广州的同时，使广州城市文化的内涵得到不断诠释、文化形象得到不断提升。

参考文献

〔美〕刘易斯·芒福德：《城市文化》，宋俊岭等译，中国建筑工业出版社，2009。

〔美〕刘易斯·芒福德：《城市发展史——起源、演变和前景》，宋俊岭等译，中国建筑工业出版社，2005。

屠启宇主编《国际城市发展报告（2012）》，社会科学文献出版社，2012。

鲍宗豪：《国际大都市文化导论》，学林出版社，2010。

贝淡宁等：《城市的精神——全球化时代，城市何以安顿我们》，吴万伟译，重庆出版社，2012。

苏永华：《城市形象传播理论与实践》，浙江大学出版社，2013。

〔加〕保罗·谢弗：《文化引导未来》，许春山等译，社会科学文献出版社，2008。

B.12

广州城市文化品牌传播的现状及对策研究

段秀芳*

摘　要： 开展城市文化品牌传播是城市形象提升和推广的重要手段，也是推动城市发展的重要途径和战略举措。广州城市文化品牌培育、塑造、传播等方面基础条件比较好，形成文化传播的一定特色及优势，但在文化图谱的精准聚焦、顶层设计及战略规划引领、传播矩阵的系统操作机制等方面存在明显不足。需要全面加强规划引领、定位引导、资源整合和媒介创新，加快构建起具有广州特色的城市文化品牌传播话语体系，打造出适应新时代发展的文化品牌传播格局。

关键词： 城市文化　品牌传播　广州

城市文化品牌是城市精神风貌和城市特质的重要载体，开展城市文化品牌传播是城市形象提升和推广的重要手段，也是推动城市发展的重要途径和战略举措。作为国家中心城市和综合性门户城市，广州要实现老城市、新活力，培育提升文化中心功能、推动城市文化综合实力“出新出彩”，必须坚持规划引领，以培育和塑造为基础，以传播和提升为手段，不断增强城市文化品牌的影响力。

* 段秀芳，广州市委党校（广州行政学院）哲学与文化教研部副教授，主要研究方向为哲学、文化学、新闻学。

一　城市文化品牌传播的重要性

城市文化品牌，是在综合所属城市历史文化、现有文化产业等独特文化要素基础上提炼出的具体的、可感知的品牌形象，是人们认识城市、感知城市的重要途径。城市文化品牌蕴含了对城市形象独特性认知的诸多含义，既呈现为自然景观、建筑风格、城市环境、美食特色等历史文化沉积的独特性标识，也呈现为城市市民素质、城市制度及社会行为理念、价值标准及大众文化传播等深层次的组织行为文化体系和持久的文化理念。

塑造城市文化品牌，是构建城市形象的重要基础。英国学者丹尼在《城市品牌：理论与案例》中提出：伴随着对城市形象重要性认识的提升，世界上越来越多的城市正应用城市品牌化战略，运用建成环境、标志性事件以及著名人物等载体进行城市品牌的塑造和传播。城市形象品牌化战略离不开城市文化品牌的塑造。通过城市文化元素的提炼与组合，建立一套整体系统的“文化概念、符号体系和文化载体”，从而制造城市的文化认同，激活文化体验，延续城市的文脉，形成城市发展的“马太效应”，即已经收到公共关注的城市相对于其他城市而言，能获得更多的“城市聚焦和关注”并由此创造更多的城市发展机会。

塑造城市文化品牌，关键在于实现有效的传播。当前世界城市的发展实践凸显出文化品牌传播与推动城市文化发展、提高城市美誉度知名度、提升城市综合竞争力具有直接互动关系。不能吸引传播受众和占据传播渠道的“品牌塑造”都是无效的。有效传播文化品牌，即城市文化形象的“品牌化”。城市文化品牌的传播并不等同于单一产品或者单一项目的品牌营销，而是一项复杂的、长期的、系统的工程，尤其是在传播内容的设计、传播平台的构建、传播受众的选择，以及互动体验的精准反馈等方面，都需要在城市文化品牌整体规划和战略指导下，对城市文化形象精准定位，有效设置传播主题，划分目标受众，整合有效的媒介传播体系，在立体化、多层次的宣传框架下，不断挖掘和强化城市文化定位和文化元素中的核心价值，营造城市文化的整体体验过程，实现持续良好的城市文化的品牌化效果。

目前中国各地城市在文化品牌的传播上参差不齐，认知错位导致传播无效的情况屡见不鲜。譬如，城市定位本身不清晰导致文化品牌传播不聚焦、不准确，将“城市形象宣传片”当作文化品牌传播的唯一抓手而忽略了文化品牌系统化构建，视党委政府宣传方式和手段为传播单一渠道和效果评定标准，未能将议程设置和品牌包装有效结合，等等。广州作为第一批中国“历史文化名城”，近年来逐步明确城市形象定位，但如何将其提炼成城市文化品牌元素，构建行之有效的城市文化品牌传播体系，实现宣传和传播的有效统一，尤其是如何运用好新的媒介工具，在新时代“讲好广州故事”和“发出广州最强音”等方面，仍然是广州文化建设的一个亟待解决的难题。

二　广州城市文化品牌传播的特色及优势

构建城市文化品牌传播体系的出发点是对城市进行“现象学研究——直面事物本身”。只有客观地认知城市本身的文化特色及发展优势，准确勾勒“城市文化画像”，形成城市文化的整体轮廓和文化发展图谱，才能对城市文化形象元素进行提炼与组合，搭建城市文化品牌传播框架。根据《中华人民共和国文物保护法》，1982 年广州市成为首批 24 个国家“历史文化名城”之一。作为一座保存文物特别丰富，具有重大历史文化价值和革命意义的城市，广州明确其城市定位，概括为古代海上丝绸之路发祥地、近现代民主革命策源地、改革开放前沿地、岭南文化中心地的“四地名城”。广州拥有独树一帜的英雄文化、独具特色的岭南文化、传承深厚的海丝文化和蓬勃向上的创新文化，培育和塑造城市文化品牌的内涵丰富、特质鲜明，具有十分良好的基础条件和先天优势。

近年来，广州市根据广东省委提出的“打造独具特色、文化鲜明的国际一流城市”，以及广州市委十一届四中全会提出的“加强对外文化交流，开展国际传播年和国际品牌提升年活动，提升城市文化软实力”的要求，以保护、传承、充分挖掘历史文化资源为依托，实施整体统筹，在《广州建设文化强市培育世界文化名城规划纲要（2011～2020年）》的基础上，制定《广州市培育提升文化中心功能推动城市文化综合实力出新出彩行动方案》，明确要求通过打造城市文化品牌以实现“社会主义文化强国的城市范例”和“全球区域文化中心”的文化强市功能。由广州市委市政府牵头成立广州城市形象国际传播工作领导小组，全面统筹，有序推进城市国际传播和国际品牌提升工作，逐步形成《广州市关于推进中华文化走出去的实施方案》《关于推进建设国际交流交往中心三年行动计划》《广州城市形象国际传播年工作方案》等制度文件，不断创新城市文化品牌的传播工作机制和方式，推进对外传播能力建设，“讲好广州故事”、推介品牌形象。

目前广州主要通过三个方面传播城市文化品牌，彰显广州城市文化品牌的特色及优势。

一是传承发展以粤剧、醒狮、龙舟、武术等为代表的岭南文化传统品牌，深入发掘“三雕一彩一绣”特色品牌、中医药等文化产品服务优势品牌，不断强化和提升岭南文化的影响力辐射力。尤其是在加强国际传播渠道的开拓方面，形成“一个行动计划、一个工作方案、一个国际传播论坛、一支城市国际传播队伍、一系列路演活动”的系统化、立体化“五个一”工作体系，重点围绕岭南画派、岭南音乐、岭南非物质文化遗产等主题推介，精心设计岭南文化传播主题，譬如广州著名雕塑家许鸿飞的“肥女人”雕塑系列世界巡展等，实施国际传播全球路演，以凸显务实、开放、包容、和谐、多元的岭南文化鲜明特质，诠释岭南文化蕴含的当代中国精神、中国价值、中国力量，把岭南文化作为传播中华文化、“讲好中国故事”的生动实践。

二是着力培育、打造“世界花城”“美食之都”等知名文化品牌，谋划建设精品珠江文化长廊，打造多维立体的城市文化名片。在城市独特性、差异性的文化定位上，广州明确了城市文化品牌传播的核心元素，并利用城市营销策略，实现城市形象的品牌化。在持续多年开展的“花城花市”“美食之都”品牌的宣传和传播中，这两个关键词的媒体曝光率和大众知晓度均大幅提升，实现了对广州名片的有效传播。广州在“羊城过年、花城看花”品牌宣传的基础上，进一步将广州“鲜花、美食、音乐、珠水”这些辨识度极高的品牌元素从时间、空间和内容上纳入各类主题活动，形成“四季有主题，每月有活动”的立体传播格局。2018 年，“花城花市”首次走出国门，在法国巴黎、西班牙巴塞罗那开展海外花市活动，设置广州花市展台，播放花市宣传片，邀请当地名流感受广州花市魅力等；同时广州突破媒体推广手段的多样化，利用 VR 等技术使“花城”形象可感化。譬如线上创新推出“登顶花城之巅”网络猜灯谜活动，上线半个月参与人数近 160 万，媒体曝光量超过 3000 万次，进一步擦亮了“花城花市”品牌。

三是积极借助世界经济论坛、国际友城、国际组织、重要国际会议等对外交往活动重大平台，策划推出“广州城市故事会”品牌，推介广州经济、社会和文化发展成就，提升广州城市形象国际显示度和美誉度。制定出台《2019 ~2035 年城市国际传播和国际品牌提升战略规划》，构建“大外宣”宣传机制，紧紧抓住国内国际、主场客场两个传播阵地实施城市文化品牌的依托渠道建设。积极配合国际 G20、APEC、达沃斯等元首外交外宣活动，中国发展论坛、博鳌论坛等重大国际会议，配套做好系列故事会；积极组织广州亚洲美食节、读懂中国广州国际论坛、全球未来城市峰会、青山绿水论坛等系列高端活动，形成“一区一品牌”对外文化交流交往格局；接力世界港口大会、文交会、迎春花市等城市重大活动以及粤港澳大湾区推介交流活动，整合媒体资源开展多角度报道采访，展示广州文化新形象。

三　广州城市文化品牌传播的短板及不足

城市文化品牌能否塑造成功以真正发挥提升城市文化辐射力、影响力的功能，关键在于能否对城市文化品牌的有效传播。传播的有效性无法单纯由党委政府作为主导方予以置评，既要抓住文化的传播特质，也要符合品牌传播的优化策略。虽然广州城市文化品牌培育、塑造、传播等方面基础条件比较好，全球的关注度实现了整体上升，形成文化传播的一定特色及优势，取得了一些成效，但依然面临着一些突出问题和短板，在当前运作的文化品牌传播策略中依然不能完全彰显出广州鲜明的文化气质，特别是在文化图谱的精准聚焦、顶层设计及战略规划引领、传播矩阵的系统操作机制等方面存在明显不足。

（一）“核心定位失焦”未能形成清晰聚焦的文化品牌

文化品牌的传播，首先在于文化品牌通过其独有的表层因素，譬如空间建筑、名称、图案、色彩等，精准表达出对城市文化形象的意旨，并制造出丰富的文化认同内涵，以此形成媒介和大众高度传播的信息源。实现这一功能的前提是必须对城市文化形象的核心价值加以深度挖掘和清晰定位。而广州在这些年的文化宣传建设中一直存在着城市形象定位失焦的问题，导致作为表达元素的城市文化品牌也出现定位不清晰、不统一的现状。文化品牌定位不准确，就无法在品牌传播中持续向受众传达出一致的信息，由此让广州常常成为一个“说不清的城市”。

其一，城市形象的定位更替不断，先后出现过穗城、羊城、花城、千年商都、美食之都、文化之城、创新之城等诸多形象标签。城市文化的核心定位更替频繁，导致传播内容的混乱、分散和零碎，无法实现品牌的信息聚合功能。我们调研发现，在亚马逊网站上，对广州关键词呈现的排名靠前的是“批发城”“美食谱”等；在国内受关注度指标上，广州相对于北京、上海和深圳三地来说，受关注程度（曝光度）是最低的。深圳虽然缺乏文化底蕴，但其城市文化产业的定位和研究开展得较早，在传播平台上的受众聚焦程度更高，获得了更多的关注度和影响力；从境外媒体的报道指标上，广州的金融行业、广汽集团，以及航运、物流运输等常被外媒提及，在文化领域最受瞩目的是广州“体育/消遣”话题，尤其是广州恒大淘宝足球俱乐部，其新闻总是能够形成关注热度。在境外社交媒体上，我们发现，仅“花城”形象得到了境外网友的认可。由此可见，广州向世界传播其文化品牌的定位，还未按照唯一性、排他性、权威性的原则，深入地对自身城市文化内涵进行研究，找到其与众不同的定位。

其二，缺乏统一标识，IC 五花八门。城市文化品牌“核心定位失焦”，导致长期以来广州城市文化品牌呈多样性、分散性杂糅生长，在形象标识和视觉规范上也比较混乱。譬如白云山、五羊、镇海楼、木棉花、广州塔等，缺乏社会高度认可的品牌识别系统，视觉感染力和冲击力都十分有限，导致对外宣传推介各行其是、各显其能，因而没有叫得响的品牌，已有的品牌也没有叫响，没有形成独具广州特色的城市文化品牌传播话语体系。

（二）“传播主体唯一”未能形成有效的联动发展工作机制

目前广州市城市文化品牌的宣传，主要由市政府相关部门主导和推动，政治化倾向明显且缺乏主动传播意识。

职能部门工作机制单一导致宣传和传播顾此失彼。宣传部门作为传统对外宣传的责任主体，承担着城市形象和文化传播的主要工作，从城市文化品牌的树立，到宣传推广的具体实施，在有限的人力财力下做着无限的努力。近年来，虽然利用参与国家外事、文旅、商务等重大活动的机会，植入城市文化品牌传播项目，但这些个案的有限参与并没有形成齐抓共管的长效机制，也没有改变宣传部门单打独斗的尴尬局面。此外，因为涉及管理权限的客观问题，宣传部门仅凭一己之力很难调动宣传系统以外其他职能部门的积极性，这些职能部门是否愿意参与、参与活动深度等都存在很大的不确定性。同时，即便相关部门也有涉及城市文化品牌的传播活动，但由于互不相属，缺乏统筹规划和综合协调，大家各自为政，往往是蜻蜓点水，无法产生集合效应，结果钱没少花，效果却不尽如人意。“传播主体唯一”，必然导致传播内容的不清晰和传播受众的不明确。

首先，资源整合机制不足导致无法形成全方位、立体化的国际传播格局。目前政府、企业和社会组织在城市文化品牌传播中的定位不清、功能不明确，资源整合机制远无法满足广州文化发展的需求。目前广州市政府涉及文化传播功能的相关单位有商务、文旅、贸促、侨务、外事、教育等多部门，各部门都拥有不同的传播平台资源及传播目标受众，比如，广州在全世界拥有近 40 个国际友好城市，还有 30 多个国际友好交流关系城市；市侨办在全球有着规模庞大的华侨朋友圈；市文旅局与国际上数百家文博、旅游、图书机构有着良好、稳固的合作关系；商贸部门每年要在全球各地开展几十场招商引资活动等，但由于没有建立一套良好的城市文化品牌传播的统筹机制，缺乏专业力量的参与，导致无法形成“统筹有序，多方互动，单台唱戏”的城市文化品牌传播机制。

其次，广州市的企事业单位和社团组织等，也都拥有丰富的对外传播渠道和传播资源，但长期游离于城市文化品牌整合传播之外，得不到有效利用。此外，由于顶层设计不足和职能设置的联动机制不够，文化品牌概念在城市规划、建设和设计中的植入和统筹设计规划变得尤其难。譬如，目前在广州城市规划、城市建设、城市园林景观方面基本无法体现城市文化品牌的传播体系。

最后，缺乏规划引领没有形成战略定位及目标清晰的总体规划和专项行动计划。广州的文化事业、文化产业发展有规划，也有各类专项计划或方案，但大多以年度计划为主，缺乏中长期的战略构思，而且各部门没有建立系统性、联动性的规划发展工作机制，导致城市文化品牌的整体培育、传播和提升没有形成战略定位及目标清晰的总体战略规划。这也是城市文化品牌出现定位反复、难以持续推进培育的主要原因。很多时候，城市文化品牌随着城市主要领导的变迁而变化，缺乏连续性，从而极大削弱了城市核心文化品牌的形成与传播力度。

（三）“传播手段传统”未能形成高度整合的媒体传播矩阵

对外宣传的“思维定式”导致传播方式“守成”，难以真正“出新出彩”。

1. 在传播方式上：重形式、轻内容，重活动、轻效果，重内宣、轻外宣

广州近年来在城市文化品牌传播上更加注重形式，譬如重视传播，运用多种媒介、借助了多次展会、搭建了多个平台；忽视对广州城市文化品牌内容的挖掘、提炼、升华，在城市品牌形象推广宣传片中缺乏独特的岭

南文化特色。广州举办的“文交会”、“动漫节”、“财富论坛”、“广交会”、“国际创新节”、“城市创新奖”和“花城灯光节”等多场主场活动，较侧重追求活动的过程，对活动的效果缺乏科学合理的评估与运用；广州在城市文化品牌传播上主要放在对内宣传上，国际上的宣传不足、缺乏影响力。

2. 在传播内容上：填鸭式（或宣教式）多、互动式少，管治式多、服务式少，视听式多、体验式少

填鸭式（或宣教式）多、互动式少是中国绝大部分城市文化品牌宣传的通病，譬如，广州的红色革命文化品牌传播就是生硬地照本宣科的机器传播或图文详解，没有与参观者进行沟通交流、融汇借鉴、传承发扬。广州市政府对城市文化品牌的宣传，主要是运用行政手段由上至下灌输式传播，必然导致对宣传对象的管治多、服务少；广州的历史街区，人文景观，岭南文化传承、活化、展示一般会局限视听方式，缺乏参观者自身的体验感受，譬如，在粤剧博物馆里，没有融入个性化的体验、交流，传播的印象及影响效果达不到“倍增”等。

3. 在传播媒介上：传播形式单一，媒体传播渠道整合不够

广州还是以传统的传播手段和方式为主，与大众传媒界、分众传媒界、网络传媒界及人际传媒界等多种媒介与大型节目盛会、会展营销等其他传播手段的相互融合度不够，没有发挥品牌传播的最大效益。

四　优化广州城市文化品牌传播的对策与建议

城市文化品牌传播是一项系统工程，离不开政府的强力推动。广州要坚持顶层设计、规划引领，遵循“规划—传播—优化”的路径选择，形成独具特色的城市文化话语体系，构建适应新时代的全方位、多层次、立体化的传播格局，切实推动城市文化“出新出彩”，不断提升城市文化品牌的影响力。

（一）加强规划引领，不断提升广州城市文化品牌的影响力

首先，加强顶层设计，建立和完善全市统筹协调工作机制。成立市主要

领导挂帅的广州城市文化品牌建设工作委员会，作为议事协调机构，定期研究决定城市文化品牌培育、传播和提升等方面的重大事项，协调解决重大问题，部署重点工作。建立城市文化品牌传播专家咨询机制，对城市文化品牌发展中的重大问题提供咨询意见。

其次，加强规划引领，制定出台广州城市文化品牌发展和传播战略规划。品牌战略规划决定着品牌培育和传播的目标和手段，是城市文化品牌传播的宏观指导和基本蓝图。要通过研究制定出台广州城市文化品牌发展和传播战略规划，明确中长期目标，整体布局和规划文化资源发展，将特色资源优势转化品牌优势。同时，配套研究制订三年或五年专项行动计划，提出具体操作策略和落实举措，引导和推动企业、社会组织和市民参与城市文化品牌传播。

（二）加强定位引导，打造具有广州特色的城市文化品牌传播话语体系

立足广州优势文化资源，深挖广州城市文化内核，从单一品牌传播发展为多元复合品牌传播体系，构建有自己特色的话语体系。结合海丝申遗，配合粤港澳大湾区战略和“一带一路”建设，着力挖掘利用广州商贸文化传统和优势，打造系统的海丝文化话语体系；利用一系列国际活动和主题文化节庆活动等，推动“岭南文化走出去”品牌传播工程建设；培育提升文化交流品牌工程建设，同时建立城市文化品牌管理和评估系统，引导话语、管理话语、评估话语效应，并定期向社会公布城市文化品牌传播与提升评估报告，提高全社会对城市文化品牌传播话语体系的关注度和认同感，引导并鼓励市民积极主动地融入具体的城市文化品牌建设。

（三）加强资源整合，打造适应新时代发展的文化品牌传播格局

积极构建符合国家整体战略、城市形象鲜明统一、全社会共同参与的城市文化品牌传播体系。

整合政府宣传部门、媒体、企业及社会组织等宣传及传播机构，形成在

市委、市政府工作小组的领导下的宣传部、文旅、外事、商务、侨务、社科、国资、发改、工商、规划、林业园林等多部门联动协调机制，并逐步形成“政府主导、企业助力、全民参与、海内外共鸣”的多元主体联动传感系统，实现城市文化资源和布局的高度整合和统筹。

加大力度实施城市文化品牌故事化，充分利用节、庆、会、展平台实施事件营销策略。邀请全球智库、全民参与遴选，制作广州城市文化品牌传播内容；聘请城市文化品牌形象代言人，拍摄讲述城市品牌故事的纪录片，策划举办有影响力的论坛、节庆、会展等活动，如举办音乐金钟奖、戏剧梅花奖、国际动漫节、国际纪录片节、羊城国际粤剧节等大型文化活动；开展“我来讲城市品牌故事”等活动，让市民体验其中、参与其中，讲好广州城市品牌故事，让更多的人能对城市品牌故事耳熟能详，并以自己能居住在这样的品牌城市感到自豪和满足；积极争取借助国家、国际有实力的平台和企业，承办相关活动，如亚洲美食节等。

创造形式多样的各类活动，布置具有吸引力与亲和力的活动现场，比如举办城市品牌征集活动、城市品牌高峰论坛，扩大城市品牌影响力，提高城市竞争力。

抓住粤港澳大湾区建设的重大机遇，加强区域协同，以积极主动的姿态，协同策划、协同包装、协同推介，借船出海，提升城市文化品牌传播的整体效应，形成较高的区域文化美誉度和强大的感召力。

（四）加强媒介创新，打造多元复合的品牌传播闭合系统

加快建设融媒体中心，整合多元主体、实行多样化媒体推广手段多措并举，促成文化品牌传播的高度信息聚合，受众目标清晰导向、形成传播系统操作性强连贯性好、传播效果反馈评估精准的传播闭合系统。一是发挥主流媒体传播主导平台的功能，推动传统媒体和新媒体融合发展，建立全方位、多层次、立体化的多语种国际传播矩阵。二是推动加强与中央媒体、省媒的合作，借助国家、省级平台资源进行传播。三是合力打造与大众传媒界、分众传媒界、网络传媒界及人际传媒界等多种媒介与大型节目

盛会、会展营销等其他传播手段深度融合的城市传播平台。四是形成更多元的媒介传播形式，除了对城市宣传片、海报的制作及投放之外，还可以加大对户外广告牌及大荧幕电视、公车车体、地铁空间及车厢、微博弹屏、微信朋友圈广告的投入。五是提升文化品牌传播的全媒体意识，充分利用互联网、大数据、云计算等科技手段，紧跟微博、微信、微电影、抖音、自拍、网红等交流平台，网聚一大批正能量、有才华、有能力的网络大咖，不断“鲜活”广州城市文化品牌，实现更好的传达效果和亲民体验感，使广州朋友圈呈现“量子式”、爆炸式圈粉，引发新宣传场景下的病毒式传播。

B.13
广州青年文化发展特征、困境与出路研究*

谢素军**

摘　要： 广州青年文化具有鲜明的时代特征：青年文化氛围活跃、青年价值取向积极、青年政治文化正确，以及青年文化极具张力。但同时又存在突出的发展困境：青年文化主体多元、复杂，青年文化认知滞后、模糊，青年文化平台缺失、错位，青年文化支持体系零散、逐利。因此，建议创建青年文化服务联盟，形成全覆盖、全链条的文化服务机制；创新青年文化发展平台，并将网络平台作为重点打造；优化青年文化空间内容，将是否顺应社会发展作为优化青年文化内容的重要标准；吸纳融合优秀青年文化，鼓励和促进青年接触、学习、吸纳来自粤港澳大湾区、国内其他城市以及海外城市的优秀青年文化。

关键词： 青年群体　青年文化　粤港澳大湾区　共青团

青年作为一种独特的社会群体和独立的社会变革力量，必然会以自己独特的方式参与社会的变革与发展，参与社会文化的传播与再造，生成体现自

---

* 基金项目2019年度中国青少年研究会重点立项课题“粤港澳大湾区青年智库集群建设研究”阶段性研究成果。

** 谢素军，广州市穗港澳青少年研究所研究中心主任，副研究员，广东财经大学特约研究员。

己价值观与生存方式、生活方式的特殊文化运动和文化现象，从而影响社会发展及其文化发展的进程与方向。

一　广州青年文化特征分析

广州作为沿海开放城市，同时毗邻港澳台地区，并容易受美日韩等外来文化影响而具有其特殊性，广州青年也曾一度站在时代浪尖，引领和影响着全国青年文化的发展方向，基于广州市穗港澳青少年研究所对大湾区青年发展的调查数据，可以发现广州青年文化一些显著的特征。

（一）青年文化氛围活跃

青年文化发展的基础条件是文化氛围。一方面，广州青年文化氛围活跃，最重要的体现便是文化产品的多样性。调查发现，广州青年文化产品涉及书籍、电影、音乐、戏剧、游戏等方方面面，且更重要的是这些产品既充满广州特色和中国传统特色，更在技术上与国际接轨，产品的国际流通性较强，且广州已经成为国内和国际青年文化产品的汇聚地，青年文化氛围浓厚。另一方面，广州青年文化参与度也相对较高，他们作为独立的个体非常活跃，通过各式各样的社会参与行动，从所得到的社会反应中规范自己的行为，同时又以自己的思想主张影响社会，最终促进自身的更全面发展。青年的社会参与过程也是青年文化的发展过程，香港青年便是通过社会参与不断形成自身特色的青年文化。在 21 世纪成长起来的广州青年，参与的社会组织较为多元，他们对各类社会组织均有涉猎，对于运动/娱乐类团体、教育/艺术/音乐/文化团体以及公益慈善团体的参与热情较高。他们的参与动机也更加趋于成熟、理性。社交需要、服务社会、推动社会公益，成为青年社会文化发展的最大动力。

（二）青年价值取向积极

青年文化最根本的特征在于青年的价值取向。随着改革开放和市场经济的建立和发展，青年群体越来越多地参与到经济活动之中，与金钱的关系越来越紧密，对金钱的看法、金钱的获取及支配方式，与传统观念相比发生了很大变化，对金钱的追求度逐渐提升。调查证实，广州青年普遍觉得金钱是重要的，亦表示对金钱有所追求。然而，他们认为人生幸福的标准是身体健康、婚姻美满、心境平和。他们在强调个体本位的同时，亦希望能正确处理好个人与集体之间的利益关系，能为社会做出应有的贡献。调查发现，当下广州青年表现出一种努力拼搏、积极进取的文化价值取向。他们自信能够选择和掌握自己的生活，认为个人后天自致因素能够克服家庭背景等先赋性条件的不足获得成功。这反映出广州青年对当下的社会流动机制状况基本上持肯定态度，认为只要肯付出努力，培养优秀的才能，就能够获取成功，在当今的社会结构中实现合理的向上流动。同时也说明传统上基于先赋性因素的固化的社会结构在一定程度上有所松动。

（三）青年政治文化正确

政治文化是青年文化最重要的组成部分，国家认同、政治参与等方面则是政治文化的核心部分。调查发现，广州青年政治文化呈现良好的发展态势，青年能够系统地接受正规的爱国主义、国民意识教育，同时也受到传统儒家家国情怀的传统价值观的熏陶，拥护党和国家的相关政策。但是广州青年现实的政治参与度不高。政治参与是民主政治的核心，也是现代政治系统良性运转的必要条件。在全球化背景下，消费主义和大众文化的崛起，以及实用主义等思潮的多重影响，导致当代青年对于政治持冷漠态度，政治参与意识薄弱，政治敏感度不高，从而导致政治参与行动的层次浅显。广州青年同样面临这一大环境带来的挑战，这也促使我们对于建设社会主义民主国家的进程进行深入思考并推动相关措施的出台。

（四）青年文化极具张力

青年文化发展的关键在于其发展的创新力和发展张力。广州青年文化不仅在地理位置上占据优势，更大的张力在于粤港澳大湾区建设的创新推动和

“一带一路”的广阔前景。一方面，粤港澳大湾区和“一带一路”建设将进一步拓展广州青年文化生态圈，在内容生产、输入和输出方面呈几何量增长态势，促使青年文化各级市场更加活跃；另一方面，粤港澳大湾区建设和“一带一路”倡议将进一步推动青年文化的广泛交流。广州市青联委员吴庄杰指出，大湾区将促使穗港澳青年进一步融合发展，而融合的先行内容则是文化。广州青年文化也必然在这一交融过程中进一步提质。粤港澳大湾区和“一带一路”倡议是中国走向国际的重要窗口，广州青年文化通过大湾区平台可以进一步与全世界优秀的青年文化在碰撞中取长补短、去粗取精，促使广州青年文化自身发展更加健康和更具生命力。

二　广州青年文化发展困境

虽然广州青年文化呈现蓬勃发展之势，但这一强势的背后也隐藏着许多隐患和危机，可以从青年文化主体、认知、平台和支持体系四个维度得以确证。

（一）青年文化主体：多元、复杂

青年文化的主体无疑是青年群体，广州青年群体相较于其他城市最大的特征便是包容，来自全国各地的青年，以及包括欧美、非洲等地的外国青年在广州形成了纷繁复杂的多元青年群体圈。此外，由于快速发展的社会经济所催生的新兴行业不断产生，“网红”、快递小哥、新媒体从业者等新兴青年群体也使广州青年群体更加“类型化”。青年群体不同的成长背景、不同的诉求和习俗使青年文化也呈现了圈子化和分层化的特点，从中国粤剧到非洲架子鼓，从阅读报刊到刷抖音、微信，从民族服饰到西装革履等，广州青年群体文化因为群体本身多元、复杂和快速的变化而难以全盘有效地被了解和准确及时地引导。最后，不断完善的现代化产业体系也推动青年文化内容和产品更加精细化和多样化，更新换代的速度也越来越快，进一步导致在科学管理和引导青年文化发展工作上举步维艰，效用欠佳。

（二）青年文化认知：滞后、模糊

青年文化本身是一个比较理论化的概念，学术界多半赋以亚文化的界定，且青年文化也仅学术界较多给予讨论，包括青年群体本身也较少意识到青年文化的存在，青年文化还停留在研究层面的归纳和描述。但基于青年文化发展所带来的对社会、经济、文化等全方位的影响，青年文化应该得到足够的重视，但无论是相关文化部门还是青年服务团体，对青年文化并没有充足的认知和了解，广州有哪些青年文化？哪些文化是青年群体热衷的文化？这些文化有没有价值引导功能？带来的是正面还是负面效应？一系列问题的背后并没有明确的答复。总体而言，因为不够重视而缺乏对青年文化的科学认知，更没有设立专门的部门或机构去应对不断变化的青年文化发展。各级职能部门对于青年文化的认知较为滞后，工作政策、工作节奏跟不上青年文化发展的速度，其认识是模糊的，难以为青年文化工作开展提供决策参考。

（三）青年文化平台：缺失、错位

青年文化是青年发展衍生出来的“非主流文化”，广州青年文化虽然充满蓬勃生机，但真正针对青年文化发展所构建的平台少之又少，相较于欧美、日韩等国家积极建设青年文化发展基地、打造动漫文化谷、修剪青年文化墙、策划丰富的青年文化类大赛、直播青年文化类创意节目，广州在搭建青年文化发展平台方面显得尤为力量单薄，在诸如网红文化、写手文化、街头艺人等方面的关注和支持更是缺位。即便是部分青年群体或青年文化因为热点问题受到关注，相关职能部门也多半是“一窝蜂”式介入，没有形成最大的合力，服务错位严重。如在新兴青年群体中的新媒体从业者被中央点名报道后，广州作为互联网发达城市，相关职能部门也立即开展对新媒体从业青年的调研，其中某新媒体创业公司在访谈中反馈，一天之内接到十多个调研团的电话，而这些调研团来自各级党政部门和研究机构，关注的问题也比较单一，且最终也并未推出切实有效的针对新媒体从业青年更好发展的政策措施。

（四）青年文化支持体系：零散、逐利

完善的青年文化发展体系需要全社会共同的参与和支持。从广州青年文化实际来看，除了相关职能部门缺乏对青年文化的正确认识、支持力度较弱之外，青年文化的社会支持体系也比较零散，无论是社会团体、志愿服务组织，还是企业、基金机构，对青年文化项目的支持没有持续性，更因为支持方业务的变化而充满偶然性。例如，2013 年某团队策划了广州外来务工人员歌唱大赛，在外来务工青年群体间产生了较好的影响，但仅仅坚持两届便悄然落幕，支持的企业因为业务调整不再支持该文化项目，策划团队因找不到支持方而不得不放弃。并非所有的青年文化内容和项目都不受待见，由于市场的逐利性，动漫文化、网红文化等流量充足的项目则备受推崇，但过多的资金涌入带来的繁华背后也隐藏着过度消费的危机。总体而言，青年文化因为缺少成熟的社会支持体系而显得“有点失衡，有点乱”。

三　广州青年文化发展支持体系构建

如何构建良性有序的青年文化发展支持体系，关键在于管理、服务和引导，需要全社会参与，尤其是青年服务部门的有效介入和强力支撑。广州青年文化发展具有引领性特征，与之匹配的支持体系同样值得创新探索。

（一）创建青年文化服务联盟

首先需要加强认识，真正了解青年文化的现状、影响因素和发展态势。而要进一步延伸推动青年文化发展的有力抓手，便需要明确推动青年文化发展的责任部门或机构。由于青年群体多元分散，青年文化覆盖面广，没有一个单一的职能部门可以持续有效地提供服务，因此，建立青年文化创新服务联盟机构便成为必要，以服务青年为主体的共青团，以服务学生为主体的教育局，以文化服务为主体的文广新局等都可以成为联盟的

核心组成。为了将联盟的服务规范化，还需要建立联席会议制度，相关参与部门和机构各司其职，在联盟的大框架下对青年文化发展提供精细化服务。值得注意的是，创建青年文化服务联盟机构并不代表联盟与相关职能部门本身推动青年文化服务的工作割裂，而是相互补充和相互推进，更不代表推动青年文化发展仅仅立足于联盟，而是通过联盟的推动让更多社会力量参与进来，形成全覆盖、全链条的服务机制。

（二）创新青年文化发展平台

青年文化的自然生长到达一定阶段时，必然会衍生出一系列的阻力和矛盾，广州青年文化蓬勃发展的背后已经出现不平衡、不充分和不协调的现象，针对不同类型的青年文化搭建与之对应的发展平台成为趋势。动漫文化需要在闹市区建设展示平台和创新基地，阅读文化需要更多的公共图书馆和流动书屋，志愿服务文化需要更加落地的项目，粤剧文化需要更多的舞台和资金支持，流行音乐需要文化节目的大力支持，网红文化需要在官方平台被正名。这一系列不同的诉求需要相关服务部门和机构搭建有效的平台，并进行充分的平台融合和创新管理机制。除了线下平台之外，线上平台的构建也不容忽视，由于青年文化的青年特性，线上平台的需求近年来一直呈快速上升趋势，以网络直播为主打阵容的青年文化尤为突出。因此，在服务平台的创新搭建路径方面需要将网络平台作为重点打造。

（三）优化青年文化空间内容

青年文化有其代表时代发展的优秀内容，但也有一些与社会发展、青年健康成长相悖的内容，这就需要推动相关部门深入调研青年文化的不同领域和不同方向，针对具体的文化内容进行科学的分析和研判。具体而言，首要的标准便是价值判断，倡导正确的世界观、人生观和价值观尤为重要。其次是青年文化的正确性，这种正确是广义性的正确，将是否客观科学、是否顺应社会发展作为优化青年文化内容的重要标准，这一优化的过程需要持续细致的分层分类，需要建立科学的青年文化档案，以推动青年文化有序、有益的发展。最后值得注意的是青年文化的政治导向，由于青年群体相对容易走偏甚至走向极端，与之共存的青年文化则更加需要正确引导和严格监督，让真正有利于党和国家发展的文化占有更大的发展空间。

（四）吸纳融合优秀青年文化

青年文化之所以对国家社会发展影响显著，关键在于其影响最具活力的青年群体的思想和行为，且这些不断变化的文化内容往往走在时代的前沿，在与各类文化的碰撞中兼收并蓄，最终得以流行。广州历来具有开放、自由的文化特征，在青年文化不断多元化、复杂化、阶段化的当下，要进一步鼓励和促进广州青年接触、学习、吸纳来自粤港澳大湾区、国内其他城市以及海外城市的优秀青年文化，进一步提升广州青年文化的品质和生命力。具体而言，一方面可以搭建青年群体与外来青年的交流渠道，尤其是对文化产品、平台等提供必要的资源支持；另一方面，需要努力探索青年群体带着优秀文化“走出去”的路径，通过粤港澳大湾区、“一带一路”建设将优秀文化传播出去的同时也带进来；此外还要制定青年文化发展的相关法律法规，对相关文化产品、内容、渠道等进行科学判断，推动文化的融合与发展有法规可依，从源头上拒绝文化糟粕，打造“广州特色文化城市”，使广州青年文化成为真正兼具本土特色、中国特色和国际特色的优秀文化。

最后，我们必须认识到，青年文化本质上的青年属性决定其因时空变化而不断变化，广州青年文化所遇到的困境与普适性的青年文化具有共性，也凸显了其所处沿海开放城市的特性。我们知道青年文化有其自身发展的逻辑，所有的干预、管理或者引导都只能成为青年文化自身发展的一部分，而不可能因为干预而实现青年文化的主流价值方向。但我们仍然有必要为之做尽可能的努力，支持体系的建立不是为了希望青年文化成为什么样的青年文化，而是希望青年文化不要成为什么样的青年文化，这些支持体系也只是尝试性的，需要在具体实践中不断完善。

参考文献

陈亮：《论青年文化在传播中的社会导进功能》，《中国青年研究》2005年第3期。

斯坦利·霍尔著《青春期》，凌春秀译，人民邮电出版社，2015，第124页。

王晓路：《文化批评关键词研究》，江苏人民出版社，2011，第66~67页。

万美容：《论青年文化及其功能》，《学校党建与思想教育》2010年第2期，第17~20页。

魏晓冉等：《网络青年亚文化的社会学分析》，《云南社会科学》2018年第6期，第147~153、189页。

刘妍：《青年文化发展的时代境遇》，《广西师范学院学报》2018年第6期，第85~89页。

王君：《青年亚文化研究的发展脉络与新思路》，《传播力研究》2019年第6期，第27页。

马中红：《文化资本：青年话语权获取的路径分析》，《中国青年社会科学》2016年第3期，第53~57页。

谢素军：《新中国70年粤港澳青年交流心态变化轨迹》，《中国青年社会科学》2019年第2期，第75~84页。

文旅融合篇

The Fusion of Literature and Travel

B.14

2019年广州市旅游业发展现状与建议

广州市统计局贸易外经处课题组*

摘　要： 2019年，广州市城市接待游客总人次再创新高，旅游业总收入、旅游业增加值实现双增长，新型出游方式邮轮旅游受青睐，珠江游、科普游游客增加。但自由行等旅游方式对旅行社生存空间的挤压、消费需求更迭对旅游产业结构的挑战、新型冠状病毒肺炎疫情对旅游市场的冲击等新问题值得关注，建议广州进一步更新城市形象，提高旅游消费魅力；创新发展理念，延伸旅游产业链；落实政策措施，抓住旅游新机遇。

关键词： 广州旅游业　邮轮旅游　“旅游+”　个性化

* 课题组成员：黄子晏，广州市统计局贸易外经处副处长；杨美，广州市统计局贸易外经处二级调研员；周晓雯，广州市统计局贸易外经处科员。执笔人：周晓雯。

近年来，广州市依托自身的区位优势、国家历史文化名城的深厚文化底蕴，利用温泉、山地、森林、滨海、江河等旅游资源开发多种主题旅游产品，着力打造“广州过年，花城看花”、“食在广州”、珠江夜游、广府文化等一系列旅游品牌，吸引海内外游客前往观光旅游。广州正努力因地制宜地加快促进旅游与其他产业融合，借助粤港澳大湾区及新一代信息技术的机遇，深入挖掘旅游市场发展潜力。

一　旅游业总体情况

（一）城市接待游客总人次再创新高，一日游人次规模扩大

随着城市功能的不断完善和全域旅游的推进，广州打造了一批具有广州特色的乡村休闲旅游等新业态项目，旅游服务质量不断提升，城市接待游客能力持续提高。2019 年，广州市城市接待游客 2.45 亿人次，接待人次再创新高，同比增长 10.1%，增速比上年提高 0.8 个百分点。其中，接待过夜游客 6773.15 万人次，同比增长 3.7%，增速比上年回落 0.4 个百分点；接待一日游游客 17776.03 万人次，占全市接待人次的 72.4%，同比增长 12.7%，增速比上年提高 1.2 个百分点。

（二）国内过夜游客稳定增长，入境过夜游客微降

广州现代服务业的快速发展为夜间经济的发展繁荣提供了支撑，“珠江夜游”等夜间旅游资源的进一步创新、开发，吸引在穗过夜的旅客有所增多。2019 年，广州市接待国内过夜游客 5873.72 万人次，占全市过夜游客的 86.7%，同比增长 4.3%，增速比上年回落 0.5 个百分点，比全市过夜游客平均水平高 0.6 个百分点；国内过夜游客在穗平均停留时间为 2.35 天。接待入境过夜游客 899.43 万人次，同比下降 0.1%；其中，香港游客 427.58 万人次，同比下降 3.2%，香港游客减少是入境游

市场增长放缓的主要因素；外国游客 346.28 万人次，由上年的同比下降 1.6% 转为增长 1.8%，广州的城市吸引力对外国游客不断增强。

（三）旅游业总收入、旅游业增加值[①]实现双增长

随着人们收入水平的不断提高，旅游需求越来越旺盛，国内游、出境游活跃，人们在旅游方面的支出有所提高，成为促进经济发展不可缺少的动力之一。2019 年，广州市实现旅游业总收入 4454.59 亿元，同比增长 11.1%，增速比上年提高 0.2 个百分点。其中，国内旅游收入突破 4000 亿元，为 4003.37 亿元，同比增长 11.8%；旅游外汇收入 65.30 亿美元，同比增长 0.7%。实现旅游业增加值 1894.09 亿元，比上年增加 189.81 亿元，经济效益、社会效益彰显。

（四）旅行社组团出游增速回落，接待境内外游客遇冷

2019 年，广州市旅行社[②]全年组团及接待境内外游客 1817.32 万人次，其中组团（外联）游 1332.93 万人次，同比增长 5.7%，比上年回落 12.6 个百分点；接待国内游客、入境游客 484.39 万人次，增速由上年的同比增长 14.2% 转为同比下降 7.2%。

从组团出游来看，旅行社组团出游去向最高的 3 类是：旅行社组团国内省外游 333.17 万人次，占全市组团（外联）游的 47.1%，同比增长 11.2%，增速比上年回落 12.7 个百分点，出游人数排前五位的地区分别是广西、上海、云南、浙江、湖南；组团国内省内游 627.58 万人次，占全市组团（外联）游的 25.0%，同比下降 2.1%，增速由上年的正转为负，出游人数排前五位的城市分别是广州、清远、珠海、惠州、佛山；出国游 254.89 万人次，占全市组团（外联）游的 19.1%，同比增长 26.3%，人们出国游热情提高，增速比上年提高 13.9 个百分点。按目的

① 旅游业增加值增长速度是名义增长速度，没有扣除价格变动因素。

② 旅行社按广州市文化广电旅游局纳入统计范围的口径。

地分，亚洲地区是首选，出游人数排前五位的国家分别是泰国、马来西亚、日本、新加坡、越南；前往大西洋洲的新西兰，欧洲的英国、西班牙、瑞典、丹麦游客均有较快增长（见图1）。

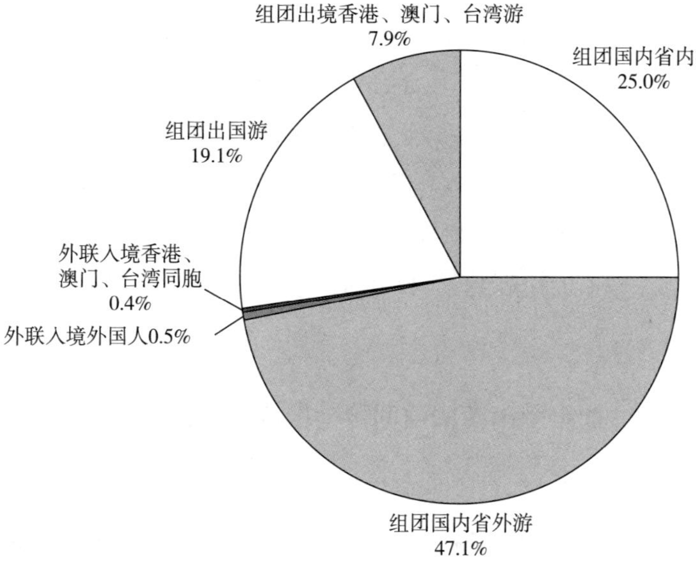

图1　2019年广州市旅行社组团（外联）游客占比情况

从接待境内外游客来看，旅行社主要以接待国内游客为主，其中接待国内游省内游客378.63万人次，占全市接待游客的78.7%，同比下降8.1%，接待人数排前五位的城市分别是广州、清远、惠州、佛山、珠海。接待国内游省外游客85.39万人次，占全市接待游客的17.6%，同比下降3.2%，接待人数排前五位的地区分别是上海、云南、北京、福建、四川。

（五）新型出游方式邮轮旅游受青睐，规模逐年扩大

围绕“邮轮”做好本地化旅游服务，将会起到促进本地消费服务、加快本地经济发展的作用。近年来，随着水上交通的优化，南沙邮轮码头的不断完善及停靠的邮轮班次逐步增加，邮轮旅游成为大众出游的新宠，组团邮轮

出境游市场扩大。2019 年，广州旅行社组团乘邮轮出境游 10.19 万人次，首次突破 10 万人次，同比增长 14.3%，增速比上年提高 13.5 个百分点。从新增人次来看，2019 年比 2018 年增加 1.27 万人次，新增人次比 2018 年、2017 年分别高出 1.2 万人次和 0.66 万人次。2019 年 11 月，正式开港运营的广州南沙国际邮轮母港，成为国内外规模最大的邮轮母港之一，为华南地区市民提供更好的邮轮服务硬件保障。但受近期新型冠状病毒肺炎疫情影响，出现“钻石公主号”“威士特丹号”事件，邮轮旅游受到一定的冲击。

（六）游客偏好市政公园、主题公园、历史文化、休闲度假等，珠江游、科普游游客增加

随着生活水平的不断提高，以及便利的出行方式，人们更加注重健康生活品质，增加户外活动成为部分市民家庭娱乐活动的一部分。2019 年，广州 144 家景区共接待游客 1.84 亿人次，同比增长 1.8%，合计实现经营收入 66.74 亿元，同比增长 14.2%，其中门票收入 42.37 亿元，同比增长 11.8%。游乐园、公园接待游客 1.73 亿人次，占全市景区接待游客的九成以上；其中主题公园保持较快增长，接待游客 2133.94 万人次，占比为 11.6%，同比增长 14.0%，该类景区是全市景点经营收入的主要来源，占全市的 73.9%。珠江两岸经过多年整治，环境变美、水质变清，广州名片之一的珠江游成为市民和游客休闲的首选。以广东科学中心、华南植物园为代表的科普游，越来越受游客关注，成为亲子游、家庭教育的好去处。珠江夜游和科普游合计接待游客 706.54 万人次，同比分别增长 13.2% 和 10.8%，增速比上年分别提高 2.0 个和 1.9 个百分点。

二　广州旅游业发展面临的主要问题

（一）自由行等旅游方式对旅行社生存空间的挤压

旅游市场产品同质化、OTA（在线旅行商）的布点、自由行的流行、

微信等“自媒体+私人定制”模式的兴起、各大航空公司的加入等加剧了旅游市场的竞争，传统旅行社的标准化产品和服务已经无法满足消费者个性化的需求，“报价组团”旅游模式的优势逐渐削弱，消费者可以通过互联网更快速、便捷地获取个性化的旅游资讯和服务，旅行社原有业务范围不断变窄，传统旅行社的生存空间受到挤压。

（二）消费需求更迭对旅游产业结构的挑战

随着人们生活水平的提高，消费群体不断扩大，消费需求不断更新变化，在个性、深度、品质等方面有了更高的要求，贯穿整个旅游产业的“食、住、行、游、购、娱”，打卡式旅行被摒弃，各个环节的体验感、获得感、满足感成为重点。旅游企业、旅行社、酒店的服务专业化程度，交通基础设施的便捷性，旅游资源的开发和营销推广，旅游商品的品类、质量，购物环境，地域文化、民俗文化的普及，相关从业人员的素质等各方面都是吸引游客的因素。每一个环节上的运作效果都会影响旅游业整体发展，构建一条各要素完整的、配套设施服务完整的产业链是一项巨大的挑战。

（三）新型冠状病毒肺炎疫情对旅游市场的冲击

2020年春节前后，受新型冠状病毒肺炎疫情影响，旅行社、宾馆酒店、旅游景区、文化体育活动场所、文艺演出等文旅娱乐产业、批发和零售业、餐饮业、交通等产业成为受疫情影响的重灾区，经济损失惨重。国内旅游短期内出现断崖式下跌，入境游、出境游也受到重创，特别是季节性比较明显的旅游订单流失后短期较难恢复。根据2月中旬调研情况，43户重点住宿业2020年第一季度营业额预计下降超五成，其中一般旅业受影响最大，营业额预计下降近八成；35户重点餐饮业2020年第一季度营业额预计下降超三成，其中咖啡馆服务业下降近七成，正餐服务下降近五成。

三　促进旅游业发展的有关建议

（一）更新城市形象，提高旅游消费魅力

更新广州商都的固化形象，积极构建融入市井文化、休闲娱乐、现代时尚等多元要素的广州形象，提高游客来穗旅游消费的吸引力。通过培育改造天河路商圈、北京路商圈、上下九商圈等，打造具有广府风情的商业集聚区；通过引入国际知名品牌、发展口岸免税店等，打造国际购物商业区。通过打造地标性夜间经济集聚区，策划夜间综合大型文化演出，提升珠江夜游项目等，丰富城市夜间游玩魅力，创造新的旅游资源和产品。通过建设惠福路等本地美食集聚区、促进“互联网＋餐饮”深度融合、加强与其他城市餐饮业合作及活动交流等，刷新“食在广州”名片。

（二）创新发展理念，延伸旅游产业链

树立“旅游＋”融合发展理念，一方面旅游业与相关行业交叉融合，如“旅游＋农业”“旅游＋工业”“旅游＋会展”等；另一方面，新兴跨界旅游项目投资增多，如“旅游＋体育”“旅游＋医疗”“旅游＋研学”等，为振兴农村发展、弘扬城市文化等衍生了“旅游＋乡村”“旅游＋红色文化”等融合发展的新产品，延伸了旅游产业链，形成了观光旅游和休闲度假旅游并重、旅游传统业态和新业态齐升的新格局。要充分利用已经建立起来的优势创新旅游产品，进一步发掘广州医疗资源优势，发展医疗旅游、养生养老旅游等。

（三）落实政策措施，抓住旅游新机遇

旅游企业要积极落实各项疫情防控措施；相关部门积极想办法帮助企业解决难题，审慎有序推动文旅行业复工复产，并从金融、财税、租金、水电、社保费、法律援助等方面出台政策措施，做好复工复产相关准备工作。

未来机遇可期，要及时抓住疫情过后国内外旅游热度上涨，市场在短期内形成新的扩张这个有利时机，借5G、智能等技术普及的东风，创新“互联网+旅游”的新内容，推广绿色旅游、研学旅游、亲子旅游、康养旅游、体育旅游等，为广大游客提供更多的高品质、特色化、个性化定制服务，吸引更多的游客来广州旅游。

B.15
关于加强文商旅融合促进广州夜间经济发展的研究

民进广州市委员会课题组*

摘　要：　广州一向有夜生活传统，也具备发展夜间经济的优势和基础，但是广州尚未提出发展夜间经济的明确思路。本文建议广州市尽快出台发展夜间经济的指导意见，规划夜间经济聚集区，繁荣夜间消费体验活动，创新夜间经济管理模式，完善夜间经济发展配套措施，让羊城夜晚“亮”起来，让夜间消费“火”起来、人气“聚”起来，让广州老城市不断焕发出新活力。

关键词：　夜间经济　都市经济　文商旅融合

夜间经济是一种基于时段划分的经济形态，是指发生在当日18：00到次日6：00，以休闲、旅游、购物、健身、文化、餐饮等为主要形式，以零售业、文体娱乐休闲业、服务业为主要业态的消费经济。

---

* 课题组组长：江东，民进广州市委员会副主委，广州市政协教科卫体委员会副主任。课题组其他成员：梁晓玲，民进广州市委员会一级调研员；周方颖，民进广州市委员会四级调研员；张海新，民进广州市委员会教育工委委员，广州墨墨教育咨询有限公司总经理；粟华英，民进广州市委员会社会发展工委委员，广州大学广州发展研究院社会调查研究中心主任；温超荣，民进会员，中央广播电视总台港澳台节目中心粤港澳大湾区之声主持人、记者、编辑；任慧明，民进广州市委员会参政议政处三级主任科员。执笔人：任慧明。

一　广州发展夜间经济的必要性

（一）夜间经济是都市经济的重要组成部分

调查显示，城市居民60%以上的休闲活动和消费发生在夜间。从旅游人均消费的贡献来看，夜间消费是白天消费的3倍以上。2019年上半年，广州实现社零额4858.10亿元，批发和零售业商品销售总额33605.49亿元，据调查，零售和餐饮企业70%以上的营业额是发生在夜间经济时段，一些24小时便利店、文娱旅游及住宿行业的夜间营业额占比甚至可达90%。

发展夜间经济，一是可以拉长经济活动时间，提高城市设施的综合利用率。二是带动商业、交通运输业、餐饮业、旅游业、娱乐业、文化产业等相关产业的发展。如广州国际灯光节，对花城广场和海心沙周边的酒店、商店、餐饮、商场、旅游、交通都产生强烈的“刺激”作用，与灯光节前三个月相比，丽思卡尔顿酒店在广州国际灯光节期间入住率增长了8.1%，花城汇商业广场在广州国际灯光节期间日均营业额平均增长近30%。同时，广州国际灯光节对拉动照明器具设计创意、生产销售以及旅游消费等综合经济发展有极大的推动作用。三是提供相应增量的就业岗位和创业机会。四是通过产业融合营造多元消费新场景，带动本地居民和游客的消费升级。

（二）夜间经济是都市活力和魅力的重要体现

夜间经济是城市现代化水平的重要标志，已经成为衡量城市生活质量、消费水平、开放度、活跃度、投资软环境及经济、文化发展活力的重要指标。夜间经济可以体现海纳百川的城市精神，是传播多元文化的重要载体。活跃的夜间能真正让城市的夜晚“亮”起来，让夜间消费“火”起来、人气“聚”起来。广州可以将夜间经济作为展示城市形象的新名片和展现文化底蕴的新亮点，提升作为国际化大都市和国家中心城市的形象地位。

二　夜间经济已成为城市竞争的新赛道

2018 年 9 月，《中共中央国务院关于完善促进消费体制机制进一步激发居民消费潜力的若干意见》出台，国务院办公厅印发了《完善促进消费体制机制实施方案（2018～2020 年）》，要求各地按照意见和实施方案的要求，制定具体实施方案和细化政策措施，进一步激发居民消费潜力。

近年来，北京、上海、天津、重庆、西安、南昌、青岛等城市纷纷布局夜间经济发展，相继出台指导意见或实施意见。早在 2014 年 6 月，重庆市就出台了《重庆市人民政府关于发展夜市经济的意见》，着重发展特色型夜市和创业型夜市。2017 年 11 月，南京市出台《关于加快推进夜间经济发展的实施意见》，提出将“夜金陵”打造成为全国知名夜间经济品牌。2018 年 4 月，西安市印发了《关于推进夜游西安的实施方案》，提出将夜游西安打造为古都旅游形象新亮点。天津市于 2018 年 11 月出台《关于加快推进夜间经济发展的实施意见》，着力打造“夜津城”，围绕“夜游海河”“夜赏津曲”“夜品津味”“夜购津货”，丰富夜间消费体验活动。2019 年 4 月，上海市出台《关于本市推动夜间经济发展的指导意见》，提出建立“夜间区长”和“夜生活首席执行官”制度，打造“国际范”“上海味”“时尚潮”夜生活集聚区；南昌市印发《南昌市进一步促进夜间经济发展三年行动方案（2019～2021 年）》，明确将用 3 年时间打造一座“不夜城”，把“夜游洪城”“夜赏文创”“夜品佳肴”“夜购潮货”“夜习科普”“夜健体魄”作为打造南昌特色夜间经济活动的主要工作。2019 年 7 月 9 日，北京市出台《关于进一步繁荣夜间经济促进消费增长的措施》，打造“夜京城”消费品牌，布局一批地标、商圈和生活圈。

各地通过布局繁荣夜间经济，打造夜间经济品牌，营造“商旅文体”融合发展的夜经济消费氛围，提升夜经济消费品质，丰富夜间生活，培育消费新增长点，让老城市焕发出新活力。

三 广州发展夜间经济的基础和优势

（一）气候条件优越，有夜生活传统

广州是海洋性亚热带季风气候，全年平均气温20～22℃，是中国年平均温差最小的大城市之一。夏季气候炎热，增加了夜间消费的需求。而最冷的1月份，月平均气温也有9～16℃，适合夜间出行。因此，广州一直有夜生活传统。

（二）夜间交通出行便捷

广州有夜间公交线路98条，是国内开行夜间公交数量最多的城市之一。其中，影院周边夜间公交路线覆盖面积268平方公里，公交线路覆盖率高达7%。地铁各线路收班时间多接近0：00，最晚收班线路为0：21分。

（三）治安环境良好

近年来，广州已经成为世界最安全的城市之一。通过全面完善立体化社会治安防控体系，推动城市快反处突体系优化升级，有力提高了公共空间安全防范水平。2017年，广州市群众安全感和治安满意度分别为98.2%和98.7%，创历史新高。

（四）城市多中心空间形态已初步形成

目前，广州已相继发展了体育中心、珠江新城、环市东、中山三路、北京路、江南西、荔湾等成熟商圈，琶洲、东圃、白云新城、广州大道、客村、海珠南片区、工业大道等新商圈的崛起，以及以K11、新世界·云门NEW PARK为代表的商业综合体开门营业，进一步丰富了广州的市场版图，为夜间经济发展提供有力的供给保障。

（五）已有部分全国知名的品牌

广州国际灯光节、珠江夜游、长隆大马戏、越秀花灯等已成为全国知名夜间经济品牌。一是广州国际灯光节已连续举办八届，累计吸引游客近6000万人次，2018年广州国际灯光节实现了带动综合消费过亿元的纪录。二是珠江夜游成为“夜广州”最典型的标杆项目。在美团点评发布的《2016年度酒旅消费趋势报告》中，珠江夜游被评为全年最受欢迎的境内景点，全年消费券数超过140万张。三是长隆大马戏拥有实景式马戏舞台和尖端舞美科技，是目前世界上演出场地超大、演员国籍众多、内容丰富的大型国际马戏艺术节目，累计吸引观众超过2500万人次到现场观看。四是越秀花灯自2012年起至今已连续举办7届，是广州过年花城看花的“王牌”活动，累计参观近1000万人次。“游花城、逛花市、看花灯、庆团圆”已成为广府农历新春的新民俗，2019年元宵节期间吸引了51600人次游园观灯。

（六）消费性服务业发达，传统夜间消费场所多，营业时间长

一是部分购物中心和商场推出夜市消费，打破22：00关门的惯例。如太阳新天地开设了酒吧街，营业至凌晨2：00；花城广场花城汇也推出了“夜市集市”，40余个美食和创意摊位热闹非常；国金天地、白云新城的凯德广场云尚和五号停机坪等购物中心也相继推出“夜市”，提升了购物中心的“夜消费”。二是夜间餐饮店多。广州宵夜店占餐厅总数比高达34.3%，远超上海的26.1%和重庆的27.5%。在滴滴大数据深夜餐饮类出行城市排行榜中，广州居全国前三名。三是夜场电影多。广州全市电影院的日均夜场电影场次接近800场，仅在深圳、上海之后。最晚的电影散场时间平均超过凌晨1：00。四是酒吧、KTV等场所众多，尤其是琶堤、太古仓等特色酒吧街区成为年轻人偏爱的消费圣地。

（七）文体资源丰富

1200 book shop 等书店率先尝试24小时营业，还有诸多博物馆、图书

馆、美术馆、文化创意产业园等场所可供发展夜间经济。广州大剧院、星海音乐厅、国际体育演艺中心、广州体育馆、天河体育中心等场馆常年举办各种音乐演出和体育赛事，可以进一步打造成为广州夜间经济亮点。

四 广州发展夜间经济需要解决的问题

广州市尚未提出发展夜间经济的明确思路，在繁荣夜间经济方面还存在以下几个问题。

1. 缺少专项规划

近年来，广州市相继出台了《广州市人民政府关于进一步加快旅游业发展的意见》《广州市完善促进消费体制机制实施方案（2019～2020年）》等促进经济发展的相关文件，但是只有《广州市城市景观照明专项规划（2015～2020）》中提及打造4条夜间旅游线路，缺少发展夜间经济的整体规划。夜间消费场所分散，夜间消费线路和消费带尚未形成，尚未规划建设夜间文化旅游区。现有的珠江夜游、广州塔等热点旅游地区没有很好地带动周边地区夜间经济发展。30公里精品珠江、永庆坊二期等已有规划对夜间经济整体规划不足。

2. 缺少品牌活动

一是常态性特色活动少，现有大型活动如灯光节、美食街、庙会等都是时令性的。二是大型体育赛事、音乐节、演唱会等文体活动相较于北京、上海等地举办场次不多，演艺和体育市场尚未形成品牌影响力。三是内容营销不足，珠江夜游等品牌形象需要进一步打造和传播，缺少像香港维多利亚港、上海外滩、重庆洪崖洞等享誉海内外的夜间旅游品牌。

3. 文商旅融合不足

一是夜间消费活动主要分布在各大商圈，缺乏文化元素的支持和带动，特别是尚未充分挖掘和利用广州市具有明显优势的文化传统底蕴。二是现有文化场所如博物馆、动物园、美术馆等较少提供夜间服务。三是夜间文化旅游消费项目较少，知名度不高，外地游客对文化旅游景区、景点的认知程度偏低，夜间经典旅游项目仍集中于珠江夜游等个别景观类项目。

4. 缺少针对性的管理

一是综合环境治理有待进一步加强。如沙河顶片区文化场馆众多，但周边环境杂乱，影响夜间文化演出氛围。二是景观照明有待进一步提升。现有夜间照明多为功能性照明，夜景缺少统一规划，缺少光文化元素和文化色彩。三是交通配套有待进一步完善。夜间消费热点区域如珠江夜游码头、珠江新城、体育西路商圈周边停车场及公共交通配套不足，节假日期间或举办大型活动时人流疏散慢。城区外围公共交通收班时间相对较早，不足以进一步吸引人流。四是城市管理政策不够宽容友好。如在商业街区夜间不能摆卖，夜宵排档不能在店外摆放餐桌等。

五　广州发展夜间经济的建议

（一）出台关于发展夜间经济的指导意见

明确提出夜间经济发展目标、工作任务、配套措施和工作责任，积极营造开放、有序、活跃的夜间经济环境。借鉴伦敦市“夜间市长”、上海市“夜间区长”和“夜生活首席执行官”制度，创新夜间经济管理体制。发挥财政资金作用，支持一批促进夜间经济发展的重点项目。

（二）规划夜间经济发展集聚区

编制夜间经济集聚区发展规划，做好业态引导，完善空间布局，加强设施配套，在全市打造一批布局合理、管理规范、各具特色、功能完善的夜间经济集聚区。参考西安重点打造大唐不夜城的成功经验，围绕珠江景观带、花城广场城市客厅、北京路步行街、天河路商圈、沙面历史街区、荔湾永庆坊等自然历史文化资源，培育地标性的夜间经济聚集区。各区因地制宜，依托餐饮美食街、旅游景点、体育场馆、图书馆、博物馆、演艺游乐场等载体，建设餐饮、文体消费集聚区，培育一批区级夜间经济示范街区。依托空置商业设施、闲置厂房等，新建一批生活型夜间经济集聚区。

（三）繁荣夜间消费体验活动

加快各类夜间文化、旅游设施建设。将有条件的博物馆、展览馆、美术馆、动植物园、文创园等开发成夜间沉浸式体验文化场所。增加引进国际知名音乐会、歌剧、音乐剧及戏剧等，丰富夜间演艺资源。借鉴杭州宋城千古情、黄山徽韵等演出，在海心沙重点打造一台展示羊城两千多年历史变迁、具有岭南文化特色、常年上演的主题演出《五羊城说》。进一步提升“珠江夜游”文化内涵和服务水平，挖掘珠江游的消费潜力。支持社会力量举办国际国内高水平体育赛事，创建自主品牌体育赛事活动。加强文商旅融合，丰富天河商圈、北京路步行街、上下九步行街等大型商圈及一批区域商业中心的文化元素。充分利用电视、报纸、微信公众号、微博、短视频、抖音、直播等传播方式开展广州夜生活魅力内容营销活动，提升“夜广州”的影响力。

（四）创新夜间经济管理模式

实施包容审慎监管，试点在夜间特定时段，允许有条件的餐饮街区开展“外摆位”试点。同时制定夜市管理规定，在登记、设施、区域、标识、时段、卫生等方面建立统一的管理标准。通过现有的财政扶持资金渠道，鼓励企业推广夜间延时服务，开展夜间节庆会展活动。

（五）完善夜间经济发展配套措施

开展夜间环境综合整治工作，提高环境的净化、亮化、绿化、美化水平。加强夜生活集聚区灯光造景，营造良好的夜间消费氛围。充分考虑夜间经济特点，完善交通、水电等基本公共服务。优化夜生活集聚区及周边动静态交通组织管理，增加道路限时停车位、出租车候客点、夜班公交线路等，鼓励出租车和网约车平台加大夜班车辆调配力度。

B.16
文旅融合视域下民宿产业的发展路径
——以广州市荔湾区为例

温朝霞　谢小娜*

摘　要： 广州高度重视文化和旅游的融合发展，并出台了措施推进包括住宿业在内的文旅产业发展。荔湾区作为岭南文化的中心地、西关文化的发祥地，具有发展文化旅游业的丰富资源；发展民宿产业，有着得天独厚的地理和文化优势。因此，要抓住机遇，进一步发展民宿业，推动形成一批有地域特色、有西关风情、有广州情怀的精品旅游民宿，推动广州文化旅游业高质量发展。

关键词： 文旅融合　民宿产业　荔湾区　广州

随着社会主义市场经济的快速发展，人们生活水平不断提高，文化消费能力也日益增强，文化和旅游的相互融合成为发展旅游产业、加快文化传播的重要途径。而在文化和旅游融合发展的背景下，民宿产业作为文旅产业的重要内容，也迎来了蓬勃发展的机遇。本文以广州市荔湾区民宿产业为例，对文旅融合视域下民宿产业的发展问题进行探讨。

---

* 温朝霞，博士，中共广州市委党校（广州行政学院）校刊编辑部副主任、《探求》杂志副主编，教授，主要研究方向为岭南文化、文化产业与文化传播；谢小娜，中共广州市委党校荔湾分校高级讲师，主要研究方向为社会发展与基层社会治理。

一 发展民宿产业是促进文化旅游融合、扩大文化消费的内在要求

文化是旅游的灵魂，旅游是文化传承传播的重要载体。以融合创新推动文化旅游产业高质量发展，一个重要的抓手就是促进文化和旅游的融合，扩大文化消费，做大产业蛋糕。人们常用“诗和远方”比喻文化和旅游的牵手：文化与旅游融合，文化可以走向“远方”，旅游也会更有“诗意”；文化与旅游的互动，将促进彼此产业链的增值，产生巨大的社会经济价值。我国具有丰富的文化旅游资源，目前城市周边游、乡村游、生态游备受青睐，旅游消费呈现个性化、特色化、品质化、多样化趋势。文旅融合旅游产品日益成为假日旅游新亮点，各地古镇、古街、文化馆、博物馆等游人众多，极大促进了文化消费。“文化 + 旅游”正释放出巨大的发展新动能。

早在 2009 年 9 月，文化部和国家旅游局联合发布了《关于促进文化与旅游结合发展的指导意见》，首次提出了文旅融合的概念。而为了推动文化事业、文化产业和旅游业融合发展，2018 年 3 月，中华人民共和国文化和旅游部批准设立。近年来，文化旅游产业作为推动国民经济发展的“朝阳产业”、促进绿水青山建设的“绿色产业”和反映国民幸福指数的“幸福产业”，日渐成为各个国家和地区争相扶持和大力发展的产业领域。各地纷纷将文化旅游产业作为当地国民经济社会发展的主导产业、战略性支柱产业、优先鼓励和支持发展的先导产业，以及服务业的龙头产业进行定位和发展。广东也不例外，2015 年 5 月广东省文化厅、广东省旅游局、中国人民银行广州分行印发《关于促进文化旅游融合发展的实施意见》，提出“切实推进文化与旅游融合发展，促进广东文化强省和旅游强省建设”，而广州也高度重视文化旅游的融合发展，2018 年 6 月广州市旅游局印发《广州市旅游发展奖励扶持资金实施办法》，对旅游国际化宣传营销体系构建、旅游基础设施建设（包括住宿业）、旅游资源品牌打造、旅游目的地项目建设等进行资

金扶持。2019 年 2 月举办的为期 3 天的第 27 届广州国际旅游展览会，共迎来 55 个国家和地区的 1042 家企业参展，同比分别增长 4% 和 1.3%，国际参展比例高达 68%，接待专业观众及游客 18.2 万人次，旅行社各类产品销售收入 1.56 亿元，同比增加 15%。[①]

不断丰富的产品类型和持续壮大的市场规模，促进了旅游与相关产业的融合发展，实现了文化旅游的大突破。在文旅融合发展的进程中，民宿的发展同样方兴未艾。民宿是指优化整合闲置资源，由民宿经营者参与接待，为游客提供极具地方特色的餐饮、住宿与文化娱乐等多元化服务。民宿经济以民宿为载体，整合当地旅游资源，将其转化为特色旅游产业的优势资源，推动文化消费和产业结构的调整，从而促进城市建设。

民宿业是旅游经济发展过程中衍生的产物，是城市推进文商旅活化建设的重要载体。民宿作为文化旅游产业的重要内容，既是对传统文化的保护传承，也是新型文化的创意创新；不仅是一种住宿业态，也是小而美的文化旅游产品。发展民宿经济，推动民宿行业健康发展，能有效激发旅游经济的活力，对于推动文化旅游产业转型升级具有积极作用。

二　广州市荔湾区民宿产业的发展现状

广州市荔湾区俗称“西关”，是广州历史文化街区集聚地，是广州的旧城，因明清时地处城西门外而得名“西关”。西关分为上西关和下西关，其中上西关地势较高，下西关地势较低。明末兴建起十八甫，开设有十三行。清代中后期起，西关先后兴建了宝华街、逢源街、多宝街等居民住宅区，西关大屋（由于此类建筑以西关一带居多，故称为“西关大屋”）和竹筒屋等广州典型的传统建筑便应运而生了。这种建筑文化就是荔湾发展文化旅游产业、推进民宿业发展的重要依托。

习近平总书记强调：“历史文化是城市的灵魂，要像爱惜自己的生命一

① 《第 27 届广州国际旅游展览会圆满落幕》，《广州日报》2019 年 2 月 26 日。

样保护好城市历史文化遗产。”① 在有着众多历史文化遗产的西关历史文化街区，民宿行业作为展现西关文化的重要载体，它的兴衰成败对西关文化的发扬和传承起着至关重要的作用。而从地域文化的角度来说，“文化是旅游的灵魂，旅游是文化的载体”，西关文化作为广州文化一个重要的部分，内涵丰富、特色鲜明，形式丰富多彩。它记录了广州西关的崛起与衰落，是广州地域文化的一个重要组成部分，它既沉淀了岭南文化的精髓，又突出了岭南文化的特点。因此，荔湾区作为岭南文化的中心地、西关文化的发祥地，具有发展文化旅游业的丰富资源，发展民宿产业，有着得天独厚的地理和文化优势。

对于荔湾区而言，民宿行业可以促进荔湾区经济的发展，也可以延续西关文化的传承。发展民宿行业，荔湾区势在必行。据统计，目前广州市荔湾区民宿房源约有 35 家，主要集中在荔湾北片恩宁路—荔湾湖文商旅活化提升区一带。把西关大屋等老建筑开发为民宿，尝试将其活化，推进文旅融合，既凝聚浓郁的西关风情，又各具创意和特色。这些民宿不乏精品之作，深受游客特别是年轻人的喜爱，日常入住率为 50% ~80%。然而受传统建筑、地域、面积等方面的影响，目前荔湾区民宿产业的发展现状尚不理想，主要表现在以下几个方面。

（一）起步晚、规模小、经营成本高

荔湾区发展民宿业起步比较晚，现有的民宿大多是 2017 年后开始经营的。相对丽江、大理、厦门以及广州市其他兄弟区的民宿发展情况，荔湾区民宿产业起步较晚，发展尚未成熟，存在规模小、分布散、品牌薄弱等问题。目前荔湾区的民宿经营模式是“公司 + 业户”型，由于西关的民宿多是急需保护改造的“老破小”的西关大屋，经营者投资成本高，短期内难以获得丰厚的回报。民宿经营在创新能力、管理能力和营销能力方面都存在一定程度的劣势与不足。

---

① 《习近平：像爱惜自己的生命一样保护好文化遗产》，新华网，2015 年 1 月 6 日。

（二）传统建筑保护、开发难度大，且存在安全隐患

荔湾区民宿主要由传统老房子改造而成，多为砖木结构，一方面耐火等级低，疏散出口不足；另一方面广州湿热多雨的气候容易造成木质结构受潮，损害传统建筑，造成“二次伤害”，这也使得民宿消防安全问题越发突出。经核查，全区35家民宿房源，均没有在公安系统进行备案登记，不仅加大了公安、消防等部门的监管难度，也提高了违法犯罪的风险，存在一定的安全隐患。

（三）行业经营者素质参差不齐，行业秩序混乱

在荔湾区，大多数的民宿经营者为房屋所有者或是租赁者，他们往往根据自身需要将民房进行改造，多数属于无证照经营，经营者对民宿的管理缺乏系统、有效的措施，营销较为松散，民宿行业秩序较为混乱。行业发展缺乏标准，经营管理不够规范。民宿经济总体上仍处于自我发展状态，因此，存在产业定位不清、布局不合理、发展不均衡、恶性竞争等问题。

三　当前广州市荔湾区民宿业面临的挑战

由于西关文化旅游产业发展面临着旧城改造、转型升级等诸多困境，在一定程度上制约了荔湾区民宿行业的发展。2019年4月，广州市颁布《广州市民宿旅游发展专项规划（2018～2035）》，要求广州打造三大特色片区、八大重点发展区以及20个标杆示范片区，这更是为荔湾区民宿行业的发展带来了全新的机遇与挑战。现阶段，荔湾区的民宿产业发展尚在起步探索阶段，尽管在历史文化底蕴、交通便利方面具备一定优势，但相对于云南丽江、大理、深圳、厦门等城区民宿业的快速发展，仍存在一些亟待解决的问题。

（一）同质化程度高，创新发展后劲不足

荔湾区的民宿行业仍处于起步探索阶段，民宿在经营模式、服务内容、发展形态等方面的差异不明显，有些甚至是照搬其他地区民宿的装修风格和理念，没有突出自身的文化优势。相比广州市其他中心城区，荔湾区优质的和特色的住宿设施严重不足，留不住游客已经成为荔湾区旅游业的痛点。目前，荔湾区登记备案的宾馆酒店共362家：其中仅有五星级酒店1家，四星级酒店2家，三星级精品酒店2家，二星级酒店4家，其他普通的酒店宾馆多达353家，登记备案的民宿为0家，旅游住宿承载能力不足，导致大多游客来荔湾区观光游览后，选择到其他区住宿，留不住游客，难以产生旅游带动作用。以荔湾区西关的民宿为例，大部分民宿经营者不善于将岭南文化元素融合，导致区域内的民宿主体不突出、特色不明显，存在普遍的盲目跟风和抄袭的现象，甚至盲目追求现代化和商业化，忽视本土建筑、生活、人文和艺术等层面的传承和开发，其经营方式与手段相对单一，民宿的设计理念和风格如出一辙，西关文化特色不突出，创新发展后劲不足。

（二）独具岭南特色的西关建筑面临严峻的考验

随着城市飞速发展和人口急剧增长，旧城民居不断拆迁，商品房大肆兴建，不少富有地方特色的西关建筑正面临严峻的考验。例如，西关古老大屋现存数量已从清末民初鼎盛时期的800多间变成不到100间，其中尚有保留价值的则只剩下10间左右，如十三甫正街15号的西关大屋等。

独具岭南特色的西关建筑是广州宝贵的物质文化遗产，是发展荔湾文旅产业的最重要的资源条件。徜徉在老街老巷中，仿佛回到了百年前的西关，再次感受地道的西关民风和历史的变迁。从传统文化的保护、传承与发展来看，民宿的改造和开发必须重视传统建筑的历史文化价值，力求在保留原貌的基础上加固修复，这就加大了民宿改造和开发的难度。西关大屋在人为拆建下日益稀少，部分西关大屋因修复理念不当造成不伦不类的效果，从而失去艺术欣赏价值。恩宁路骑楼街以及永庆坊等，同样面临开发难、修缮难的诸多难题。

（三）文化主题推广不够，旅游产品亟须规划和推广

受市场变化大、新媒体发展迅猛等因素影响，文化旅游产业往往受到趋众性的影响，在文化旅游的主题上可能会出现定位不准、随波逐流甚至是逐利的情况。特别是在过于追求经济效益、唯 GDP 的观念影响下，地域文化尤其是旅游文化变得无所适从，随意性强、开发整合不够、宣传力度不够，旅游文化主题被淡化，配套的旅游文化产品亟须规划和推广。而在当前，西关文化旅游产业的主题推广仍显得力度不足，在世界上的知名度还不够响，需要进一步加强精品旅游路线，精品民宿和特色旅游产品的规划、宣传和推广。

（四）上级政策与地方执行冲突较大

近几年，国务院办公厅、国家发改委、中宣部、商务部等有关部门陆续颁布了有关指导意见，肯定了民宿的业态发展，支持发展共享经济，国家政策鼓励民宿业发展。然而当前民宿业仍处于法律、政策真空期，现阶段，我国尚未出台民宿安全保障规章体制、卫生许可标准与服务标准规范，导致各地民宿经营管理无法可依、无章可循、无制可考。鲜有地方监管部门出台民宿建设规划或制度、条例，且民宿产业统筹谋划不到位，长期处于自我发展状态。民宿业目前只能参照旅馆业或房屋租赁进行管理，而按照当前民宿行业“住改商”的实际情况，以这两种管理方式申办相关临商证明，是绝对申办不成功的，更别提办理工商营业执照和旅馆特种行业许可了，这也是荔湾区 35 家民宿房源为何没有在公安系统进行登记备案的原因。

四　影响民宿业发展的原因分析

综合民宿行业面临的困境和难题，结合荔湾区经济、社会的发展趋势，可以从以下几个方面分析西关民宿行业面临困境的原因。

（一）资金及规划的因素

无论是旧房修葺、拆迁补偿、设施升级，还是人才培养都离不开资金投入，这些经费单靠政府的财政支持是远远不够的，单一的资金筹集模式也不利于西关民宿行业可持续的良性发展。此外，民宿行业规划不足、有关职能部门合力不够。政府在民宿产业发展的引导、管理、服务等方面缺乏有力的手段；没有对民宿行业的发展做针对性的规范管理，前期的规划设计不够合理，相关职能部门合力不够，导致民宿行业发展秩序混乱。

（二）开发模式的因素

作为岭南文化的中心地，荔湾区历史文化底蕴深厚、文化资源丰富，如陈家祠、詹天佑故居、粤剧艺术博物馆、荔枝湾涌、恩宁路永庆坊等，但由于缺乏统一的规划利用，各类文化资源缺乏充分的整合，开发利用不够，无法形成特色文化产业链，带动不了西关文化的发展，一定程度上制约着文商旅活化提升建设的发展。同时，西关文化开发模式单一，缺乏创意。西关大屋与骑楼街建筑群以其岭南文化特色为主要卖点，多建设成特色小街，如龙津西骑楼式的沿街小商店、荔枝湾沿岸西关大屋建筑群等，但风情区的周边配套设施不够完善，如缺少公厕、公共电话、邮箱、指示牌等，衍生的旅游服务项目相对较少。

（三）环境空间的因素

西关作为广州的老城区，一直面临着人口密度大、路段复杂、老旧社区多、交通容易堵塞的问题，此外，还有不少违规店铺占道经营，对于环境逼仄的老西关来说不堪重负。环境空间拓展问题如果不妥善解决，既不利于旅游路线的有效组织，也不符合消防安全的要求。目前，荔湾区用于改造为民宿的房屋，多为“老破小”的西关大屋，房屋较为破旧、面积小、改造难度大，极容易带来安全隐患。

（四）政策限制的因素

中央、省、市颁布的有关发展民宿行业的指导意见和文件，一定程度上增强了民宿经营者的信心。尤其是近年来广州市政府重视民宿行业的发展和规范，也制定了有关的管理办法，对促进民宿业发展具有一定作用。然而，在政策执行的过程中，由于缺乏具有针对性的民宿管理办法，政府有关职能部门对民宿行业的监管依据不同，对民宿的登记备案、审批管理等都缺乏统一的指导性意见，导致各部门对民宿业疏于管理、淡化责任。

（五）机制体制的因素

发展民宿行业，除了政府引导、政策支持外，合理、有效的监督管理机制也是不可或缺的。当前广州市以及荔湾区暂未建立关于民宿行业的监督管理机制和出台管理细则，由于缺乏合理、有效的联动机制，政府无法对行业进行规范化、精准化的管理，导致民宿行业管理不规范、行业秩序混乱。

五　推动民宿业发展的几点建议

2018 年 10 月 24 日，习近平总书记在广州考察时，用“老城市新活力”为广州发展点题，用“四个出新出彩”为广州发展指明方向，这是对广州发展的肯定，也是对荔湾区发展的鼓舞。对此，我们要坚定文化自信，努力做大做强民宿这一新兴行业，自觉担负起传承和弘扬岭南文化的重任，让西关文化通过荔湾民宿这个名片展示魅力、大放光彩。面对当前民宿行业面临的困境，我们要紧扣文化旅游的主题，发展民宿产业，打造具有广州西关元素和岭南文化内涵的特色民宿，展现、传承和活化荔湾文化，推动形成一批有地域特色、有西关风情、有广州情怀的精品旅游民宿，为建成荔湾区老西关风情文创民宿发展区提供坚定的保障，为广州文化旅游业高质量发展做出积极贡献。

（一）建立健全监督管理机制，营造良好的行业氛围

一是推动建立健全民宿管理机构机制，由区文广新局牵头，公安机关、消防、市场监管等部门配合，参考2019年6月21日广东省人民政府出台的《广东省民宿管理暂行办法》，结合荔湾区实际情况，出台荔湾区民宿行业管理相关细则，研究制定荔湾区民宿行业标准，严格控制民宿经营资格、服务内容等，规范民宿行业的管理；研究出台便利市场准入、加强事中事后监管的管理办法，合理设置民宿的准入门槛，把握好行业准入原则，相关部门协调配合做好长期监管工作。

二是建立民宿行业管理联动机制，由区政府牵头，建立民宿行业管理联动机制，成立民宿行业协调管理工作小组，主要成员由区文广新局、区公安分局、区市场监管局、区税务局等有关单位组成，对荔湾区民宿行业的“办证难”问题进行商讨并提出切实有效的解决办法。

三是引导建立民宿行业组织，鼓励有关单位负责人、民宿机构代表积极参加，完善荔湾区民宿行业组织建设，成立荔湾区民宿协会，选举协会会员，定期召开交流会，加强民宿行业的内部交流，实现信息、经验的沟通分享，营造良好的行业氛围，保障民宿产业实现可持续健康发展。

（二）重视发展定位的研究和规划，促进产业科学协调发展

一是明确发展定位，充分发挥恩宁路、宝源路、聚龙古村、沙面等传统街区深厚的人文历史资源，研究规划具有西关特色的民宿发展区，构建集食、住、行、游、购、娱于一体的“西关老街风情”特色旅游区街，引导民宿行业向规模化、规范化、高标准、高质量发展。要提高民宿的外观装潢设计水平，融合现代理念和地方特色，使其符合现代新型消费需求，展示艺术文化方面的个性化特征，形成民宿自身的优点。

二是推行先行先试，优先把景区内的精品民宿作为试点单位，鼓励经营者开发完善民宿文创产品，不断提升服务品质，树立品牌形象；同时结合荔湾区辖内城中村改造及微改造工作，精准选点，可在恩宁路骑楼街一带发掘

适合改造为民宿的文化建筑物，重点选择原先正在经营的宾馆酒店进行升级改造，打造民宿示范点，扩大民宿文化的辐射区，形成旅游集聚点，促进民宿行业科学协调发展。

（三）加大政策扶持力度，保证资金筹集方式的多样化

一是通过经商优惠、企业融资、政企合作等方式加大政策扶持力度，多渠道筹集资金。加大资金投入力度，保障恩宁路历史文化街区等旧城改造项目顺利进行，结合城市更新改造项目，探索发展民宿行业的新思路，为荔湾区民宿的开发、升级和改造提供有力的基础条件保障，可以参考番禺区沙湾古镇的农荫厅，通过公开众筹的方式筹集资金，将破旧的历史建筑物改造成为独具广府风格的民宿，不仅减轻了财政投入的压力，也拓宽了资金渠道，保持资金良性循环，为传统文化活化提升提供最有力的物质保障。

二是制定专项政策，鼓励利用传统特色建筑开办精品酒店、个性民宿，并在财政支持、基础建设等方面加强政策保障，可以针对民宿这种租赁新形式专门制定简单易操作、成本低的房屋管理登记备案及税收缴纳制度，通过政策和资金支持，适度降低民宿行业的经营成本。

（四）完善相关配套设施，不断提升行业服务水平

首先，加强文化景区周边配套设施的建设，完善公共厕所、指示牌、停车场等配套设施，打破传统营销模式，可以利用微信公众号、互联网等网络平台宣传推广荔湾区特色文化项目。其次，加强民宿行业专业人才培养，探索建立统一的民宿人才保障机制。最后，通过组织举办论坛、座谈会，与高校合作开办民宿专业课程，提高经营者和从业者的服务水平和技能，为民宿经营管理人员提供更好的成长平台，吸引有关专业人才落户荔湾，争取高端设计管理人才的智力支持，提升民宿的专业化水平和服务水平。

（五）探索“政府＋企业（个人）＋民宿”的新型经营模式，推动行业向纵深发展

在发展民宿旅游产业的过程中，可以探索采用以政府为主导，企业、个人共同经营发展的经营模式。

一是由政府主导寻找各方面优势资源，建立开放性、多元化的市场融资渠道，制定经营优惠政策，拓宽资金渠道，充分发挥民宿、企业（个人）、政府在各个方面的优势，促进其全面协调发展。

二是加大民宿经营者与政府、群众的沟通，加强行业间的交流学习，在成立荔湾区民宿协会的基础上，定期召开民宿行业大会，加强政府、有关职能部门和民宿经营者的沟通，共同为荔湾区民宿行业的发展献言献策。

三是对民宿的修建实行统一的规划，形成合理的布局，将民宿与荔湾区旅游路线进行整合，与景点门票、餐饮、电影、伴手礼等一体化打包销售，满足消费者的多元需求，进一步拉伸民宿产业链，推动民宿行业向纵深发展。

四是探索建立政府为经营主体，与企业（个人）签订合作协议，聘请企业或是个人作为民宿的日常经营者，对民宿进行日常的管理，由政府和企业（个人）共同经营民宿，逐渐形成民宿国有化、标准化，进一步规范民宿行业的发展，让民宿行业在合法化、标准化和规范化的进程中越走越远。

B.17

关于加快推进文商旅融合发展的对策与建议

——以花都区打造粤港澳大湾区北部旅游生态合作区为例

中共广州市花都区委宣传部课题组*

摘　要：本文通过梳理广州市花都区文商旅融合发展的现状，分析其存在的产业整体规模小、影响力弱，产业发展分散、融合度不够，产品类型单一、体验感较差等问题，提出加速推动大湾区北部旅游生态合作区进程，加快推进大湾区文化旅游集散枢纽建设，着力推进北站至机场文商旅融合发展示范带，丰富提升“花漾花都”形象内涵，构建文商旅产业融合生态圈等政策建议。

关键词：文化产业　融合发展　新型业态　高附加值

建设粤港澳大湾区是习近平总书记谋划、部署和推动的国家战略；推动“四个出新出彩”实现“老城市新活力”，是习近平总书记对广东的重要指示要求，更是对广州的重要指示要求，同时也是对花都区的重要指示要求。2019 年 9 月以来，花都区委宣传部成立课题组，深入全区各街镇、各旅游景区、旅游企业开展实地调研，多次召开座谈会听取有关部门负责

---

* 课题组成员：邹璇，中共广州市花都区委常委、宣传部部长；李君民，中共广州市花都区委宣传部常务副部长；郑明治，中共广州市花都区委宣传部文艺版权科科长；吴术球，中共广州市花都区委宣传部理论科科长。执笔人：吴术球。

人、旅游行业代表、企业的意见建议，同时充分学习借鉴上海、杭州、青岛、香港、澳门等城市推动文化、旅游、商贸发展的先进经验，并积极与广州市、清远市旅游部门和香港旅游行业等有关方面对接沟通，在此基础上，系统梳理花都区文商旅融合发展的基础条件和差距短板，谋划花都携手清远等各方加快推动合作区建设、打造粤港澳旅游目的地的对策措施，为推动花都高质量发展实现新突破、打造粤港澳大湾区北部活力引擎提供有力支撑。

一　现状和基础

花都区是广州的“北大门”和“后花园”，具有优越的交通区位优势、发达的商贸功能、丰富的旅游资源和深厚的历史文化底蕴。与此同时，白云机场综合保税区、国家级临空经济示范区、国家跨境电子商务综合试验区、国家绿色金融改革创新试验区、国家市场采购贸易方式试点、中澳新韩自贸产业园区等国家级重大政策平台相继落户花都，文化、商贸、旅游等产业持续健康快速发展，这些为花都区推动文商旅融合发展、打造粤港澳旅游目的地奠定了良好基础，创造了有利条件。

（一）区位交通优势明显

一是区位优越。花都区地处珠三角通往内陆的交通要道，是广州北大门，素称“省城之屏障、南北粤之咽喉”，坐拥白云国际机场、广州北站空铁联运优势，是粤港澳大湾区重要的国际空铁枢纽和交通门户：向南直通广州中心城区，向西连接广佛肇经济圈，向东对接深莞惠等珠三角东部区域，向北连接清远、韶关等粤北地区以及武广高铁沿线城市。

二是交通枢纽。花都区拥有发达的“空、铁、水、路”立体交通网络，境内有新白云国际机场、广州北站、花都港，现有 7 条高速公路（广清高速、京珠高速、肇花高速、机场高速、西二环高速、北二环高速、广乐高速）和 3 条国道（105 国道、106 国道、107 国道）、4 条轨道（已建成：地铁9号线和3号线；在建：新白广城际、广清城际）交通穿境而过，35~40分钟可达中心城区。目前，花都区正大力实施“航空枢纽+大综合交通”战略，以新白云国际机场和广州北站为核心，打造“空铁联运”大综合交通体系。届时，花都主城区将与白云机场形成“10分钟通勤圈”，与市中心形成“30分钟通勤圈”，与珠三角周边城市形成“1小时通勤圈”，2个小时车程范围内覆盖了华南27个大中型城市，综合交通优势在广州乃至整个华南地区都是首屈一指的。

（二）自然人文资源丰富

一是人文积淀厚重。花都地区文物古迹众多，地方文化绚丽多彩。现有24处全国、省、市重点文物保护单位，22项非物质文化遗产项目，11处广东省古村落，既有洪秀全故居、洪秀全纪念馆、冯云山故居遗址、资政大夫祠古建筑群、盘古王庙等文物古迹，又有道家文化圣地圆玄道观、佛学修养地华严寺等道观、寺庙、道观，以及高溪、港头、水口营、塱头、藏书院、茶塘等众多古村落。非物质文化遗产有广州灰塑、广州珐琅、花都元宵灯会、盘古王诞、瑞岭盆景、粤剧粤曲、南狮等地方特色文化，无不体现了花都文化的深厚底蕴。

二是旅游资源丰富。花都区现有对外开放景区景点25处，其中国家AAAA级景区3家（九龙湖度假区、石头记矿物园、广东圆玄道观），国家AAA级景区4家（洪秀全故居、红山村、塱头村、中国皮具产业文化创意园），省（市）级旅游名镇（村）3处，梯面镇先后被评为“广州特色乡村旅游点”和“广东旅游特色镇”，塱头村、茶塘村与藏书院村被评为“广东省古村落”，芙蓉旅游度假区被评为“省体育旅游示范基地”。

三是自然生态优良。花都是广州北部生态屏障，“三山一水六平原”，“山、水、林、田、花”各具特色，有6个森林公园面积共9954.67公顷（王子山森林公园、高百丈森林公园、九湾潭森林公园、福源森林公园、蟾蜍石森林公园、丫髻岭森林公园），72座中小型水库（水面面积约18.68平方公里），生态用地面积超过辖区面积的50%，森林覆盖率为36.55%，全年空气质量达标天数比例达 95.9%，是在繁华的广州国际大都市中难得的生态宜居之地。

（三）文商旅产业发展基础良好

一是宏观政策条件有利。白云机场综合保税区、国家级临空经济示范区、国家跨境电子商务综合试验区、国家绿色金融改革创新试验区、国家市场采购贸易方式试点、中澳新韩自贸产业园区六大国家级政策平台相继落户花都区，为文化、商贸、旅游等各个产业发展带来十分难得的政策机遇。与此同时，花都区委、区政府高度重视，成立了由区政府主要领导任组长，区委常委、宣传部部长任常务副组长的旅游产业发展领导小组，统筹全区文化旅游产业发展的战略部署、政策制定、项目推进、市场主体引进培育等各项工作。先后制定出台《花都区推进旅游产业发展打造粤港澳旅游目的地工作方案（2018～2020 年)》《花都区加快促进旅游产业发展的政策措施》《花都区促进民宿业发展的指导意见》《花都区民宿开办指引》等一系列政策措施；文化产业方面，区财政设立了每年 200 万元的文化产业发展专项资金，研究制定了《花都区关于加快文化产业发展的实施意见》《花都区电子商务产业发展扶持办法》《花都区加快数字文化产业发展扶持政策（试行)》，在招商引资、用地支持、税收优惠、人才引进等方面整合出台一系列切实有效的政策措施。

二是文商旅产业保持良好的发展势头。在文化产业方面，以文化制造业为主的产业格局初步形成，灯光音响、皮革皮具、珠宝等具有花都特色的文化制造业不断发展壮大，初步形成了珠宝小镇、花山小镇、中国皮具文化创意园等文化产业聚集区，被评为“中国皮革之都”“中国音响之都”“中华珠宝之都”，中国（狮岭）皮革皮具节、花都国际珠宝节、花都国际音响展销会等会展节事在国内都具有一定的影响力。在商贸业方面，全区目前拥有各类商贸业网点 7.8 万个，营业面积 5000 平方米以上的大中型零售网点 52 个，营业面积 1000 平方米以上的酒店（酒家）98 家；全区共有投资 5000 万元以上的大中型商贸物流业项目 24 个，其中在建项目包括欧尚花都超市、富力环贸港、骆驼集团总部等11个；电子商务呈现快速发展的良好势头。2018年，全区电子商务企业网络交易额约200亿元，比2016年增长25%。在旅游产业方面，2019年1~9月花都区接待游客约972.73万人次，同比增长10.28%，入境游客7.61万人次，旅游业总收入约61.41亿元，同比增长19.01%。特别是在融创文旅城开业带动下，花都区共接待游客约232.61万人次，同比增长40.85%，旅游业总收入7.62亿元，同比增长46.82%。

二 存在的问题及其原因分析

花都区虽然拥有机场和北站空铁联运综合交通体系、丰富多彩的自然和人文旅游资源、龙头旅游项目带动等优势条件，但是以打造粤港澳大湾区旅游目的地的战略目标定位来审视，还存在不少短板和问题，需要引起高度重视。

（一）产业整体规模小、影响力弱

一是文化产业方面。统计数据显示，2017年度文化产业增加值为41.39亿元，占全区GDP的比重仅为3.21%，在地区国民生产总值中所占比重还比较低，距离把文化产业打造为支柱产业（GDP占比5%以上）的要求还有较大差距。花都区文化产业单位总数虽然有2084家，但只有80家是属于“四上”文化产业单位，占比不足4%，仅有国光电器、飞达音响2家被列为全市重点文化企业。

二是商贸业方面。全区商贸服务业发展中以中小型企业居多，规模以上企业数量少，2018年规模以上商贸企业数量246个，仅为番禺区50%左右，并且缺少带动作用强的龙头骨干企业，知名品牌少、产业链条短。现有各类住宿餐饮网点10000多个，其中星级酒店18家、钻级酒家1家；限额以上住宿餐饮企业共55家，占比仅为0.55%。

三是旅游产业方面。花都区旅游协会有会员单位215家，其中旅游企业79家，只有3家被纳入统计范围，没有符合纳统条件的限下旅游企业，除了新开业的融创文旅城和新迁入的南湖国旅之外，无一家旅游企业是规模以上企业。游客总体集中在省内，尤其以广州市内客源为主，中远程客源市场还没有得到有效开发。花都区坐拥白云机场和广州北站两大交通枢纽，虽客流量大，但大多数游客仅在花都区中转，以花都区为旅游目的地的省外游客和境外游客少。2019 年上半年花都区入境游客约 6 万人次，仅占游客总数约 1%。以融创文旅城项目为例，根据融创乐园统计平台提供的数据，融创文旅城约 61% 的游客来自广州本地，约 25% 来自省内其他城市，7% 来自香港，2% 来自澳门，仅有 5% 的游客来自国内其他省份和国外。

（二）产业发展分散、融合度不够

一是产业结构不平衡。文化产业大多以中小企业为主，多为小型化、个体化、作坊化的小企业，“小、散、弱”的局面还比较严重，缺乏龙头企业、品牌企业，更缺乏具有市场领导地位的大型文化企业带动。商业功能区和大型零售商业网点主要集中在新华城区，周边镇没有大型零售商业网点和商业功能区，且由于各镇农村人口多，以自产自销的农产品为主，消费力不强。旅游景区普遍小、散，市场竞争力弱，旅游开发整体水平较低，上规模的知名景区没有形成主题鲜明的市场形象。

二是产业融合度不够。商业与文旅融合深度不够，除融创文旅城外，大多数商业体、商圈仍然表现为百货商场或城市商业综合体的形态，商业场所多、文旅项目少；农业与旅游业融合度不够，仅以农家乐和乡村观光为主，特色农产品商品化率不高，产业附加值有待进一步提高；现代工业旅游产品开发不足，汽车、皮革皮具、珠宝等产业旅游资源挖掘利用不够，工业旅游产品有待进一步挖掘、包装、整合和提升。

（三）产品类型单一、体验感较差

一是旅游资源文化内涵挖掘不够。对旅游资源的文化内涵和地域文化价值发掘与创新不够，文化主题不鲜明，无法满足游客体验参与、感受独特文化的深层需求。旅游产品类型以自然和人文观光为主，旅游产品规模较小，缺乏具有带动旅游市场活力的旅游消费产品，创新力度较为薄弱，导致花都区旅游出现停留时间短、旅游消费低、游客体验浅等问题，没有形成核心的文化旅游品牌和名片。

二是文化遗产市场化程度不够。花都区有着丰富的历史文化资源和人文资源，但许多文化资源、文化市场的开发力度有待加强。对洪秀全故居、民俗博物馆、盘古王庙、古村落等历史文化景点的开发力度比较小，未能发挥其应有的影响力；对广州灰塑、广州珐琅、盘古王诞、瑞玲盆景等非物质文化遗产的市场化开发还不够，未发挥出其文化价值的作用。

三是商场或商业综合体与文旅项目联动少。商贸产业以传统商贸业为主，企业经营模式基本还停留在传统方式上，缺乏在移动互联网背景下的创新内涵，难以满足外地游客的多元化体验需求。全区共有营业面积5000 平方米以上的大中型零售网点 52 个，除了融创文旅城具有文化、旅游、商业相互融合的复合业态外，大多是综合性的商场，业态单一且同质化严重。

三　对策和建议

坚持以习近平新时代中国特色社会主义思想为指导，深入贯彻落实习近平总书记对广东的重要讲话和重要指示批示精神，特别是总书记关于广州要“实现老城市新活力”、在城市文化综合实力方面“出新出彩”的重要指示精神，主动对接粤港澳大湾区建设，以文化引领、商业支撑、旅游带动、产业融合为主线，以引进培育市场主体为切入点，加强战略谋划和顶层设计，加快推进粤港澳大湾区北部旅游生态合作区建设，通过以文促旅、以旅兴商、以商助文，引导推动文、商、旅三大部门产业资源的跨界共享和渗透增值，全方位组合并放大花都区优势，形成推动花都区经济高质量发展的新动力源和增长极。

（一）加速推动大湾区北部旅游生态合作区进程

一是创新区域合作体制机制。依托省、市、粤港澳大湾区建设和广清一体化工作机制，突破行政区划界限，推动建立合作区建设工作机制，协调广州、清远两地资源，主动对接香港、澳门特别行政区，深化与香港、澳门文化旅游行业的衔接，推动文旅产业规划标准衔接，积极探索先行先试政策，推进体制机制创新，在交通设施、项目建设、市场开发、人才培训等方面开展全方位、深层次交流合作，促进广清港澳四地产业要素流通和生态资源优化配置，推动文商旅体融合发展，形成产业共推、品牌共建、环境共治、交通互连、设施共享的区域产业协调发展合作机制。

二是推动区域旅游一体化发展。发挥花都与清远在区位相邻、交通一体、资源共享、产业互补等方面的优势，依托广清城际、地铁、高速公路等一体化交通，以花都融创和清远长隆两大项目为引领，在推动广清旅游一体化先行一步。通过构建便捷的旅游交通体系，有效整合港澳游客资源、铁路旅客资源和机场高端旅客资源，充分发挥香港、澳门、广州、清远四地文化旅游的综合效益和融合效应，共同开发“一程多站”旅游产品，积极培育旅游消费新业态，提供“吃、住、行、游、购、娱”一体化服务，打造具有全球影响力和辐射力的世界级休闲旅游目的地。同时联合推进旅游市场营销国际化，开展合作区旅游产品的整体营销，共同开拓国内外旅游市场。

（二）加快推进大湾区文化旅游集散枢纽建设

一是加快推进北站文商旅综合体建设。主动对接粤港澳大湾区建设，加强与港澳旅游行业对接合作，充分发挥港澳在国际化程度、入境便利、与外国旅游市场接轨以及旅游配套等方面的优势，引进港澳国际化的市场主体和旅游配套元素，围绕建设“休闲湾区”这一目标，探索在广州北站及其周边规划建设含零售、旅游、办公、研发、文化创意、文化设施、生活配套、酒店、居住等功能区，实现与地铁、高铁、白云机场 T4 航站楼无缝接驳，打造集旅游服务、游乐消费、旅游购物、保税免税、商务创业、文化总部等于一体的大型文商旅综合体；探索实施更加便捷的港澳出入境政策、更加快速的通关流程、更加便利的游客消费结算方式、更加高效的金融外汇结汇方式，积极开发高铁、航空旅游精品线路，打造粤港澳大湾区旅游综合服务集散枢纽，为国内外游客前来大湾区各大旅游目的地提供一站式服务。

二是充分发挥空铁联运大综合交通体系的辐射带动作用。统筹推进高铁、地铁、城市轨道、高快速路网建设，加快融入以广州为中心的湾区“1小时交通圈”，利用广州北站和白云国际机场的空铁联运枢纽，强化空铁联运平台的核心引擎功能，积极推动广清城际一期运营、二期启动建设，加快穗莞深城际、新白广城际建设，推动地铁 8 号线北延线规划优化及建设，积极争取原 13 号线北延线、18 号线北延段、9 号线西延段规划建设，加快形成广清一体化交通网络，串联区域内众多旅游项目和旅游产品，辐射带动广州北部、清远南部的整体建设发展。

（三）着力推进北站至机场文商旅融合发展示范带

一是加大北站至机场沿线资源的整合融合力度。依托空铁联运大综合交通体系，以白云国际机场、广州北站为支点，面向铁路旅客资源和机场高端旅客资源，充分利用机场综合保税区、144 小时过境免签等政策，有效整合广州北站文旅枢纽、数字文化创意产业园、融创文旅城、美华航空体验基地、中澳新自贸产业园、圣地环贸港等各类商业服务，融合串联资政大夫祠、珠宝小镇、花山小镇、三华古村等文化旅游资源，打造集商务、会展、商贸、文化、旅游于一体的商旅文融合发展产业带。

二是发挥融创文旅城的项目引领作用。推进实施《融创文旅城旅游配套规划》，围绕完善提升“吃、住、行、游、购、娱”旅游六要素，以美食、购物、体育运动、休闲娱乐等产品为支撑，推动花都城市休闲与主题游乐深度融合。以融创文旅城为龙头，进一步发挥花都文旅城的辐射带动作用，促进文旅城与花都其他旅游景点有效联动，以点带面、连线串珠，重点打造 3 ~4 条较为成熟的花都特色旅游线路，让游客进得来、住得下、玩得好。

三是打造大湾区数字文化产业创新试验区。充分发挥广东自由贸易试验区、内地与港澳的 CEPA 协议、综合保税区，国家赋予广州深化服务贸易创新发展试点、广州绿色金融改革创新等政策优势，依托花都数字文化创意产业园和融创文旅华南总部，引进香港影视、数字文化、文创人才和企业机构，建设数字文化产业基地和研发中心，促进影视、VR、电竞与旅游、文化、金融等关联产业的融合发展，打造粤港澳大湾区数字文化产业创新试验区。

四是打造跨境旅游购物中心。在北站至机场文商旅融合发展示范带设置免税购物店、“离境退税”商业网点。探索在广州北站建设空铁联运保税展示体验和购物免税综合体，实施保税免税贸易、跨境电商的国际物流空运通行及优惠政策，实现北站购物机场提货、北站购物异地提货的方式，形成“展示 + 贸易 + 物流 + 互联网”的产业链。充分利用国家级市场采购贸易试点政策，加快圣地环贸港建设，引进布局大型跨境电商“O2O”线下体验店和境外品牌直销店，积极引导企业开发“市场采购贸易”旅游产品，打造集创意设计、手工定制、时尚发布、皮具文化展示、购物体验等多功能于一体的创意设计园区，推动传统商业向体验消费转型，形成“创、研、产、销”文商旅一体化产业链。

五是发展航空体验旅游项目。加快推进美华航空体验中心项目建设，打造集航空培训、训练设备研发、航空博览及飞行体验等现代航空服务业为一体的航空培训体验基地。积极配合市空港委推进中澳新自贸产业园建设，打造集商品贸易、服务贸易、总部经济、加工物流、企业对外投资服务、空港城市生活配套六大功能于一体的空港城市综合体。

（四）丰富提升“花漾花都”形象内涵

一是打造“购在花都”品牌。推动专业市场向高端服务型、总部型、展贸式、电商化、国际化和创业创新型等现代市场转型发展。引导花都区传统市场接轨电子商务、现代物流、数字会展等新业态。引导商业中心、商业街和商业繁华地段的传统中小型专业市场，通过业态转型，促进其向以融创文旅城为代表的现代购物中心、社区商业中心和购物商场发展。鼓励商业综合体、旅游景区（点）经营主体融合前沿科技，充分结合 VR、AR 等新潮技术提升游客体验，丰富商业综合体的文化、旅游元素，增添旅游景区（点）的商业板块，满足游客的多元化消费需求。利用广州北站打造亚太铁路现代物流枢纽、现代铁路综合商圈等品牌推动花都区传统批发市场转型升级，依托圣地狮岭（国际）皮革皮具城、富力环球贸易港等，推动有条件的服装专业市场向研发设计、时尚发布、品牌孵化等综合功能转型；加强特色旅游购物街区建设，在城市建设中充分考虑旅游商品购物功能，完善多层次的城市旅游购物体系，整合城区商业街区，打造具有地域风情的特色旅游商品购物街区。

二是打造“食在花都”品牌。发挥白云机场综合保税区、国家跨境电商产业园、中澳新自贸区等区位和政策优势，引进市场主体利用跨境食材开办美食城、海鲜城等，支持各类海内外品牌餐饮企业进驻花都，荟萃世界各地美食。打好乡村生态美食品牌，深入推进实施“粤菜师傅”工程，与粤菜大师、烹饪学校合作组织乡村厨师技能教学、餐馆服务礼仪培训，把“粤菜师傅”工程与乡村振兴结合起来，与民俗文化、农业观光休闲结合起来，深入挖掘炭步芋头、京塘莲藕、山水豆腐等本土特色美食，打造一批乡村粤菜美食旅游景点和精品线路，推出一批花都本地名厨、名菜、名店、名村。着力打造地方特色美食街区和一批特色餐馆、特色农家乐，开展丰富多样的花都美食节庆活动，合理布局满足各类人群需求的高、中、低等不同档次餐饮。

三是打造“游在花都”品牌。保护利用历史文化古村和历史建筑（乡土建筑），发挥历史文化资源的经济价值。整合洪秀全故居、资政大夫祠、盘古王公园等人文资源与以圆玄道观、华严寺、东方寺等为代表的宗教资源及以塱头村、茶塘村、藏书院村、港头村、水口营村、三华村为代表的古村落旅游资源，通过整体策划包装和宣传，打造全新旅游线路，推进现有旅游景区景点的升级改造，完善旅游厕所、停车场、步游路、标志标牌等配套设施，提升管理服务和景区绿化景观以及智能化建设水平，植入并强化文化休闲功能，发展特色餐饮、精品住宿、旅游商品购物等，延伸旅游产业链条，增强游客的消费意愿和消费动力。

四是发展特色节庆活动。继续办好花都文化旅游欢乐周等主题活动，从“吃、喝、玩、乐、购”等各方面策划推出一系列贴近游客需求的文旅活动，吸引广大旅游市场主体和市民参与，擦亮花都文化旅游节庆品牌。积极开展红山村油菜花节、炭步芋头节、民俗博物馆荷花节、乡村拔萝卜体验、狮岭千亩桃园采摘等乡村节庆活动，大力推动乡村生态休闲旅游发展。在进一步扩大花都文化旅游节、美食节、盘古王文化节、花都元宵灯会、皮革皮具节、镇街文化节等各类节庆活动影响力的同时，培育壮大花都户外骑行、徒步、马拉松赛事等大型体育赛事活动，策划举办灯光秀、音乐节、赏花节等更具现代时尚感和吸引力的文化旅游活动，进一步提高花都文化旅游品牌形象知名度、美誉度。

五是开发花都特色文旅商品。以花都文化元素和地域特色为核心，将非物质文化遗产保护与商贸、旅游有机结合起来，重点扶持广州灰塑、广州珐琅、钉金绣、瑞岭盆景、狮岭打铜等非物质文化遗产和传统工艺美术的保护传承和创意开发，依托皮革皮具、珠宝、化妆品等时尚产业，通过专业的商业开发和市场运作，融合时尚原创与民间手工艺，加强产品设计，丰富表现形式，提升非物质文化遗产的内涵，增加科技含量和产品的附加值，拓宽产品的销售渠道，打造推出一批能够代表花都形象、具有浓郁地方特色的标志性文化旅游商品。

（五）构建文商旅产业融合生态圈

一是丰富产业园区功能。以花都区珠宝小镇、花山小镇、中国皮具文化创意园等文化产业聚集区为基础，将园区内文化科技产业各要素与旅游业、商贸业重组融合，形成“创、研、产、销”全面布局的文商旅一体化产业链，引进相关配套企业和时尚创意人才，发展多样化的时尚产品，推进皮具、珠宝、化妆品、服装等时尚创意产业实现从生产加工到创意设计转变、从生产贴牌到自主品牌转变、从生产基地向总部经济转变。加强对有关产业园区（基地）的指导与扶持，引导支持有条件的文化产业园区参评省市文化旅游融合发展示范区。

二是大力发展夜间经济。依托购物广场、购物街、商业综合体等建设休闲购物型夜间经济集聚区，植入独具地方特色的民俗、“非遗”产品，引进粤剧、花会等特色演出，开展以文化、旅游、购物、餐饮等为主题的夏季、周末或节日精品夜市活动，推动形成一批布局合理、管理规范、各具特色、功能完善的夜间经济地标、商圈和生活圈。依托花都地方特色美食、风味小吃、品牌餐饮店等，在做优本土特色小吃的基础上，引进精品餐饮，导入各地风味小吃，建设餐饮集聚型夜间经济集聚区。发挥乡村旅游优势，推出夜间特色休闲娱乐项目和夜游精品线路，积极引导景区、酒店、旅游特色村举办避暑消夏主题夜间旅游活动。

三是积极培育文旅消费新业态。紧贴基层群众日益增长的多样化、个性化文化需求，继续开展送戏、送展、送书等下基层活动，广泛开展社区群众文化活动，提高群众文化消费的参与度。鼓励引导洪秀全纪念馆、民俗博物馆、美术馆、图书馆等公共文化资源加强与商业、旅游机构合作，提升文化资源的经济价值。发展动漫游戏、数字演艺、知识产权交易等新型文化消费业态，推动 VR（虚拟现实）、AR（增强现实）、电子竞技等前沿文化科技在文旅产品和管理服务中的运用，开发沉浸感、互动性强的虚拟文旅产品，增强传统景区的科技感、现代感、未来感，提升景区体验的层次感。依托花都的山地、森林、绿道、登山健身步道等资源优势，做强“北回归线上的足迹”户外体育运动品牌，鼓励冰雪运动、足球运动、摇滚马拉松运动、电竞比赛、汽车摩托车运动、漂流运动等项目发展，吸引国内外游客广泛参与体验，培育康养休闲体育运动消费市场。

B.18

广州红色文化传播影响力提升研究

——基于穗鄂沪三地红色史迹传播现状对比分析

葛思坤*

摘　要： 本文通过构建城市红色文化资源传播影响力分析模型，以广州红色史迹在全媒体环境下的传播状况为研究对象，结合上海、武汉两地红色史迹的传播数据，进行对比分析。研究发现，广州市红色史迹在全媒体环境中存在整体曝光度不足，传播影响力分布不均，信息完整度不够的情况，建议进一步增强红色文化元素在广州城市文化中的占比，充分借力已有的强大媒体资源及渠道，提升红色文化资源曝光率，创新对红色文化内容的运用与再创作，发挥广州在粤港澳大湾区中独具的红色文化资源存量优势，打造成为对内、对外传播红色文化的重要基地。

关键词： 红色史迹　传播影响力　广州

红色文化是由中国共产党引领中国人民在革命斗争中缔造，并在社会主义建设过程中逐渐发展的文化形态（周静、张亮，2019），是新民主主义革命以来马克思主义中国化与中国共产党在革命、建设历程中逐渐形成的独特精神成果（任胜男、王健，2019），其本质是蕴含着“一心为民、求真务

---

* 葛思坤，传播学博士，中共广州市委党校（广州行政学院）哲学与文化教研部讲师，研究方向为城市文化保育。

实、艰苦奋斗、敢闯新路、无私奉献”等理念在内的革命意识（习近平，2011）。这种革命意识的传承与发展，对于当代中国的建设发展具有极为重要的价值。要提升红色文化的传播影响力，在其组成部分当中，曾经发生重大革命历史事件旧址或遗址，作为具象化的红色文化资源（李水弟等，2008），显然在可感性、可达性方面具有十分突出的优势。

按照分布地域来看，革命旧址或遗址主要分布在我国的两大区域，一部分是以井冈山、瑞金、遵义、延安、西柏坡等为代表的革命老区；另一部分则主要分布在以广州、上海、武汉为代表，发生过重大红色革命事件的城市区域。然而，与革命老区近年来不断运用政策红利，大力发掘红色文化资源，通过修缮、保护革命史迹，打造红色旅游线路等模式以推动城市发展的路径不同，红色文化资源及红色文化要素在城市中的继承与发展状况仍处于起步阶段。

一　城市红色文化发展现状

在中国城市化建设的很长一段时间中，城市发展水平是以“摩天大楼”、城市规模为指标，忽视对城市文化与城市精神的保育，形成了城市建设“只见物质、不见精神”的境况（张群喜，2012）。许多城市在建设过程中，不仅未能守住城市文化的存量，更对承载着中华传统文化和红色文化的诸多历史遗迹造成了不可逆的破坏。

“城市经过发展所积累起来的各种文化力量是城市软实力的重要组成部分”，在全媒体时代，城市要发挥文化力量、提升影响力，显然将更大程度上受到信息传播技术、网络舆论环境等因素的影响，其中，红色文化在中国共产党的领导下，在发生时间上更为贴近当下，在成就上更为清晰可见，在传播价值上更具基础，因此，相较于中国城市文化维度中的其他方面而言，红色文化具有更强的普适性，也更具影响力与号召力。

自 2010 年前后，国内学界对于红色文化传播的研究逐渐增多，在经过对传播红色文化价值的确证阶段之后，2011～2012 年，相关研究开始进入实证性的受众研究及传播策略研究阶段（洪芳等，2011；陈敏，2012），也是在这个阶段，形成了基于新媒体技术的红色文化传播影响力研究及提升红色旅游文化资源开发两条研究路径。

通过研究发现，由于新媒体技术及互联网平台发展带来的传播环境演变，红色文化的传播力受到影响，主要表现在以下几个方面。首先，红色文化在互联网平台海量信息的冲击下，出现了信息量太小，缺少网络舆论领袖等情况，从而在互联网平台上影响力较低，遭到忽视。其次，红色文化资源未能充分运用新媒体技术（李琳娟，2019），其中包括红色场馆、史迹作为红色文化最为重要的载体之一，从传播方式来看主要采取现场讲解、参观的形式来进行内容供应，现场互动性不足，参访人员作为信息受众，仅仅实现对红色史料从文本向视频、音频的转化，还远未能做到通过运用新媒体技术实现现场参观者与场馆内容的互动性。除此以外，在运用新技术进行场馆外部的信息扩散方面，也同样存在不足，从全国范围来看，仅有极少数红色场馆、史迹能够做到微信公众号、微博和微视频等新媒体平台的全覆盖，不重视运用新媒体技术实现占领权威信源，发挥主动向场外受众传播红色文化、普及红色知识的功能。

红色文化，作为城市文化中的重要组成部分，想要发挥其文化力量，提升影响力，必须充分运用好红色史迹、场馆这类能够清晰呈现红色文化、保存红色文化要素的场所。广州目前在运用信息化手段提升红色史迹、场馆影响力方面的研究尚处在起步阶段。

二　城市红色文化资源传播影响力指标设计

在全媒体环境下，传统媒体、门户网站及社交网络三大信源之间的信息流动模式更为多元，在提升红色文化资源传播影响力的过程中，所能够设计的信息形式、所能够选择的信息渠道及所能够到达的信息受众都达到前所未有的丰富程度，这对于红色文化资源影响力的提升具有积极的支持效果。

为考察城市红色文化资源传播影响力，在充分考虑不同城市之间的红色资源类型分布、对红色资源的可感知度以及可数据化程度，本文以红色史迹作为分析对象，在指标设计方面，参考相关领域研究，以分析对象在搜索引擎搜索出的相关页面、社交媒体报道数据、LBS 软件数据及旅游网站数据等量化数据作为传播影响力指标，以分析红色史迹在全媒体环境下的传播影响力情况。

首先，在全媒体时代，以微信、微博、微视频及新闻客户端为代表的“三微一端”信息平台成为人们获取信息的关键信源，因此社交媒体的报道数据就是能够考察城市红色史迹传播影响力的基本维度。其次，城市红色史迹作为红色文化资源中的物质性文化资源，其意义不仅在于信息的传送，更具有可前往现场进行参观、学习的亲历性价值，因此在设计评估指标上，还需要将能够帮助受众主动获取相关信息的搜索引擎及能够指引受众前往相关地址的 LBS 类地图软件信息纳入考量。再次，从受众使用逻辑上来看，红色史迹是作为一座城市的旅游目的地，游客往往会先在国内较为知名的旅游信息网站上对场馆本身的状况进行了解，因此，还必须将旅游评价网站上的信息完整度等纳入考察范围。

因此，在一级指标设计上，分别设计搜索引擎指标、社交媒体曝光度指标、LBS 软件信息化指标及传统媒体曝光度指标（包含传统媒体的网络端）四个维度，四个一级指标下设 14 个二级指标。

其中，按照各个平台的市场份额进行权重分配后，搜索引擎指标选取百度（15%）、搜狗（5%）、360（5%）的搜索信息页数为二级指标，并辅以百度百科完整度作为附加二级指标（1%），在社交媒体曝光度指标下设立微博信息数（8%）、微信公众号信息数（8%）及抖音视频数（8%）3 个二级指标，LBS 地图数据指标下设百度地图位置信息（15%）、高德地图位置信息（5%）、腾讯地图位置信息（5%）、搜狗地图位置信息（5%）4 个二级指标，旅游网站数据下设携程平台介绍页数据（10%），去哪儿平台介绍页数据（6%），飞猪平台介绍页（4%）3 个二级指标。

为验证并呈现该指标体系，本文分别在上海、广州及武汉 3 个城市中选取了 34 个红色史迹场馆作为具体分析对象，其中，上海市摘选红色主题教育基地名录中的红色印记场馆 13 处，武汉市选取了武汉市委宣传部爱国主义教育基地 8 处，广州市摘选了广州市委党史文献研究室《广州红色史迹手册》名录中的13处。为最大限度协调数据完整性与数据处理难度，除社交媒体曝光数据中的微信公众号信息所设定的数据采集时间为2018年4月至2019年4月，以Webscraper进行数据采集外，其余数据均采用由各软件平台提供的官方完整数据。

三 红色史迹全媒体传播影响力分析

从概况来看，通过以“地名+红色文化”为标签初步抓取百度搜索引擎、微博及微信公众号数据后发现，上海所获得的数据量最大，广州与武汉的数据量差别极微。从数据条目数来看，广州与武汉分别录得210573条和2130601条，上海则录得3990624条数据。

（一）红色史迹全媒体传播影响力数据概况

从传播影响力总分的分布情况来看（见表1），34个场馆的传播影响力总分均值为70.1分，分数达到均值及以上的场馆数为15个，均值以下的为19个。整体来说，传播影响力分布不均匀情况较为明显。

其中，广州市的红色史迹在传播影响力上分布不均衡情况较为明显，在影响力排前十名的场馆中，广州占4处，上海3处，武汉3处，得分最高的两位均为广州场馆，上海、武汉场馆的分布情况则相对均衡。上海、武汉各有7处、3处史迹得分在均值以上，在总体排后十名的场馆中，广州、上海各4处，武汉2处。

表1 红色史迹全媒体传播影响力

红色史迹	总分（100%）	旅游网站数据指标（30%）	LBS地图数据指标（20%）	搜索引擎指标（26%）	社交媒体曝光度指标（24%）
中共黄埔军校直属党支部旧址	90	20	30	16	24
广州起义烈士陵园	89	16	30	23	20
武汉革命博物馆	88	16	30	26	16

续表

红色史迹	总分（100%）	旅游网站数据指标（30%）	LBS 地图数据指标（20%）	搜索引擎指标（26%）	社交媒体曝光度指标（24%）
辛亥革命武昌起义纪念馆	85	16	30	23	16
中国共产党第一次全国代表大会会址纪念馆	82	16	30	20	16
中共二大会址纪念馆	79	16	30	17	16
八七会议会址纪念馆	77	16	30	15	16
上海李白烈士故居	76	16	30	17	13
中共三大会址	76	16	30	18	12
国民党“一大”旧址	76	16	30	21	9
顾正红纪念馆	73	10	30	17	16
中国社会主义青年团中央机关旧址纪念馆	72	10	30	19	13
国歌展示馆	72	16	30	17	9
上海解放纪念馆	71	10	30	25	6
第一次全国劳动大会旧址	71	10	30	22	9
武汉二七纪念馆	70	10	30	17	13
武汉市向警予烈士陵园	69.5	16	22.5	15	16
中国左翼作家联盟成立大会会址纪念馆	68	16	30	10	12
中共四大纪念馆	68	16	30	14	8
广州农民运动	68	16	30	14	8
施洋烈士陵园	67	16	30	12	9
省港罢工委员会	67	10	30	18	9
团一大遗址	65	16	30	10	9
广州解放纪念雕像	65	16	25	19	5
中国共产党代表团驻沪办事处纪念馆（周公馆）	64	10	30	15	9
中共上海地下组织斗争史陈列馆	63	8	30	12	13
星海故里陈列馆	63	16	25	10	12
周文雍、陈铁军牺牲地——红花岗	63	10	30	11	12
中共广东支部成立旧址	62	10	25	22	5
沪西革命史陈列馆	60	16	30	9	5
中共劳动组合书记部旧址陈列馆	60	10	30	12	8
中华全国总工会旧址——惠州会馆	59	16	25	9	9
江岸区辛亥首义烈士陵园	54	8	30	10	6
北伐独立团烈士陵园	51	10	25	10	6

（二）搜索引擎指标概况

搜索引擎指标维度排名分值均值为16.2分，在该类目排前十名的场馆中，广州占5个，上海占3个，武汉占2个，分别是：武汉革命博物馆（武汉）、上海解放纪念馆（上海）、广州起义烈士陵园（广州）、辛亥革命武昌起义纪念馆（武汉）、第一次全国劳动大会旧址（广州）、中共广东支部成立旧址（广州）、国民党“一大”旧址（广州）、中国共产党第一次全国代表大会会址纪念馆（上海）、广州解放纪念雕像（广州）、中国社会主义青年团中央机关旧址纪念馆（上海）。

（三）社交媒体曝光度指标概况

社交媒体曝光度均值为11.32分，在该类目排前十名的场馆中，上海、武汉各占4个，广州占2个，分别是中共黄埔军校直属党支部旧址（广州）、广州起义烈士陵园（广州）、武汉革命博物馆（武汉）、辛亥革命武昌起义纪念馆（武汉）、中国共产党第一次全国代表大会会址纪念馆（上海）、中共二大会址纪念馆（上海）、顾正红纪念馆（上海）、八七会议会址纪念馆（武汉）、武汉市向警予烈士陵园（武汉）、中国社会主义青年团中央机关旧址纪念馆（上海）。

（四）LBS地图数据指标概况

在地图数据指标当中，34个红色史迹场馆的信息完整度相对完善，仅有6个场馆存在电子地图引导信息指标不清晰的情况，分别是北伐独立团烈士陵园（武汉）、中华全国总工会旧址——惠州会馆（广州）、星海故里陈列馆（广州）、广州解放纪念雕像（广州）、中共广东支部成立旧址（广州）、武汉市向警予烈士陵园（武汉）。在使用率最高的百度地图上，34个红色史迹场馆均有清晰引导信息，其中，除武汉市向警予烈士陵园一个平台存在信息缺失，一个平台出现两条定位信息外，其余5个场馆标注缺失情况仅出现在单个平台上，

（五）旅游网站数据指标概况

在旅游网站数据指标当中，34 个红色史迹信息完整度情况明显较差，仅有广州的中共黄埔军校直属党支部旧址在三大旅游网站上均有完整的登记信息，20 个红色史迹场馆有一个平台的信息存在缺失，11 个红色史迹场馆仅在一个平台上拥有相关信息，中共上海地下组织斗争史陈列馆及江岸区辛亥首义烈士陵园 2 处场馆则存在“中共上海地下组织斗争史陈列馆”仅登记为“刘长胜故居”这类信息不完整的情况。

（六）红色史迹全媒体传播影响力分析

通过整理分析原始数据发现，从检索页面数量上来看，排在前三位的场馆分别来自 3 个地区：上海解放纪念馆（1201.73 万条）、武汉革命博物馆（235.70 万条）、广州起义烈士陵园（163.65 万条）。上海地区的上海解放纪念馆与沪西革命史陈列馆是 34 个场馆中仅有的 2 个未在百度百科上登记百科信息的场馆。

从场馆所处地区的分布情况来看，按照场馆总影响力得分的前后段进行划分，在搜索引擎指标上，广州的红色史迹场馆在三大搜索引擎上的分布为 8∶5、8∶5、7∶6，上海为 4∶9、4∶9、5∶8，武汉为 4∶4、4∶4、4∶4，也就是说，广州地区的场馆在信息检索页面上拥有绝对优势，而上海在这方面则有所欠缺。

对原始数据进行细致整理后，34 个场馆的微信公众号、微博及抖音微视频平台上所呈现的数据情况差异显著，其中，微信公众号帖文均值为 110 条，仅有 12 个场馆位于均值上部，帖文数量分布极为不均衡，其中排名第一的场馆帖文数高达 657 条，在总计 3744 条帖文中，中国共产党第一次全国代表大会会址纪念馆、辛亥革命武昌起义纪念馆、中共黄埔军校直属党支部旧址、广州起义烈士陵园、八七会议会址纪念馆、上海李白烈士故居 6 个场馆就拥有超过总帖文数的 50% 的帖文，在末尾的 6 个场馆合计帖文数尚未过百，帖文最少的国民党“一大”旧址在微博公众号平台上仅有 3 条帖文。

在微博平台上，帖文数量分布不均衡情况更为显著，达到帖文均值132条以上的场馆仅有7个，排名末尾的场馆仅有1条帖文，帖文数在个位数的有7个场馆。中国共产党第一次全国代表大会会址纪念馆、中共黄埔军校直属党支部旧址、广州起义烈士陵园就以2378条帖文数占据总帖文数的63.5%，超过一半的场馆所拥有的帖文数合计仅为171条，其中，沪西革命史陈列馆、上海解放纪念馆、中共广东支部成立旧址3个场馆均只有1条帖文。

在微视频平台上，34个场馆不仅存在数据分布严重不均衡的情况，更存在明显的低曝光度情况，在抖音平台上，34个场馆短视频条数总数为859条，均值为25条，其中仅有5个场馆在均值以上，视频条数在个位数的场馆为14个，另有12个场馆在抖音微视频平台上的视频数量为0。

其中，视频数量最多的是中共黄埔军校直属党支部旧址，以418条视频数独占总视频数的48.6%。排名第二、第三的分别是武汉市向警予烈士陵园、广州起义烈士陵园。这三个场馆合计视频数超过总视数的76%。

从场馆所处地区的分布情况来看，按照场馆数总得分的前后段进行划分，在微信公众号帖文数上，上海地区为8∶5，武汉地区为4∶4，广州地区为5∶8。在微博帖文数上，上海地区为5∶8，武汉地区为4∶4，广州地区为8∶5。从抖音短视频数来看，上海地区为5∶8，武汉地区为7∶1，广州地区为5∶8。可以发现，上海地区的场馆在微信公众号平台上贴文占比更高，但是在微博与微视频方面的信息丰富度不够，广州地区则与之相反，而武汉地区在微视频平台上的曝光量较高，微博与微信公众号帖文分布相对均衡。

可以发现，总分排名前段的对象，在各个维度的信息丰富量和完整度都处于比较完善和均衡的状态。其中，LBS地图数据和旅游网站数据的完整与否，相对于搜索引擎信息页和社交媒体曝光度对总分的影响较高，这一效应在排位后段中体现得更为明显。出现这种情况，不能简单地理解为只要补充相关数据就能够提升传播影响力的总分值，而是需要考虑红色史迹在其他两个维度的指标是否处于完整、丰富状态。但是，LBS地图数据和旅游网站数据两个维度的信息质量提升确实对提升传播影响力有显著作用。一方面，地图信息数据作为能够指引用户亲身前往红色史迹的最重要元素，虽然仅考察有与无两种情况，但是在实际情况中，仍然有 7 个场馆的地图导航信息存在于 1 ~2 个平台上不清晰的情况，这将导致用户在其他全媒体维度中供给了足够的信息，仍然无法将线上的传播关注度向线下转换。另一方面，在旅游网站的数据方面，只一个场馆拥有较为完整的信息覆盖，其余场馆均存在介绍信息的缺失。

四　城市红色文化资源全媒体传播影响力提升策略

相较于红色革命老区，以广州为代表的城市地区，在红色文化资源储备方面具有同样丰富的存量，除此以外，在发展红色文化方面，无论是包括服务业、交通业在内的配套设施，还是在传播、运营等方面的新技术运用方面，都具有更为成熟的有利条件，通过在城市文化中提升红色文化的占比，借助城市地区相对丰富的软硬件条件，对提升红色文化影响力具有重要价值。

（一）重视发挥全媒体生态优势，推动城市红色文化传播工作，充分运用全媒体资源提升城市红色文化传播影响力

仅广州市内，就拥有南方报业集团、广州日报报业集团、羊城晚报报业集团三家在全国都具有较大影响力的新闻媒体，在全媒体平台上已具有丰富技术储备及运营经验，在开发存量丰富的红色文化资源时，应当充分重视对全媒体平台的运用，要将在全媒体平台上进行红色文化的推广工作视作重要的工作方向，以提高红色文化资源曝光率，争夺红色文化话语权的目标，充分运用全媒体平台传播效率高、传播范围广的优势，做到红色文化资源在各类媒体平台上有信息可查，有图文视频可看，有迹可循。一是在提高信息覆盖面上实现对包括红色史迹、场馆，红色文化作品等在内的红色文化资源在现有全媒体平台上数据的完整化、全覆盖。设立并定期更新全媒体平台库及各类信息的增补操作指南，确保城市红色文化资源的可传播数据完整性。二是重视对新兴媒体技术和平台的运用，围绕“微博、微信、微视频”进行内容投放，还需要对基于多媒体形态和 LBS 技术的 AR、VR 等 5G 时代媒体平台内容投放进行前期准

备，以全平台信息完整为基准要求，运用大数据掌握、分析传播影响力变化，确保红色文化资源的开发及资源投放有依据、有标准、有效果。

（二）运用全媒体技术创新对红色文化内容的运用，提升广州红色资源挖掘的效率

在全媒体环境下，受众对特定信息的关注度以小时计，因此，要保证红色文化及其各类载体的影响力，必须要高质、高量地提供大量更新信息，这就需要在红色文化的保育开发进程中，运用现有成熟的区块链数据共享技术，建立红色文化共建数据平台，实现红色历史及资源在发掘、整理、保护、研究、发布各个环节的高效协同性，建立共建共享机制下的红色文化资源开发模式，为向全媒体平台的信息更新提供数量及质量上的充分支持。

（三）借力城市品牌、城市文化标签在全媒体环境中已经形成的影响力，推动受众向红色文化史迹、事迹的引流

广州城市文化中储备有丰富的岭南文化要素，识别度高，影响力大。要充分运用包括地标、艺术、民俗、节庆活动等已经较为成熟的城市文化符号，设计符合全媒体传播环境特征、受众使用习惯，且具有明显广州识别度的红色文化内容。同时，重视强化红色文化中的本地元素，重点挖掘具有较大影响力的本地红色人物和红色事迹，构建红色文化与区域内公众情感链接，增强互动性与认知度，在提升区域内公众的红色文化素养的同时，能够有效引导其在全媒体平台上进行主动传播，主动信息维护，增强广州红色文化的品牌识别度与口碑传播力。

五　结语

红色文化作为重要的精神财富和文化资源，包含着丰富的革命意识、民族意识和国家意识内涵，更是推动中国共产党和中国人民在新中国建设与发展的新阶段、新环境下坚守初心，砥砺前行的重要文化引领力与政治资源。

在全媒体环境下发挥出红色文化的影响力、引领力，是提升文化自信、传播正能量信息、塑造“网上网下同心圆”的重要实现路径。在我国城镇化率近70%，人口不断向城市移动、聚集的背景下，在城市全媒体传播环境更为成熟的条件下，加强城市文化中红色文化要素的影响力，将城市作为对内、对外传播红色文化的主场，最大限度地运用媒介的社会教育功能，发挥红色文化在提升大众思想素养与塑造创新思维方面的作用。

参考文献

周静、张亮：《论红色文化在新世纪发展及展望》，《理论视野》2019年第7版，第34~39页。

李水弟、傅小清、杨艳春：《历史与现实：红色文化的传承价值探析》，《江西社会科学》2008年第6期，第159~162页。

任胜男、王健：《习近平关于红色文化的重要论述及其价值意蕴》，《淮北职业技术学院学报》2019年第4期，第72~75页。

张群喜：《开掘整合红色文化资源提升中国城市文化精神》，《城市发展研究》2012年第5期，第18~21页。

《习近平在纪念中央革命根据地80周年座谈会上的讲话》，《人民日报》2011年11月5日，第1期。

曾振华：《红色文化的传播价值和传播策略》，《当代传播》2008年第6期，第97~99页。

韦路、李佳瑞、左蒙：《中国博物馆国际传播影响力评估与提升策略》，《对外传播》2019年第5期，第48~51+1页。

罗昕：《重大突发事件的微博传播影响力评估指标体系建构初探》，《新闻与传播研究》2013年第20（03）期，第76~82、127页。

洪芳、王政、褚凰羽：《红色文化传播中的受众研究》，《新闻界》2011年第2期，第19~21页。

陈敏：《如何增强红色文化传播的有效性》，《传媒观察》2012年第1期，第43~44页。

李琳娟：《新媒体环境下红色文化传播路径研究》，《出版广角》2019年第2期，第74~76页。

杜敦科：《红色文化网络化的困境与对策》，《中学政治教学参考》2015年第3期，第 9 ~ 11 页。

雷欢：《图书馆网络影响力研究：以自媒体微博微信为视角》，《图书馆论坛》2017 年第 37（01）期，第 109 ~ 114 页。

朱多刚、刘城晨：《公共图书馆微信服务现状与传播影响力研究——基于省级样本数据的分析》，《图书馆学研究》2016 年第 12 期，第 65 ~ 71、55 页。

专题研究篇

Special Civilization

B.19

广东华侨华人对祖国体育事业的贡献及其发展建议

广州体育文化博物馆课题组*

摘　要： 本文介绍了华侨、华人、海外华人与广州体育、体育事业的关系，用大量的事例分析了广东华侨华人在传播中华传统体育、传入或推动西方近代体育运动、筹集体育资金、援助家乡体育事业等方面的贡献，并提出争取成立广东华侨华人体育联谊会和广东华侨华人体育研究会，加强华侨华人对祖国体育事业的投入后在经济上、政治上受益的研究，加强对海外华侨华人第二代、第三代的联系，加强宣传华侨华人对祖

* 课题组组长：张泽明，广州体育文化博物馆馆长。课题组其他成员：张纯真，广州体育文化博物馆副馆长；关文明，广州体育文化博物馆特聘体育文化专家，教授、硕士生导师；骆璨，广州体育文化博物馆陈列保管部部长；刘洋河，广州体育文化博物馆陈列保管部助理研究馆员。执笔人：关文明、骆璨。

国体育事业的贡献，注意培养华侨华人的优秀体育人才等发展建议。

关键词： 华侨华人体育　传统体育　广东

一　广东华侨华人体育的贡献

（一）传播中华传统体育

海外华人大多保留着中华民族的传统文化，在他们的侨居地流传最广的是如下几项中华民族传统体育项目。

1. 武术

1840 年鸦片战争后，广州成为通向国外的港口。广东人漂洋过海，往来者众，广东成为对外交流的主要门户。中国武术特别是广东流行的南拳也主要通过这个门户向海外传播。例如，出生于广东新会的蔡李佛拳创始人陈享，在 1864 年太平天国覆灭后，恐受清廷的洪杨余党株连，逃往香港，后应美国三藩市陈氏宗亲会的邀请，前往美国传授武艺，他把蔡李佛拳的种子撒到美国大陆，他的嫡孙陈耀墀也是技击高手，曾应各地侨领之聘，前往美国、印度尼西亚及荷兰等国传技。经过历代门人努力，蔡李佛拳业已远播菲律宾、美国、加拿大等国家和我国香港、澳门等地区。[①] 1919 年广东精武会成立后，其对香港和南洋地区的武术活动产生了深远的影响。1920 年 7 月，上海精武会陈公哲、罗啸傲、陈士超（陈公哲胞妹）、黎惠生等五人前往南洋拓展会务。这五人中有三位属广东籍，可见广东人对南洋武术发展所起的作用。他们在广大华侨的热心帮助、支持下，先后在越南西贡（现胡志明

① 曾昭胜、黄鉴衡、董德强等编著《广东武术史》，广东人民出版社，1989，第 121 页。

市）、新加坡、吉隆坡、雪兰莪、泗水、星洲等地建立精武会。[①] 截拳道创始人李小龙，1940 年在三藩市出生，是美国华侨。他童年和少年时代在香港度过，14 岁跟名师叶问学过咏春拳；18 岁到美国半工半读；20 岁考入西雅图华盛顿州立大学，坚持练习武功，在学校组织了“中国功夫队”，并在西雅图唐人街成立“振藩国术馆”；23 岁出版《基本中国拳法》及创立截拳道，成为职业武术家和功夫片电影明星。他在教练过程中写下了 7 本武术笔记和《截拳道》《功夫纪录》《二节棍法》《截拳道的研究》4 部著作，先后主演了《唐山大兄》《精武门》《猛龙过江》《龙争虎斗》《死亡游戏》5 部功夫电影。1972 年，他被评为世界七大武术家和香港十大明星之一。1998 年，中国武术协会给李小龙颁发“武术巨星奖”。1999 年他被美国权威杂志《时代周刊》评选为“20 世纪最具影响力的 100 位名人”之一，并作为世界唯一武术家、唯一华人和亚洲人，荣登“英雄与偶像”组别 20 位名人榜。[②]

2. 龙舟竞渡

距今 1000 多年前的南汉时代，广州已有妇女赛龙舟了。据清人梁廷著的《南汉书》（卷六）载：南汉后主刘鋹曾在广州域西建了一座玉液池，每年农历五月初五日，举行龙舟竞赛，参加者是宫女。[③] 在古代，龙舟竞渡已流行到邻近各国，近现代更推向世界各地。例如，分别从 1976 年和 1995 年开始，每年一度的香港国际龙舟赛和广州国际龙舟邀请赛，吸引了五大洲的许多国家和地区的运动员前往参赛，此外，还有很多国家、地区自行组织了国内或国际的龙舟赛，许多外国人都被这项中国传统体育活动吸引，这不仅传播了中华传统体育，也是中国对世界体育发展的贡献。[④]

3. 舞龙、舞狮

广东的舞狮（也称醒狮或南狮）、舞龙（也称“舞龙灯”或“耍龙

---

① 曾昭胜、黄鉴衡、董德强等编著《广东武术史》，广东人民出版社，1989，第 123 页。

② 关文明编著《一代英杰李小龙》，岭南美术出版社，2001，第 277 ~ 282 页。

③ 广州市体委文史工作委员会编《广州体育文史》，1987 年第 1 期，第 8 页。

④ 霍丽明：《龙舟竞渡的文化内涵与时代价值初探》，《东主体育国际学术研讨会论文集》，1992，第 102 ~ 103 页。

灯”）是流传甚久的传统体育项目，已有1500多年历史了。舞狮、舞龙在东南亚一带和欧美华埠唐人街非常流行，尤以新加坡为最盛。每逢春节元旦或重大喜庆日子，舞狮、舞龙都是少不了的表演活动。新加坡的舞狮规模和活动范围已超过广东，不仅节庆要舞狮，迎送外国贵宾来访也常用舞狮，以至新加坡被誉为“狮城”。[①]

4. 象棋（中国象棋）

象棋是中国传统棋种，在广东流行也有较长历史。新中国成立前，黄松轩、卢辉、冯敬如、李庆全4人被象棋界誉为广东“四大天王”，活跃在广州、台山、澄海、香港等地区，曾经代表华南队与华东队，华东、华中联队在两次象棋对抗赛中获胜，可略见广东当时的棋艺水平不俗。新中国成立后，在党和政府的关怀下，广东棋坛更凸显出作为全国象棋活动中心和对外交流中心的风貌。1951年，崛起于20世纪四五十年代之交的杨官璘（原籍东莞）从香港回穗。杨官璘和陈松顺一同成为20世纪50年代广东象棋棋坛的代表人物。特别是杨官璘，于1956年、1957年和1959年分别获得第一届全国象棋锦标赛、第二届全国象棋锦标赛和第一届全国运动会象棋赛的个人赛冠军，并带领广东象棋队多次获得全国团体赛前三名，培养了吕钦、黄子君等男、女全国象棋赛冠军。[②] 1985年、1987年，吕钦和杨官璘分别参加在新加坡举办的亚洲城市中国象棋名手邀请赛和国际中国象棋名手邀请赛，均获得冠军。广东象棋队杨官璘、吕钦、许银川、黄玉莹等运动员多次入选国家队，并多次参加亚洲杯象棋赛（1984年开始）和世界象棋锦标赛（1990年开始），均取得优异成绩，为中国象棋走向亚洲和世界做出了卓越贡献。[③] 象棋随着华侨华人传播到海外，成为华人老少皆宜的娱乐体育。近20多年来，象棋已超出了华人的文化圈，在许多国家特别是

① 蔡杨武：《华侨华人在体育传播中的作用》，《体育文史》1993年。

② 广东省地方史志编纂委员会编《广东省志·体育志》，广东人民出版社，2001，第623～628页。

③ 《广东省志》编纂委员会编《广东省志（1979～2000）24·体育卷》，广东人民出版社，2001，第623～628页。

新加坡、马来西亚、印尼、菲律宾、泰国等东南亚国家和我国香港、澳门、台湾等地区得到发展。

（二）传入或推动西方近代体育运动

中国近代体育运动中的羽毛球、乒乓球、足球、篮球、排球、棒球、游泳、水球等项目，是由广东华侨华人传入或推动起来的。

1. 羽毛球运动

羽毛球运动始创于英国。清光绪十七年（1891），广州沙面辟建了简易的室外羽毛球场，供英国、美国、日本等国家领事馆的工作人员及少数外商活动，羽毛球、球拍以及球网等用具均由外商带入。就这样羽毛球运动传入中国。[①] 到了20世纪30年代初期，广州东皋大道、达道路的豪宅内及长堤广州基督教青年会等地，陆续辟建了羽毛球场。少数外籍教师、传教士、归侨偶尔做业余训练及友谊比赛。新中国成立初期，东南亚一带华侨学生纷纷回国就读。他们带回了羽毛球运动的新技术、新打法，有力地促进了全省乃至全国羽毛球运动的普及与发展。为迎接第一届全国运动会，广东羽毛球集训队于1958年10月成立，由广州体育馆负责管理训练。队员有28名，基本上是20世纪50年代后期从印度尼西亚、泰国、马来西亚、沙捞越、老挝、柬埔寨等国家和我国香港等地区回来的学生。比较突出的有以下几位。徐权芳（广东开平人），1953年从印度尼西亚回国；首任广东省羽毛球队教练，培养了方凯祥、侯加昌、傅汉洵、梁小牧、曾秀英、庾耀东、姚喜明等世界冠军。李开颖（广东揭西人），1957年从沙捞越回国；1958年入选广东省羽毛球队，当选第一任队长；1963年毕业于华南师范学院体育系本科后留校任教；一生从事羽毛球教学、训练、科研等工作，教授、硕士生导师，国家级羽毛球裁判、授外教练，享受国务院政府特殊津贴专家。方凯祥（福建福清人），印度尼西亚归侨；1959年加入广东省羽毛球队；1961～1965年广东省羽毛球队获全国羽毛球锦标赛团体冠军主力队员；是广东省

① 杨敏：《羽毛球之城的前世今生》，《广州日报》2012年5月11日，A11版。

羽毛球队自1959~1979年第一届至第四届全国运动会连续4届参赛的唯一运动员；培养过关渭贞、姚芬、赖彩勤、杨维、张洁雯、叶成万等世界冠军。侯加昌（广东梅州人），1960年从印度尼西亚回国；曾获羽毛球男子双打世界冠军；曾任国家羽毛球队副总教练，培养出多名世界冠军。傅汉洵（广东潮阳人），1959年从印度尼西亚回国；曾任广州市羽毛球队教练、中国青年队副总教练；从1973~2003年的30年来，培养和输送了大批羽毛球优秀人才，其中有吴迪西、关渭贞、劳玉晶、林燕芬、谢杏芳和张洁雯等世界冠军和奥运会冠军。梁小牧（广东南海人），1957年从印度尼西亚回国；1958年入广东省羽毛球队；1963年获全国羽毛球锦标赛女子团体、女子单打、女子双打（与曾秀英合作）冠军；同年获新兴力量运动会羽毛球女子团体冠军。

2. 乒乓球运动

广东乒乓球运动始于清朝末年，主要是在外国教会办的学校里开展。广州真光、培英、培正书院就是最早开展乒乓球运动的学校。1906年，南武公学校长何剑吴（番禺人，香港皇仁书院毕业），在课外活动中积极倡导开展乒乓球等活动，给非教会学校做出了榜样。20世纪30年代，省港澳乒乓球界交往日渐活跃。40年代，羊城“五虎将”梁焯辉、冯国浩、余祖冕、胡启基、钟恩荣与上海“三剑客”傅其芳、薛绪初、陆汉俊在香港争雄。以后穗、沪、港之间的球队经常接触，促进了广东乒乓球运动的发展。① 1952年10月在北京举行新中国成立以来的第一届全国乒乓球比赛，梁焯辉（祖籍新会，1945年从香港迁居广州）任教练，姜永宁（祖籍番禺，1952年获香港男子乒乓球单打冠军，同年归国）、冯国浩（1940年回国的马来西亚归侨）为主力队员获团体赛冠军，并分别获得男子单打冠、亚军。同年，第一批国手中，有广东的梁焯辉任教练，姜永宁、冯国浩、岑淮光、李仁苏为队员，参加在罗马尼亚举行的第20届世界乒乓球锦标赛，获男子团体赛第十名。侨眷祖籍珠海的香港乒乓球单打冠军容国团，1956年应邀加盟广

① 广东省地方史志编纂委员会编《广东省志·体育志》，广东人民出版社，2001，第360页。

州市乒乓球队；1957 年入读广州体育学院训练班；1958 年，他作为广州一队主力队员，获全国九城市乒乓球锦标赛团体赛和男子单打冠军；1959 年，获第二十五届世界乒乓球锦标赛男子单打冠军，成为中国第一个世界冠军。

3. 足球运动

近代足球运动在 19 世纪 60 年代前后就率先由英国人传入香港。1873 年，由两位德国传教士在五华县的元坑中书馆教学生踢足球。1905 年，华侨在广州开办的南武公学就有学生自制足球进行课外活动和比赛。[①] 李惠堂因球艺精湛，素有“亚洲球王”之称，曾被评为“世界五大球王”之一；曾担任过中国足球队主教练并取得第八届亚洲杯足球锦标赛亚军优异成绩的曾雪麟是泰国归侨；连获 3 届全国“十佳运动员”称号的著名足球运动员容志行是印度归侨。他们对中国的足球运动都做出了卓越的贡献。[②]

4. 篮球运动

广州基督教青年会在 1909 年成立后，最早将篮球运动传入广东。广州的真光、培英、培正、格致书院等教会学校也先后开展篮球运动。其后，广雅书院、南武公学、广东高等师范学校相继仿效。广东侨乡汕头、香山（今中山）、台山等地都是篮球运动传入较早并开展较为活跃的地方。[③] 有的广东华侨还归国投身篮球运动，如新中国成立前，暨南大学归侨学生王南珍、蔡演雄、尹贵仁，菲律宾华侨蔡文华、李世侨、余进，新加坡华侨黄天锡都曾被选为中国篮球队队员，分别参加了第十一届奥运会和第十四届奥运会。[④]

5. 排球运动

排球运动最初称为“队球”，1905 年广州南武学堂和香港皇仁书院首先倡行。可以说，广州和香港是中国排球运动的发祥地，[⑤] 以后逐渐发展到福

---

① 黎国尧：《广东足球运动史》，《广东体育史料》1992 年第 1 期。

② 关文明：《华侨华人对中国体育发展的贡献》，《体育文史》1994 年第 3 期，第 14 页。

③ 广东省地方史志编纂委员会编《广东省志 · 体育志》，广东人民出版社，2001，第 321 页。

④ 王振亚：《旧中国体育见闻》，人民体育出版社，1987，第 225 页。

⑤ 广东省地方史志编纂委员会编《广东省志．体育志》，广东人民出版社，2001，第 328 页。

建、上海、天津、北京等地。我国参加历届远东运动会的排球选手中，来自广东和香港的最多。素有“排球之乡”称号的侨乡台山县，主要就是由归国华侨传入排球运动并带动起来的。

6. 棒垒球运动

棒垒球运动于20世纪20年代前传入广东。1928年前后，棒垒球好手旅日华侨梁扶初、黄不敏、赵偏先后回穗，在广州第四、第十五小学任教，传授棒垒球运动。其后，黄不敏在私立体育学校（后改称华南体育学校）开设棒垒球课，培养了一批棒垒球骨手。1933年，在第五届全运会上，广东棒球队和广东垒球队双双夺得冠军。此后，在第六届全运会和第七届全运会上也取得了优异成绩。

7. 水球运动

我国水球运动是由广东的华侨传入，首先在香港和广东开展。广东水球运动兴起于20世纪20年代，在广州东山水上体育会、长堤基督教会率先开展起来。第一次水球表演赛是在1948年旧中国第七届全国运动会上，冠、亚军分别是马来西亚华侨和香港队。1955年，在上海举行的全国游泳竞赛大会水球赛，广东队获第一名。此后，广东水球队一直保持全国领先的位置。

8. 游泳

光绪十三年（1887），广州沙面建成全国第一个室内游泳池。1914年，广州长堤基督教青年会游泳池建成，开办游泳训练班，游泳运动逐渐在广东流行。在历届远东运动会都有中国游泳队参加，当时内地游泳运动不甚开展，因而队员往往主要由粤港两地推荐选出。新中国成立后，广东游泳运动水平在全国一直名列前茅。1957年5月1日，广州体育学院57级训练班学生戚烈云（祖籍台山，香港出生）在广州越秀山游泳场举行庆祝“五一”劳动节游泳比赛，以1分11秒6的成绩打破男子100米蛙泳世界纪录，成为中国第一个打破游泳世界纪录的运动员。印度尼西亚归侨符大进（祖籍海南文昌），1959~1965年连续7年保持男子100米、200米自由泳全国纪录。还有，原广东游泳队领队兼总教练张天辉、原解放军“八一”游泳队教练张木龙都是泰国归侨。

（三）筹集体育资金，兴建体育设施

广东华侨华人一贯关心支持祖国的体育事业。在众多热心祖国体育事业的广东华侨华人中，特别是筹集体育资金、建设体育设施方面最为突出的有霍英东、曾宪梓等。

霍英东，祖籍番禺，生于香港，是香港杰出的社会活动家、著名企业家、全国政协副主席。他为国家发展和现代化建设事业尤其为中国体育事业做出了重要贡献。长期以来，他为祖国的文化、教育、体育事业以及家乡建设捐献了 40 多亿港元，其中有 8 亿港元是直接捐赠于体育项目。1979 年，他率先捐资 22 万港元修建暨南大学运动场及其他体育设施；1984 年，他用 1 亿港元专门建立“霍英东体育基金会”，奖励每届奥运会获得前三名的中国运动员；同年，他还与郑裕彤等捐资 1800 万港元修建中山温泉高尔夫球场；1985 年他捐款 250 万港元改建广州市沙面网球场；1986 年捐款 3800 万港元建成中山大学英东体育中心；1987 年捐款各 1000 万港元建造我国第一座体育专业博物馆——中国体育博物馆和中国武术研究院；捐款 1 亿港元给北京亚运会兴建游泳馆；1987 ~ 1988 年捐款 21. 2 万美元、520 万港元修建番禺英东体育中心；1990 年捐款近 1000 万元改建广东省人民体育场及中山市人民体育场，以作为 1991 年首届世界女子足球锦标赛的比赛场地；1993 年赞助巨款重奖在巴塞罗那奥运会上获得优异成绩的我国优秀运动员；1998 年捐赠 200 万元兴建韶关体育中心灯光工程；2001 年捐款 2 亿元兴建北京奥运会“水立方”游泳馆等。①

曾宪梓，香港金利来总公司董事长、全国政协常委，被誉为“领带大王”。他有一颗爱国爱乡的赤子之心，为了中国体育的腾飞倾注了他满腔热血和感情。正如他所说的：“只要我还活着，只要我的公司不倒闭，我就要为祖国为家乡多做贡献。”1934 年，曾宪梓生于足球之乡——梅县，自幼就喜爱足球运动。他独资举办“金利来”全国优秀队员足球邀请赛、“银利来”中国足协杯赛和“金利来”全国足球甲级联赛 3 项全国性足球比赛。

---

① 关文明：《中国体育大使——霍英东》，《文史纵横》2017 年第 1 期，第 50 ~ 51 页。

1986 年，他又举办“宪梓杯”和北京、广州、上海、沈阳等市大学生足球赛，共耗资 60 多万元。祖国的全运会、北京亚运会和北京奥运会等大型比赛，他不但在精神上予以大力支持，而且在物质上给予鼎力帮助。[①] 1986 年，他与旅外侨胞、港澳乡亲分别捐资 200 多万港元和 90 万港元改建梅县体育场和兴宁体育场。此外，他还先后资助兴建了强民体育会办公大楼、梅县体育馆，梅县、五华、兴宁 3 个大型足球场看台，为梅县市足球学校焕昌教学大楼和宇新办公楼共捐款 200 多万元。

1979 年，中国实行改革开放政策后，港澳同胞及海外侨胞回乡探亲、观光、投资者激增。众多爱国爱乡的人士及团体非常关心家乡的发展，热心支持家乡，为体育建设出谋划策、捐资赠物。有的出资赞助家乡的体育比赛；有的热心捐赠或帮助内地引进国际先进的体育器材；有的亲自带各种物质奖励优秀运动队伍；有的赞助球队访问我国港、澳和海外等地，推动家乡与境外体育界的交往。此外，他们还踊跃捐资兴建体育场馆，支持广东体育事业的发展。1979 ~2000 年，广州、台山、开平、梅州、潮汕等主要侨乡，由于得到海外华人乡亲的大力支持，各类学校的体育场地设施有了很大改观，体育场馆拔地而起。各侨乡也积极发挥自身的优势，争取港澳同胞、海外侨胞的支持，办好家乡体育（见表 1）。

表 1　1979 ~ 2000 年港澳同胞和海外侨胞资助广东场馆建设情况

年份	场馆名称	捐资金额	捐款人
1979 年	暨南大学运动场及其他体育设施	220 万港元	霍英东
1983 年	台山正贤体育训练馆（台山第一体育训练馆）	50 万港元	朱正贤
1983 年	珠海市度假村保龄球馆	2000 万港元	吴兆声
1983 年	开平华侨中学体育馆、足球场、游泳池	约 100 万港元	旅港利氏家庭和崔德琪、叶汉等乡亲

① 关文明、陈琦：《华侨、华人体育的发展及其贡献》，《华南师范大学学报》（社会科学版）1995 年第 4 期，第 124 页。

续表

年份	场馆名称	捐资金额	捐款人
1984 年	台山正贤训练馆（台山第一训练馆）	25 万港元	朱正贤
1984 年	台山体育馆	10 万港元	朱正贤
1984 年	中山温泉高尔夫球场	1800 万港元	霍英东、郑裕彤等
1985 年	改建广州沙面网球场	250 万港元	霍英东
1985 年	三水华侨中学霍英东体育中心	300 万港元	霍英东
1986 年	江门体育场、跳水馆	约 600 万港元	旅港乡亲
1986 年	改建梅县体育场	200 多万港元	曾宪梓及旅外侨胞、港澳乡亲
1986 年	改建兴宁体育场	90 万港元	曾宪梓、罗焕新、刘宇新等旅港乡亲
1986 年	改建五华体育场	87 万港元	旅港乡亲
1986 年	开平启新体协大楼、改建仲安体育场	23 万元	启新体育协进会海外会员
1986 年	广州中山大学英东体育中心	3800 万港元	霍英东
1987 年	澄海华侨中学体育场	35 万港元	旅港乡亲
1987 年	开平赤坎教伦中学体育场	100 多万元	旅外司徒氏家族乡亲
1987 ~ 1988 年	番禺英东体育中心（含体育场、体育馆、游泳场及其他体育设施）	21.2 万美元 520 万港元	霍英东投资与番禺政府共建
1988 年	汕头市潮阳区潮阳体育馆	147 万港元 54 万元	郑鲁达、陈汉七、李光隆等 10 名海外侨胞
1989 年	开平体育中心（含体育场、训练馆、荣昌楼、田径场）	1300 万元	政府拨款，陈春华、黄荣昌等海外侨胞、港澳同胞
1989 年	顺德体育中心（含体育场、训练馆、网球馆、体育综合楼）	2000 多万港元	港澳顺德联谊会乡亲，其中郑裕彤、李兆基各捐 500 万港元
1989 年	维修澄海灯光篮球场	10 万元	林福金
1989 年	鹤山鹤华中学体育馆	81.8 元	李一锷家庭
1990 年	改建广东省人民体育场及中山市人民体育场	近 1000 万元	霍英东
1990 年	修建台山正贤游泳池、台山健身房及改善台山体育馆内设施	61 万港元	朱正贤
1990 年	台山第二体育训练馆	25 万港元	旅港乡亲
1990 年	汕头金园区体育文化中心	30 万港元	海外侨胞
1990 年	汕头潮汕体育馆	2000 万港元	香港潮州同乡会
1991 年	肇庆市体育中心	354 万港元	旅港乡亲

续表

年份	场馆名称	捐资金额	捐款人
1991 年	台山正贤游泳池	46.4 万港元	朱正贤
1991 年	鹤山一中体育馆	100 万元	陆容章
1991 年	鹤山一中游泳池	30 万元	陆容章
1992 年	鹤山职业中学体育馆	40 万港元	李桂芳
1992 年	台山伍时畅游泳场	600 万港元	伍时畅族人
1992 年	潮州体育馆	1608 万港元 5 万元	谢慧如、陈中明、李嘉诚、庄静庵、郑镜鸿、林进华、陈伟南、杨成等
1992 年	谢硕文游泳馆	100 万元	谢硕文(游泳馆建造金额 200 万元,其中市政府 100 万元、谢硕文 100 万元)
1993 年	汕头市潮阳林百欣中学体育馆	700 万元	林百欣
1993 年	肇庆端州体育馆	19.47 万港元	骏莱制衣有限公司和龙禧等
1994 年	鹤山职业中学游泳池、运动场	150 万元	冯汉柱
1994 年	鹤山纪元中学游泳池	50 万元	杨明标
1994 年	鹤山纪元中学体育馆	120 万元	李佩芳、李桂芳、李伟芳
1994 年	鹤山纪元中学运动场	80 万元	吕鹤鸣
1995 年	中山市体育馆座椅一批	300 万元	郑观聪
1995 年	中山坦州林东小学体育馆、田径场、游泳池	530 万元	林东
1995 年	中山坦州杰士美文体中心	300 万元	吴明川
1995 年	清远市体育馆	100 万港元	赖　新
1996 年	三乡理工学校田径场及其他设施	400 万元	蔡国强
1996 年	鹤山鹤华中学游泳池	70 万港元	李桂芳
1996 年	鹤山址山中学游泳池	55.7 万元	麦炳瑜
1996 年	鹤山址山中学体育馆	118 万元	蔡玉强
1997 年	斗门县体育馆	—	马观适 1000 万港元、崔伟豪 100 万元、何见旺 20 万元、李德林 20 万元、梁家进 118.8 万元、梁球 8 万元
1998 年	韶关体育中心灯光工程	200 万元	霍英东
1999 年	三乡体协大楼、足球场看台	150 万元	刘秉勋
1999~2001 年	国家女子足球英德训练基地	4.32 万元	莫耀强
1999 年	汕头正大体育馆	4500 万元	泰国正大集团
2000 年	三乡体育馆	300 万元	郑国璋
2000 年	信宜绍秀体育馆	1050 万元	刘　军

续表

年份	场馆名称	捐资金额	捐款人
2000 年	江门市青少年训练馆	60 万港元	陈杰恒
2000 年	鹤山古劳中学体育馆	80 万元	吕演汉
2000 年	鹤山一中体育场	150 万元	陆容章

资料来源：《广东省志》编纂委员会编《广东省志（1979 - 2000）》（体育卷），方志出版社，2014，第 694 ~ 697 页。

（四）援助家乡体育事业，侨乡建成“体育之乡”

广东作为一个体育强省，多个项目名列全国前茅，自 20 世纪 50 年代起，其离不开港澳同胞和海外侨胞的各种形式援助，不少侨乡建成了“体育之乡”。

1. “排球之乡”台山

1956 年，台山被命名“排球之乡”。台山的排球活动，多在侨眷聚居的地方或学校的周围村庄开展；排球队员多是华侨子弟和学生；开展排球运动的组织者，多数为归侨、侨眷。所以，台山的排球运动与华侨有着密切的联系。排球运动起源于美国，台山的排球运动始于 1914 年，当时一些台山籍的华侨供养子弟在广州岭南大学和培英、培正中学等教会学校读书，这些学校较早开展排球运动。华侨子弟在假期中回到家乡，便集结成队进行排球运动。20 世纪 40 年代是台山排球运动兴起的高潮。几乎村村有球队，各区、各乡举办球赛的名目亦甚多。20 世纪末，台山县只有 100 万人，但排球队就有 2000 支左右。

2. “足球之乡”梅县

早在 1908 年，梅县就有了足球运动，这是该县华侨从东南亚国家的驻军处学习到欧洲足球技术回到家乡后传播的。1929 年，印度尼西亚归侨温集祥回到家乡梅乡组织了“强民足球队”。在“强民足球队”的推动和海外侨胞的支持下，梅县地区在 20 世纪 30 年代开始普及了足球运动，并逐步成为全国著名的足球之乡。广东梅县在 1956 年便获得国家体委授予全国“足球之乡”的称号。

3. “游泳之乡”东莞

东莞开展群众性游泳活动由来已久，1960 年，响应毛主席“全国三亿人参加游泳”的号召，全县学会游泳人数达37万，占总人口的46%，东莞县被广东省体委授予“游泳之乡”称号。改革开放以来，东莞的体育事业得到了包括广大侨胞在内的各方面的支持，发展更加迅速。至1991年，东莞已连续四届被国家体委评为游泳之乡。

4.“田径之乡”中山

20世纪30年代，中山的篮球运动就盛极一时，各区乡普遍有球队和球场，通过比赛，提高篮球运动水平。华侨亦积极支持篮球运动，每逢喜庆，出资举办赛事。由于有海外华侨的大力支持，中山市的体育运动水平在1928年旧中国第十一届广东省运会上已崭露头角。1935年第十三届省运会，中山市夺得男子篮球、女子排球、女子垒球、男子乒乓球和女子乒乓球52项团体冠军及乒乓男、女单打冠军，田径赛获得22枚金牌，获奖之多，被誉为“体育之乡”。1949年，中山市派13人参加香港运动会，获9项第一名，6项第三名，4项第四名。1986年、1990年，中山市两次被国家体委授予“田径之乡”称号。

5.“举重之乡”石龙

东莞市石龙镇于1984年被广东省政府命名为“举重之乡”而中外驰名。仅有5万多人口的石龙镇，50多年来，共向国家、省、部队输送了60多名举重运动员，其中包括一批世界级选手和奥运会冠军陈镜开、陈满林、曾国强、叶浩波、陈伟强等。

6.“体育之乡”顺德均安镇

顺德是著名的侨乡，也是一个体育之乡，其均安女篮是国内外知名的。均安女篮成立于1976年底，成员主要是由华侨、港澳同胞的家属组成，队员集中在区蚕种站食住、劳动和训练，每天除劳动8小时外，利用早晚业余时间训练篮球3小时，坚持不懈，磨炼出了精湛的球艺。该队多次参加省内和澳门地区的比赛，参加1984年、1986年第一、第二届全国农民“丰收杯”赛，1984年首届工农“友谊杯”赛、1987年全国农村“致富杯”赛、1989年全国农民篮球邀请赛均获冠军。①

① 刘权：《广东华侨华人史》，广东人民出版社，2002，第438～440页。

二 广东华侨华人体育的发展建议

1. 争取成立广东华侨华人体育联谊会和广东华侨华人体育研究会

广东华侨华人体育对广东乃至全国的体育事业贡献很大，亟待研究的重要课题又颇多，但目前广东与海外的华侨华人体育社团及研究者都缺乏联系和交流，不利于更好地推动中华体育走向世界的进程，也显得与十分活跃的中外体育交往及整个国家的改革开放形象很不协调，因此很有必要成立广东华侨华人体育联谊会和广东华侨华人体育研究会，以利于推动华侨华人在体育方面的合作，有利于推进中华传统体育项目的进一步国际化。

2. 加强华侨华人对祖国体育事业的投入后在经济上、政治上受益的研究

随着时间的推移，世界整个格局不断调整，国内政治、经济、文化发展，华侨华人生活观念的改变、事业和利益发展的需求差异等，对华侨华人对祖国的体育事业都有直接的影响，如何加强民族凝聚力，把握好其他的动力，如经济驱动力以及其他的力量，使华侨华人在经济上、政治上能受益而后转入对体育事业的投入中，是我们从宏观上要认真认识和研究的课题。

3. 加强对海外华侨华人第二代、第三代的联系

根据青少年大多热爱体育的特点，在国内有条件的院校开办海外华侨子弟夏令营和冬令营，在海外孔子学院也适当加大中华传统体育的教育和训练力度。

4. 加强宣传华侨华人对祖国体育事业的贡献

在体育报刊上辟专栏、在博物馆开专题展览，宣传华侨华人爱国爱乡的赤子之心和他们对祖国体育发展的贡献。

5. 注意培养华侨华人的优秀体育人才

发现和培养海外华侨华人子弟或华裔的冒尖体育苗子，培养归化充实各级体育队伍特别是国家队，以争取更好的成绩为国争光。

B.20

扬州、阆中经验对广州历史文化名城保护利用的启示与建议

虞水　叶嫦君*

摘　要： 本文在梳理总结广州历史文化名城保护利用工作现状的基础上，借鉴扬州、阆中历史文化名城保护利用在规划编制、管理体制、活化模式、传承特色、公众参与等方面的经验做法，对广州历史文化名城保护利用工作提出了加强全域保护、创新政策举措、凝聚社会共识、强化监督评估等方面的政策建议。

关键词： 历史文化名城　扬州　阆中

在彰显文化自信的新时代，如何围绕实现“老城市新活力”的目标，进一步加强历史文化名城保护利用，扩大岭南文化的影响力，为广州建设国际大都市提供有力的文化支撑，是值得研究的重要课题。近期，市政府研究室牵头，联合市规划、文化、住建等部门组成调研组，赴国家历史文化名城扬州、阆中两地调研，学习两地保护利用工作经验，对广州具有较高的借鉴参考价值。

---

* 虞水，广州市人民政府研究室城市发展处副处长，研究方向为历史文化保护、城市更新战略；叶嫦君，广州市规划和自然资源局名城保护处一级主任科员，研究方向为历史文化名城保护法规体系建立、保护利用政策研究。

一　广州历史文化名城保护利用现状

（一）基本情况

一是强化整体格局保护。广州以云山珠水为自然山水格局，通过城市总体规划、总体城市设计和名城保护规划等顶层规划设计，把名城保护作为城市发展的重要战略，坚持积极保护、全面保护。以白云山、珠江和历史城区为空间框架，塑造“山、江、林、城、田、花、海”并存、特色鲜明的城市风貌。

二是实现全要素保护。建立历史城区、街区、不可移动文物和历史建筑等六个方面的保护内容。先后通过 5 次全市文化遗产普查，摸清家底，形成包括 1 个历史城区、26 片历史文化街区、19 片历史风貌区、7 个名镇名村、91 个传统村落，33 处全国重点文物保护单位，49 处省级、342 处市级、299 处区级文物保护单位，2701 处尚未核定公布为文物保护单位的不可移动文物，817 处历史建筑，116 项市级非物质文化遗产代表性项目等保护名录，分类施策，实行全要素保护。加强线性保护对象的研究，丰富完善保护体系。完成南粤古驿道、最广州历史文化步径、骑楼街、麻石街等保护利用规划，提出保护、恢复和利用策略。保存历史建筑原真性信息，采用全流程、全要素档案管理模式，全市 817 处历史建筑基本实现一处一档（含纸质和电子档案）。持续开展历史建筑三维扫描测绘工作，已完成历史建筑、传统风貌建筑及历史文化街区内其他建筑三维测绘 600 多处、面积 210 多万平方米。

三是不断完善保护规划。全部完成 26 片历史文化街区和 817 处历史建筑保护利用规划编制，各级传统村落保护发展规划正在有序推进。紧紧围绕贯彻落实习近平总书记“老城市新活力”的重要指示精神和粤港澳大湾区规划纲要对广州文化发展的定位，衔接广州市国土空间总体规划，积极开展面向 2035 年的历史文化名城保护规划修编，提出了构建新时代广州历史文化名城保护发展的顶层设计。

四是构建“全专细”法规政策体系。20世纪90年代，广州就积极推进历史文化遗产保护立法工作，在国内率先出台《广州市文物保护管理规定》《广州历史文化名城保护条例》。2016年名城条例又进行了重新制定实施，创设了普查前置、预先保护、适时评估等8项制度，强化政策法规的创新性和可操作性。近年来，围绕文物保护及名城条例等地方性法规的落实，以编制程序指引和技术标准为抓手，配套“全专细”、可操作性强的政策文件和技术支撑，将保护工作要求纳入城乡规划、城市更新、房屋管理等城市规划建设管理各个环节。

五是大力促进历史建筑活化利用。总结历史建筑保护利用试点工作主要做法，在全国10个试点城市中首先出台广州市重大行政决策事项《广州市促进历史建筑合理利用实施办法》，从强化激励措施、优化审批手续、加强技术保障三大方面大力促进历史建筑活化利用。创新制定《广州市历史建筑修缮监督管理与补助办法》，建立起历史建筑修缮全流程的监管体系。

六是健全行业技术标准。鉴于广州在历史建筑保护利用探索实际方面积累了较丰富的经验，市规划和自然资源局组织国家行业标准《历史建筑数字化技术标准》和广东省地方性标准《广东省历史建筑数字化技术规范》、《广东省历史建筑数字化成果标准》的编撰，填补行业空白。积极参与住建部历史文化名城保护法律、法规的起草和修订工作，以及配合历史文化街区和历史建筑保护利用工作指导意见、历史建筑测绘建档成果要求等重要文件起草工作。

（二）存在的问题

一是更新改造与保护利用相融合的高效路径仍需探索。在城市更新改造过程中，广州市通过建设量总体平衡等创新的改造模式，一定程度地实现了旧村、古建筑保护与发展的均衡，但仍存在因发展而导致历史文化资源遭受破坏的隐患，历史建筑、传统村落等保护与活化利用相融合的高效路径仍需探索。

二是活化利用中部门协同需要加强。历史建筑在活化利用过程中，涉及修缮审核、建筑功能转变、消防审核、经营许可和商事登记等难点问题，在实际管理过程中，各审批部门互为前置、互相掣肘的情况比较突出，复杂的流程导致很多活化利用的经营实际上是“行走在法律的边缘”。近年来出台了相关政策文件，但实际执行中需要各部门沟通协调、协同配合，否则政策容易流于形式，难以落地实施。

三是修缮监督管理应进一步加强落地实施。虽然出台了历史建筑修缮从技术咨询、修缮审核、施工许可或备案、竣工验收、资金补助，以及消防设计方案论证、审查、验收、备案、抽查等监督管理机制的规定，但涉及部门之间等具体工作的衔接和操作尚不明确，造成历史建筑修缮因审核、施工等监管不到位，保护不力的情形时有发生。

二　扬州、阆中历史文化名城保护利用工作主要经验

（一）扬州经验

扬州坚持“建设古代文化与现代文明交相辉映名城”的城市发展目标定位，围绕“两古一湖”（古城、古运河、瘦西湖）历史文化载体，坚持“五个保护”“五个不”的名城保护理念和方针（“五个保护”：保护古城的历史街巷体系、保护古城的建筑风貌、保护古宅名园、保护古城遗址、保护非物质文化遗产；“五个不”：不大拆大建、不破坏街巷体系、不破坏居民生态、不破坏历史文脉、不破坏建筑风貌），精心保护修缮历史文化遗产，大力推进活化利用，展现了古今交融、相得益彰的文化名城迷人风采。

一是注重立法和规划编制，建立了较为完善的历史文化名城保护体系。立法方面，扬州出台了《扬州市老城区民房规划建设管理办法》《扬州市扬州古城保护管理办法》《扬州古城历史建筑修缮管理办法》等地方规章和规范性文件，并制定了《扬州老城区民房整修与保护技术导则》《扬州市历史建筑修缮技术导则》等技术标准。规划方面，扬州按“历史文化名城—历

史文化街区—文物古迹”三个层次建立保护体系，编制完成了《扬州历史文化名城保护规划（2010～2020）》《扬州城遗址（隋至宋）保护规划》《扬州市老城区控制性详细规划大纲》《扬州东关历史文化街区保护规划》《大运河遗产（扬州段）保护规划》等总规、控规、专项规划。

二是完善名城保护管理体制，保障名城保护利用工作的有效开展。2004年，市政府成立古城保护与利用领导小组，下设办公室（简称“古城办”），2009年，古城办升格为正处级政府常设机构。具体名城保护管理运作架构为“三驾马车”：古城办、名城建设公司、历史名城研究院。古城办的职能主要是行政管理与综合协调；名城建设公司为国有资产的政府运作平台，具体运作古城保护和实施运作，由政府直接注资，并为名城公司提供担保，对古城实行产业化、市场化运作，先后投入项目资金28亿元，承担建筑修缮、基础设施建设、历史建筑保护、老建筑的活化利用、拆迁安置等任务；历史名城研究院是文化研究、建设方面的技术咨询机构。

三是推行多元灵活的模式和策略，激发各方参与名城保护的热情。构建政府、市场和居民多主体参与的多元化保护模式，采取灵活多样、不拘一格的保护利用策略。如东关历史街采用“政府主导、市场参与”模式，政府和国有资产主导，市场化程度低；教场采用“政府引导、市场运作”模式，由上海正大公司进行市场化运作，零地价出让，确定商业街功能定位，政府对建筑和街道风貌提出管控要求；彩衣街采用“政府引导、居民改造”模式，政府投入少量资金，给予一定政策，引导居民自发改建，自主选择施工材料和施工队伍，并建立审批绿色通道，方便群众办事。对历史建筑和文物建筑采取修缮、整治和更新三种策略，实现功能多样化，在不影响古城保护和确保建筑物安全的前提下，开展形式多样的活化利用。如长乐客栈，原为市级文保单位李长乐故居，名城公司将其打造成极具扬州地方特色、融合传统历史文化体验和现代高雅时尚体验为一体的精品酒店，被评为“中国不得不去的十大酒店”之一，在国内外引起强烈反响。

四是创新保护利用实施机制，保障名城保护规划的有效实施。一方面，扩大公众参与，积极引导专家和市民参与名城保护利用。扬州市在名城规划编制、审批和项目实施前进行多轮、多渠道征询意见，扩大社会参与，促进形成古城保护良好氛围，增强名城保护公民意识。如老城区街坊控规在报批前，经过征求专家意见、征询公众意见、市规委会审查、向市政协通报、市人大主任会审议、市政府常务会讨论等 9 个环节，充分吸纳社会各界意见。特别值得一提的是，扬州充分发挥市民钟爱园林艺术的优良传统，出台支持激励措施，推动“新扬州园林”运动发展，涌现出以祥庐主人杜祥开先生为代表的一大批历史文化名城的拥趸，为推进历史文化名城保护利用工作奠定了坚实的民意基础。另一方面，大力拓展融资渠道，形成良性的资金运作局面。扬州多渠道融资，政府直接注资成立名城建设公司，作为扬州古城保护的投融资主体，加强资本市场化运作，获得世界银行、亚洲银行和国家开发银行的贷款。政府资金来源还包括各级政府年度财政预算安排，公有建筑出售出租的收益，古城开放旅游的收益，国家专项补助资金，境内外单位、个人和其他组织的捐赠等。居民保护资金来源主要为政府补贴，具体方式是民居修缮，由政府提供施工图，并给予修缮费用 30% 的补贴，激发居民修缮利用的积极性。

（二）阆中经验

阆中市历届党委、政府高度重视历史文化名城及街区保护利用工作，始终秉持“保护为主、抢救第一、传承发展”的原则，正确处理保护与利用、继承与发展、近期与长远之间的关系，严格依照有关法律法规规定，对历史格局、整体风貌和传统文化进行科学保护，实现了历史文化名城保护与经济社会发展协调同步、有机统一。

一是树立全域保护理念，着力构建“天人合一、道法自然”的名城格局。阆中始终坚持把保护自然山水格局作为历史文化名城保护的重要组成部分，持续加强城市空间管控，彰显山水环境特征。首先，科学规划空间布局。按照“顺应自然、生态优先、景城一体”的理念，科学编制城市发展规划，将城市以自然山体、水体相隔离，以快速通道相联系，形成了“山环水绕”的风貌格局。其次，精心呵护青山绿水。科学划定城市绿线、蓝线和紫线，着力保护山体的天际轮廓线和水体的连续性；将城区自然山体、水体纳入蟠龙山国家森林公园和阆中古城城市湿地公园规划范围，依托规划程序和法律力量严格保护，确保青山常在、绿水长流。最后，着力扮靓山水景观。秉持“城市景区化”的理念，精心制定城周山体保护利用规划，实施周边山体绿化、亮化、美化工程，高标准打造20公里滨江生态休闲走廊，营造出良好的城市生态景观。

二是创新保护传承方式，着力塑造“原汁原味、古色古香”的名城风貌。阆中历史文化名城风貌独特，阆中人民视之为瑰宝，精心呵护，做到“四个保护”。其一，立法保护。2004年，阆中市积极推动四川省人大颁布了《四川省阆中古城保护条例》，及时出台了《阆中市〈四川省阆中古城保护条例〉实施细则》，编制了《历史文化名城保护规划》《历史街区保护详细规划》等专项保护规划，通过立法和制定规划等形式，对名城保护进行了刚性约束。其二，专业保护。阆中市成立了历史文化名城研究会、古城保护与旅游开发管理委员会办公室、古城景区管理局等专业保护机构，制定了《名城修缮指南》《名城风貌整治技术要点》等操作规范，对名城保护区范围内建筑严格控制高度和体量风貌，确保“修旧如旧”。其三，合力保护。阆中市建立健全党委政府定期研究，人大、政协定期视察，部门联席办公和包街巡查，修缮准入，修缮程序审批等制度，对保护区范围内所有复建、改建、修缮工程实行书记、市长“双签字、双联审”和“现场指导、方案评审、规委会审定”三级质量管理体制。其四，提升保护。阆中市把风貌管控提升作为历史文化名城保护的重要内容，划定了名城风貌控制红线，对名城风貌实行渐进式保护更新，坚决防止大拆大建；大力实施“退城入园”，将古城区内企业、机关陆续外迁，并投入20多亿元，拆除改造不协调现代建筑30多万平方米，对展示阆中特色文化的30余个文化古院落进行保护性提升，对5条历史文化街区进行功能性修补。

三是坚持以民为本情怀，着力延续“传统本真、生机灵动”的名城特色。近2平方公里的阆中古城，如今依然生活着5.2万名本地居民，保留着原本的传统生活习俗，在国内众多古城中较为罕见，这主要得益于阆中对名城传统状态、文化特色的保护与延续。首先是保护延续传统生活。始终坚持政府行政手段“不介入、不干预”的原则，让古城本地居民自由生活在古城区内，继续保持“互为邻舍、院落而居”的传统生活状态。结合“城市双修”工作，大力开展古城柔化和功能修补，提升古城居民生活品质。其次是继承发扬特色文化。始终遵循“保护传统生活，必须保持原真环境、原有文化”的理念，大力弘扬春节文化、风水文化、本源文化等名城传统特色文化，传承发扬“王皮影”等36个非物质文化遗产，全面启动蜀道（阆中古城）申遗工作。通过对传统文化的传承与保护，真正实现了古今文化相依相融、交相辉映、和谐共生。再次是全力保障消防安全。坚持把消防安全作为名城保护的核心，投入2300万余元组建古城消防中队，率先在全国开展古城消防安全评估。建立“十户联防”“网格防火巡查”消防制度，建成114个“十户联防”组织，划定4个消防巡查中网格，常态化开展消防联防联控。实行“135”消防制度，居民1分钟处置初起火灾，义务消防队3分钟到场协助处置，公安消防队5分钟到场实施灭火。最后是协调推进保护与发展。始终坚持“在保护中适度发展”的可持续发展理念，依托名城优美的自然山水风光和丰富的历史文化资源，大力推进旅游业发展，努力实现名城保护与经济发展协调同步、有机统一。在旅游业的带动下，包括古城本地居民在内的20万余群众通过提供餐饮、住宿、零售等旅游服务，吃上了“旅游饭”，走上了“致富路”。

三　对广州的启示与建议

扬州、阆中两地的经验都很有特色，各有千秋。广州正在围绕实现老“城市新活力”、“四个出新出彩”，推进岭南魅力的世界文化名城建设，两地的经验对广州进一步提升历史文化名城保护利用工作水平具有重要启示。

（一）加强全域保护，实现历史城区整体保护

当今世界，文化越来越成为一座城市特别是国际大都市的综合竞争力的

重要体现，文化不仅仅是影响力，也是生产力。加强广州历史文化整体性保护与传承，对于提升广州的文化影响力和综合竞争力，推进国际大都市建设具有重要意义。20.39 平方公里的历史城区是广州历史文化名城的核心载体，应加强历史城区风貌整体管控，运用城市设计等手段保护和延续历史城区整体格局和特色风貌。历史城区内的街区、风貌区、传统街巷、文保单位、历史建筑、传统风貌建筑等文化遗存均严格给予保护，加快完善其保护规划编制，突出广州的历史文化价值和特色，制定覆盖全域、特色突出的保护名录和保护格局，明确不同层次保护对象的保护重点和保护方法，强化历史文化遗产的整体保护，并逐步建立公园体系，保护历史名城内的自然生态系统的原真性和完整性。秉承“一张蓝图干到底”，按照顶层设计，一年培育一年干，不急功近利，不大拆大建，坚持历史城区修补和有机更新理念，延续城市历史文脉。比如，广州作为中国近代民主革命的策源地，近代史迹众多，黄埔军校、黄花岗、中山纪念堂、大元帅府、广东咨议局、万木草堂、先烈路（朱执信墓、邓荫南墓、兴中会坟场）等大大小小 35 处辛亥革命遗址，见证了 100 多年来中国波澜壮阔的近现代历史的演进过程。这些是广州作为国家历史文化名城乃至打造世界文化名城的重要支撑，也是广州独特的资源优势和重要财富，可以说是广州的文化瑰宝，对于扩大广州在海内外影响力、发展文化旅游产业具有重要价值，应该在总规层面加强谋划，整合资源，打造具有国际影响力的文化品牌。同时，建议完善市名城委的职能，健全议事机制，更好发挥统筹协调作用，市、区政府要将历史文化名城保护工作纳入本级国民经济和社会发展规划、年度计划，并将历史文化名城保护经费列入本级财政预算，保障经费投入，市、区合力推动名城保护利用工作有效开展。

（二）创新政策举措，促进活化利用

历史建筑是一座城市的记忆和年鉴，要像对待“老人”一样尊重和善待城市中的历史建筑。通过贯彻实施《广州市促进历史建筑合理利用实施办法》和《广州市历史建筑修缮监督管理与补助办法》等配套政策，进一

步落实《广州市历史文化名城保护条例》，为推动广州市历史文化名城保护利用发挥“催化剂”作用。一方面，重点是加强历史建筑修缮工程的规范管理，避免破坏性修缮，夯实保护的基础，建议学习借鉴阆中经验，建立对历史建筑修缮项目实施各部门联合审查机制，发挥部门合力，提高审批效率；同时，达到修缮要求的，给予修缮责任主体一定的资金补助，提升保护的积极性。另一方面，更重要的是促进活化利用，因为合理利用是最好的保护。只有在保护中利用，在利用中保护，才能彰显历史建筑独特的价值，焕发新的时代光彩。建议大力借鉴扬州经验，政府不要大包大揽，成立国资平台公司，或者赋予有实力的国企，作为历史文化保护的投融资主体，统筹各类历史文化资源，开展资本市场化运作，构建政府、市场和居民多主体参与的多元化保护模式，采取灵活多样、注重实效的活化利用策略，比如在消防安全等瓶颈问题上，大胆创新突破，在体制机制上持续释放活力，大力促进广州市历史文化名城保护利用工作再上新台阶。

（三）突出共同缔造，凝聚社会共识

党的十九届四中全会召开后，习近平总书记在上海考察时，强调指出城市治理是推进国家治理体系和治理能力现代化的重要内容，推进城市治理体系和治理能力现代化是推进国际大都市建设的重要方面。历史文化名城保护利用是一项涉及社会方方面面的系统工程，纵向涉及历史文化名城、历史文化街区、历史文化名镇、历史文化名村、历史风貌区、传统村落和历史建筑等；横向关系到政府、企业、居民、运营主体、设计单位等方方面面的多元主体。当前，历史文化名城保护利用工作，正从过去专注物质空间的改造逐步向物质空间提升与非物质空间的社会治理相结合转变。共同缔造是以物质空间改造为载体，通过搭建公众参与平台培育居民参与社会治理的意识和精神。如恩宁路历史文化街区是广州公众参与规划时间最久、社会关注度最高的地区。近年来，随着荔枝湾涌改造、粤剧博物馆以及永庆坊微改造等城市更新项目的实施，荔湾区政府改变以往政府完全主导的做法，牵头成立由居民、商户、业主、街道、人大、政协、专家顾问、运营商、社区规划师和媒

体等25位代表组成的恩宁路历史文化街区共同缔造委员会，作为恩宁路历史建筑保护利用试点项目的议事平台，主要职责是组织沟通、协调利益、培育共识，共同推进保护规划和实施方案的落地，在推进恩宁路历史文化保护，特别是在成功打造永庆坊项目上发挥了关键作用。建议在今后广州市历史文化保护利用工作中加以推广，进一步凝聚各方共识和力量，夯实坚实的民意基础。同时，建议汲取一些地方在名城保护利用中大拆大建、清空本地居民，造成文化特色消失殆尽、丧失灵魂和吸引力的教训。借鉴扬州、阆中两地的经验，注重尽可能保留一定比例的本地居民，延续传统的生活状态，是让城市留下记忆的最好方式，是最值得珍惜的名城保护初心。

（四）强化监督评估，推动落地实施

在对当前广州市历史文化名城保护利用实施进行评估研究时，存在保护规划政策与实施行为之间脱节问题，重申报、轻管理，多头管理、推诿扯皮等问题都不同程度存在，这些正是广州历史文化名城保护利用工作的短板。因此，要提升名城保护利用工作水平，就必须进一步强化考核监督和体检评估工作，保障有关规划和政策能够落地落实。一是建立与一般区有所区分的、针对历史城区所在区的考核机制，强化历史城区所在区在古城保护、人居环境改善等方面考核指标，弱化GDP、财政收入等经济类指标，探索历史文化名城保护与城市更新的融合利用发展。二是建立历史文化名城体检评估工作机制，包括常态化名城体检评估数据统计机制和名城保护年度工作计划机制，以此来检验保护利用工作效果。三是建立日常管理监督机制，建议借鉴扬州、阆中的经验，充分发挥住建、城管、文化和属地政府开展常态化的联合巡查和行政执法效能，确保名城保护利用各种规划和政策能够有效落地实施。

Abstract

"Guangzhou Culture Report (2020)" is co-edited by Guangzhou University, the Guangdong Provincial Regional Development Blue Book Research Association, the Propaganda Department of the Guangzhou Municipal Committee of the Communist Party of China, and the Guangzhou Municipal Bureau of Culture, Radio, Television, Press and Publication, and is published by the Social Science Literature publishing house nationally. This report is composed of six parts: general report, cultural industry, cultural undertaking, cultural development, cultural and tourism integration, and monographic study. It is an important reference material for the analysis and forecast of Guangzhou's cultural operation and related topics.

In 2019, the Guangzhou Municipal Party Committee and Government continued to implement the strategy of strengthening the city through culture, promote the "new and brilliant" in the cultural field, and strive to build an urban example of a socialist cultural power. Guangzhou, in addition, has achieved remarkable results and showed a good development trend in public cultural services, literary creation and production, protection and inheritance of urban cultural heritage, The integration of culture, business and travel, the high-quality development of the cultural industry, the co-construction and sharing of the Humanities Bay Area, and the construction of urban civilization. However, there is still a big gap between the influence of Guangzhou's urban cultural radiation and the needs of urban development. The bottleneck problem of cultural industry development urgently requires policy breakthrough and improvement. The cultural development between urban and rural areas is not balanced, the service efficiency of public cultural facilities is low, and cultural Prominent issues such as the overall scale of the industry and the need for improvement in overall competitiveness still exist.

In 2020, the cultural development of Guangzhou will be deeply affected by the outbreak of the Covid - 19. Public cultural services and offline cultural consumption will not return to normal for a while and he sharp decline in international cultural consumption demand will cause a large number of small, medium and micro cultural enterprises to close down and hinder cultural export trade. However, the non-contact services, extended holidays, home life brought by the epidemic have also unexpectedly spawned the development of new digital cultural formats such as online games, live cultural travel, online exhibitions, remote education, and online TV shows, accelerating the realization of intelligent production in the industry. Digitization of traditional cultural industries, the accelerated transformation and upgrading of intelligence, and online cultural consumption will be a new trend in Guangzhou's cultural development in 2020.

Looking forward to 2020, Guangzhou's cultural development will continue to focus on the comprehensive strength of the city's culture, cultivating and enhancing Guangzhou's function as a cultural center city in the Guangdong-Hong Kong-Macao Greater Bay Area and as a gateway to foreign cultural exchanges, and fully implement cultural system reform and innovation projects, and cultural industry expansion project. At the same time, Guangzhou will carry out the digital construction of cultural relics basic archives, complete the construction of "Guangzhou City Public Cultural Cloud", implement public civilization and guide voluntary services, build a number of spiritual civilization brands such as the "City of Volunteers", "City of Integrity", "Beautiful Flower City", "Science Yangcheng", "Love Guangzhou", and promote Guangzhou's urban civilization to a new level in 2020.

Keywords: Cultural Industry; The Fusion of Cultural and Tourism; Civilization Construction; Guangzhou

Contents

Ⅰ General Report

Abstract: In 2019, Guangzhou actively promoted the "new and brilliant" in the cultural industry, and reached remarkable results in the incremental improvement of public cultural services, the integration of cultural, business and travel, the protection and utilization of historical and cultural resources, the co-construction and sharing of the Humanities Bay Area, and the construction of urban civilization. However, the unbalanced development of Guangzhou's cultural economy and cultural consumption regions still exists. In 2020, the development of Guangzhou's culture will be deeply affected by the "black swan incident" of the covid − 19 epidemic. The digital application process of public cultural services will be accelerated completely, and the cultural consumption field will undergo rapid alternation between old and new and market differentiation. However, the high incidence of public opinion and the widespread use of information technology have also increased the security risks of the city. Thus, the government should pay high attention to the governance of "rumor virus" and the security of network information.

Keywords: Co − Construction and Sharing; Cultural Consumption; Digitalization; Guangzhou

Ⅱ Cultural Industry

Abstract: Although Guangzhou's cultural industry has developed rapidly in recent years, there are still many problems in developments with high quality standards. The cultural industry policy framework has been generally set up, but is still not able to support the high-quality development of Guangzhou's cultural industry due to some obvious defects. Therefore, it is necessary to further strengthen strategic guidance, legal protection and policy innovation, and accelerate the cultivation of new development momentum on the basis of stabilizing the traditional advantages of the cultural industry, while adhering to the multi-directional drive of "innovation + consumption + investment + trade" to further enhance the internal development momentum of Guangzhou's cultural industry.

Keywords: Cultural Industry; High-quality Development; Policy Innovation, Guangzhou

Abstract: As an important part of the comprehensive strength of urban culture, the cultural industry is an important carrier for inheriting urban cultural heritage, as well as an important breakthrough for promoting the transformation and upgrading of industrial structure and promoting high-quality economic development. In recent years, Guangzhou has attached great importance to the development of cultural industries, continued to increase policy support, strengthened market players, promoted industrial integration, and achieved great results. However, compared with some advanced cities in China, Guangzhou still have some problems and shortcomings. Recently, we have conducted special research on the problems and put forward targeted policy recommendations: one is to deepen system reforms to activate development momentum; the second is to increase financial investment and strengthen policy support; the third is to build leading enterprises and promote industrial agglomeration; and the fourth is to make full use resource advantages and promote the Guangzhou brands.

Keywords: Guangzhou; Cultural Industry; Industry Agglomeration

Abstract: Competition in Cyberspace is getting intensive at these days. It has become imperative to speed up the development of the industry of network security, for the purpose of implementing the National Network Strengthening Strategy. In recent years, it has been observed that a number of main cities have good development of network security industry. However, compared with well developed countries, security service is at a low level among the network security industry, both in Guangzhou and in China. Hence the network security industry has a great potential for development. At Present, Guangzhou's cyber security industry has its advantages on industry applications, geographical location and research resources from universities. However, Guangzhou has its limitation and weakness in industry development support policies, innovation of products and services, the number of talents and experts, etc. Guangzhou needs to improve in industry development policies, enterprise cultivation, supporting mechanisms, and ecological environment.

Keywords: Cyber Security Industry; Barriers to Industry Competition; Guang Zhou

B. 5 Quantitative analysis of the text of innovation and entrepreneurship policies in Guangzhou's cultural and creative industries

—Comparative study with major domestic cities

Research Group of Guangzhou Development Research Institute, Guangzhou University / 061

Abstract: In the context of the era when the central government proposed the strategy of building a socialist cultural power and "mass entrepreneurship and innovation", governments at all levels have successively issued a series of innovation and entrepreneurship policies to support the development of cultural and creative industries. This article takes a total of 103 cultural and creative industry innovation and entrepreneurship policy texts in Beijing, Shanghai, Guangzhou, Shenzhen, Hangzhou, and Chengdu from 2005 to 2019 as the research object. Through both quantitative and qualitative research, from the perspective of policy tools starting with the quality dimension of policy texts, the article conduct a comprehensive evaluation and analysis of the policies of the six cities, and put forward objective and feasible countermeasures and suggestions based on the shortcomings of the policies in combination with the actual situation, so as to provide reference for the formulation of innovation and entrepreneurship policies for China's cultural and creative industries, while promoting the sustainable development of cultural and creative industries.

Keywords: Cultural and Creative Industries; Innovation and Entrepreneurship; Policy Text Quality

Ⅲ Cultural Business

Abstract: Through a thorough investigation of Guangzhou's public cultural resources and openness, and summary of the relevant regulations and experiences of other domestic cities in opening up public cultural resources, this article provides reference basis for Guangzhou to introduce market forces in the cultural field, stimulate market vitality, provide rich variety and high-quality cultural facilities, cultural products and cultural services, and formulate the "Guangzhou Municipal Public Cultural Resources Open List Innovation Guidance".

Keywords: Public Cultural Resources; Open List; Guangzhou

Abstract: This report analyzes the current status, organizational construction, and existing problems of the development of sports culture in Guangzhou in 2019, and proposes countermeasures and suggestions to promote the overall development of sports culture in Guangzhou. In response to the problems in the development process, relevant departments in Guangzhou must work together to build sports brand events to ensure the transportation of youth sports talents; strengthen the party building of sports clubs and improve the sports public service system; improve the construction of professional teams and promote the scientific development of sports; implement sports A feedback platform to break the single information transmission method; promote the coordination and cooperation of the sports industry in the Guangdong-Hong Kong-Macao Greater Bay Area to improve the development of the sports industry cluster in the Guangdong-Hong Kong-Macao Greater Bay Area; create a favorable policy environment, cooperate with information technology to overcome the epidemic, and jointly shape the perfect image of Guangzhou City And humanistic spirit, while appreciating the charm of sports culture.

Keywords: Sports Culture; Sports Industry; Guangzhou

B. 8 Investigation report on accelerating the construction of the Guangzhou-Hong Kong-Macao cultural exchange mechanism and co-building the Humanities Bay Area

Abstract: Guided by Guangdong Provincial Party Committee and Guangzhou Municipal Party Committee, in order to implement the Development Plan for Guangdong-Hong Kong-Macao Greater Bay Area and operate an effective Guangzhou-Hong Kong-Macao cultural exchange mechanism, we shall fully leverage the composite advantages of the three places in terms of their geographical proximity and cultural affinity. With a view of facilitating in-depth integration within the region, Publicity Department of the CPC Guangzhou Municipal Committee conducts an in-depth study, analyzing Guangzhou's advantages and disadvantages in conducting such a mechanism and putting forward countermeasures and suggestions.

Keywords: Guangzhou-Hong Kong - Macao; Cultural Exchange Mechanism; Cultured Bay Area

B. 9 Investigation report on the construction of swimming venues and mass swimming in Guangzhou

Guangzhou Democratic Progressive Municipal Committee Research Group / 127

Abstract: Through investigation on swimming venues in Guangzhou and questionnaires survey of swimming enthusiasts and schools, this article finds out the current construction status of swimming venues in Guangzhou, locates existing problems and analysis of causes, and puts forward relevant countermeasures and suggestions.

Keywords: Swimming; Venue Construction; School

Ⅳ Cultural Development

B. 10 Research on strategy of Guangzhou Cultural Cultivation and Promotion Center

The Political Research Office of the CPC Guangzhou Municipal Committee and the Research Group of the Guangdong Asia-Pacific Institute of Innovation Economy / 142

Abstract: The "Guangdong-Hong Kong-Macao Greater Bay Area Development Plan Outline" clearly states that Guangzhou should "cultivate and enhance the function of science, technology, education and cultural center, and focus on building an international metropolis", "support Guangzhou to build a Lingnan cultural center and a gateway for foreign cultural exchanges, and expand the influence of Lingnan culture". As one of the first national historical and cultural cities, Guangzhou has rich historical and cultural resources, but there are also some shortcomings in the process of cultural construction. This article focuses on a comprehensive analysis of the status and shortcomings of the function construction of

Guangzhou Cultural Center, combined with the successful experience of advanced cities at home and abroad, and puts forward specific policy recommendations on cultivating and improving the function of Guangzhou Cultural Center.

Keywords: Cultural Center; Cultural Resources; Guangzhou

B. 11 The path choice for Guangzhou to enhance its comprehensive cultural strength

Li Renwu / 149

Abstract: The enhancement of comprehensive cultural strength of Guangzhou must be achieved on the premise of building a hub – based cultural network system. Through the systematic construction of the system, the quality and efficiency of cultural construction would be thoroughly improved, and the creativity, influence and leadership of city culture would be expanded and enhanced. The construction of a hub – type cultural network system in Guangzhou needs to focus on highlighting the profound heritage, grand pattern, creative vitality and dissemination effects of urban culture, constructing and perfecting an ideological education system centered on manifesting the humanistic spirit, a quality improvement system centered on value recognition, a style inheritance system with cultural heritage protection as the core, a public cultural service system that citizens can share equally, a cultural industry development system focusing on boosting the magnitude, and a cultural communication system centering on the promotion of city image.

Keywords: Comprehensive Urban Cultural Strength; Hub Type; Guangzhou

Abstract: Carrying out urban cultural brand communication is an important means to enhance and promote the city's image, and it is also an significant approach and strategic measure to promote urban development. Basic conditions, including the cultivation, shaping and dissemination of urban cultural brands in Guangzhou, are relatively good, resulting in certain characteristics and advantages of cultural dissemination. However, there are obvious shortcomings in areas such as the precise focus of the cultural map, top -level design and strategic planning guidance, and the systematic operation mechanism of the dissemination matrix. It is necessary to comprehensively enhance planning guidance, positioning guidance, resource integration and media innovation, to accelerate the construction of an urban cultural brand discourse system with Guangzhou characteristics, and to create a cultural brand communication pattern that adapts to the development of the new era.

Keywords: Urban Culture; Brand Communication; Guangzhou

Abstract: Guangzhou youth culture represents the forefront of China's reform and opening up and is easily influenced by foreign cultures such as Europe, the United States, Japan and South Korea, which has distinctive characteristics of the times: the youth culture atmosphere is active, the youth value orientation is positive, the youth political culture is diverse, and the youth culture is highly strained. But at the same time, there are prominent development dilemmas: the main body of youth culture is diverse and complex, the cognition of youth culture is lagging behind and vague, the cultural platform of youth is missing and misplaced, and the support of youth culture is scattered to pursue profits. Therefore, it is suggested to establish Youth Cultural Service Alliance to form a full coverage and full chain cultural service mechanism; innovate youth cultural development platform, and focus on network platform; optimize youth cultural space content, and regard whether to conform to social development as an important standard to optimize youth cultural content; absorb and integrate excellent youth culture, encourage and promote youth contact in the Greater Bay Area to learn and absorb excellent youth culture from the inside of the Greater Bay Area, mainland cities and overseas cities.

Keywords: Youth Groups; Youth culture; Guangdong-Hong Kong-Macao Greater Bay Area; The Communist Youth League

V The Fusion of Literature and Travel

Abstract: In 2019, the total number of tourists received in Guangzhou city reached a new high and the total revenue as well as the total increment value of the tourism industry have been increased. Cruise tourism, a new type of travel ways, was favored by the public and the number of Pearl River tourists and popular science tourists has been raised. However, new issues such as the squeezed living space of travel agencies brought by the impact of free travel, the change of tourism industry structure responding to the changing consumer demand, and the impact of the COVID −19 epidemic on the tourism market are worthy of attention. It is recommended that Guangzhou further update its city image, increase tourism consumption attractiveness, innovate development concepts, extend the tourism industry chain, implement related policies and seize new opportunities for tourism.

Keywords: Guangzhou Tourism; Cruise Tourism; " Tourism + "; Personalization

Abstract: At present, all parts of the country have introduced policies to promote the development of the night economy. Guangzhou has always had a nightlife tradition and also has the advantages and foundation for developing the night economy, but it has not yet put forward a clear development idea. There is no special planning, lack of brand activities, and no targeted supporting management for the prosperity of the night economy. This article suggests that the Guangzhou government should introduce guidelines for the development of night economy as soon as possible, plan night economic gathering areas, prosper night consumption experience activities, innovate night economic management models, and improve night economic development supporting measures, in order to "lights up" the city at night, allows night consumption" to "Fire" and popularity to "gather", and thus revitalize the city.

Keywords: Night Economy; Urban Economy; The Fusion of Literature; Business and Travel

Abstract: The integration of culture and tourism has become an important way to develop the tourism industry and speed up the cultural communication. The cultural tourism industry has increasingly become an industry field that each country and region is competing to support and develop. Guangzhou also attaches great importance to the integrated development of cultural tourism and has introduced measures to promote the development of cultural tourism industry including the accommodation industry. As the center of Lingnan culture and the cradle of Xiguan culture, Liwan district has rich resources and unique geographical and cultural advantages for the development of cultural tourism and homestay industry. Therefore, we should seize the opportunity to further develop the homestay industry, and promote the formation of a number of high-quality tourist homestay facilities with regional characteristics, Xiganguan customs and Guangzhou feelings, so as to promote the high-quality development of Guangzhou's cultural tourism.

Keywords: The Fusion of Literature and Travel; Homestay Industry; Guangzhou Liwan; Guangzhou

B. 17 Measures and suggestions on expediting the integration of culture, business, and tourism.

—Building Northern ecotourism of Guangdong-Hongkong-Macao Greater Bay Area based on Huadu District.

Propaganda Department of CPC of Huadu District committee of Guangzhou. / 215

Abstract: This paper analyzes the existing problems and puts forward some pertinent suggestions by combing the present situation of the integration of culture, business and tourism in Huadu District of Guangzhou. Promoting the integration of culture, business and tourism is conducive to consolidating the achievements of provincial public cultural service demonstration, building Northern ecotourism of

Guangdong-Hongkong-Macao Greater Bay Area, which is an important measure to enhance the soft power of the culture of Huadu and which is an effective way to promote the update of the comprehensive strength of urban culture and achieve high-quality economic development. As the Huadu District of Guangzhou, it is necessary to accelerate the process of promoting the cooperation of the Northern ecotourism of Greater Bay Area, accelerate the construction of the cultural tourism distribution of Greater Bay Area and make great efforts to promote the demonstration belt of the integration of culture, business and tourism from North Station to Airport, so as to enrich and enhance the image of "Blooming Huadu" and construct the ecosphere of the integration of culture, business and tourism industry.

Keywords: Cultural Industry; the Integration of Development; New Form of Business; High Additional Value

Abstract: In this research, by constructing an analysis model of the influence of urban red cultural resources, the dissemination status of Guangzhou's red historical sites in an all-media environment is taken as a research object, and a comparative analysis is carried out in conjunction with the transmission data of Red historical sites in Shanghai and Wuhan. This study found that the Red historical sites in Guangzhou have insufficient overall exposure, uneven distribution of communication influence, and insufficient information integrity in the all-media environment. It is recommended to further enhance the proportion of Red cultural elements in Guangzhou's urban culture and fully leverage existing media resources to enhance the exposure of Red cultural resources, innovate the use and recreation of Red cultural content, and take advantage of Guangzhou's unique Red cultural resource inventory in the Guangdong-Hong Kong-Macao Greater Bay Area and build an important base for the dissemination of Red culture both internally and externally.

Keywords: Red Historic Sites; Communication Influence; Guangzhou

Ⅵ Special Civilization

B. 19 Contribution of Overseas Cantonese to Chinese Sports and Suggestions for Future Development

Research Group of Museum of Guangzhou Sports Culture / 241

Abstract: In this report differentiation was made among the concepts of overseas Chinese, Chinese, foreign citizens of Chinese origin, sports, and the cause of sports. By the use of a large number of examples, the authors analyzed the contributions of overseas Cantonese in the fields of disseminating traditional Chinese sports, introducing modern Western sports, raising funds for sports, and aiding hometown sports, and put forward suggestions for the future developments: to strive to establish sports and research associations of overseas Cantonese, to strengthen the research of economic and political benefits after their investment in Chinese sports, to keep in good touch with the second and third generations of the overseas Cantonese, to strengthen publicity for the contribution of overseas Chinese to the cause of Chinese sports, and pay more attention to the foster of excellent overseas Chinese sports talents.

Keywords: Overseas Chinese Sports; Traditional Sports; Guangdong

Abstract: Based on the summary of the current situation of the protection and utilization of the famous historical and cultural cities in Guangzhou, this paper draws on the experience and practices of the protection and utilization of the famous historical and cultural cities in Yangzhou and Langzhong in terms of planning, management system, activation mode, inheritance characteristics, and public participation. This article put forward policy recommendations on strengthening global protection, innovating policy measures, building social consensus, and strengthening supervision and evaluation.

Keywords: Famous Historical and Cultural City; Yangzhou; Liangzhong

皮 书

智库报告的主要形式
同一主题智库报告的聚合

皮书定义

皮书是对中国与世界发展状况和热点问题进行年度监测，以专业的角度、专家的视野和实证研究方法，针对某一领域或区域现状与发展态势展开分析和预测，具备前沿性、原创性、实证性、连续性、时效性等特点的公开出版物，由一系列权威研究报告组成。

皮书作者

皮书系列报告作者以国内外一流研究机构、知名高校等重点智库的研究人员为主，多为相关领域一流专家学者，他们的观点代表了当下学界对中国与世界的现实和未来最高水平的解读与分析。截至 2020 年，皮书研创机构有近千家，报告作者累计超过 7 万人。

皮书荣誉

皮书系列已成为社会科学文献出版社的著名图书品牌和中国社会科学院的知名学术品牌。2016 年皮书系列正式列入“十三五”国家重点出版规划项目；2013~2020 年，重点皮书列入中国社会科学院承担的国家哲学社会科学创新工程项目。

中国皮书网

（网址：www.pishu.cn）

发布皮书研创资讯，传播皮书精彩内容
引领皮书出版潮流，打造皮书服务平台

栏目设置

◆关于皮书

何谓皮书、皮书分类、皮书大事记、
皮书荣誉、皮书出版第一人、皮书编辑部

◆最新资讯

通知公告、新闻动态、媒体聚焦、
网站专题、视频直播、下载专区

◆皮书研创

皮书规范、皮书选题、皮书出版、
皮书研究、研创团队

◆皮书评奖评价

指标体系、皮书评价、皮书评奖

◆互动专区

皮书说、社科数托邦、皮书微博、留言板

所获荣誉

◆2008 年、2011 年、2014 年，中国皮书网均在全国新闻出版业网站荣誉评选中获得“最具商业价值网站”称号；

◆2012 年，获得“出版业网站百强”称号。

网库合一

2014年，中国皮书网与皮书数据库端口合一，实现资源共享。

S 基本子库
UB DATABASE

中国社会发展数据库（下设 12 个子库）

整合国内外中国社会发展研究成果，汇聚独家统计数据、深度分析报告，涉及社会、人口、政治、教育、法律等 12 个领域，为了解中国社会发展动态、跟踪社会核心热点、分析社会发展趋势提供一站式资源搜索和数据服务。

中国经济发展数据库（下设 12 个子库）

围绕国内外中国经济发展主题研究报告、学术资讯、基础数据等资料构建，内容涵盖宏观经济、农业经济、工业经济、产业经济等 12 个重点经济领域，为实时掌控经济运行态势、把握经济发展规律、洞察经济形势、进行经济决策提供参考和依据。

中国行业发展数据库（下设 17 个子库）

以中国国民经济行业分类为依据，覆盖金融业、旅游、医疗卫生、交通运输、能源矿产等 100 多个行业，跟踪分析国民经济相关行业市场运行状况和政策导向，汇集行业发展前沿资讯，为投资、从业及各种经济决策提供理论基础和实践指导。

中国区域发展数据库（下设 6 个子库）

对中国特定区域内的经济、社会、文化等领域现状与发展情况进行深度分析和预测，研究层级至县及县以下行政区，涉及地区、区域经济体、城市、农村等不同维度，为地方经济社会宏观态势研究、发展经验研究、案例分析提供数据服务。

中国文化传媒数据库（下设 18 个子库）

汇聚文化传媒领域专家观点、热点资讯，梳理国内外中国文化发展相关学术研究成果、一手统计数据，涵盖文化产业、新闻传播、电影娱乐、文学艺术、群众文化等 18 个重点研究领域。为文化传媒研究提供相关数据、研究报告和综合分析服务。

世界经济与国际关系数据库（下设 6 个子库）

立足“皮书系列”世界经济、国际关系相关学术资源，整合世界经济、国际政治、世界文化与科技、全球性问题、国际组织与国际法、区域研究 6 大领域研究成果，为世界经济与国际关系研究提供全方位数据分析，为决策和形势研判提供参考。

法律声明